RÄUBER,
SCHURKEN
UND
HALUNKEN

IMPRESSUM

Räuber, Schurken und Halunken

© 2020	Verlag Hans Högel KG Maximilianstraße 14, 87719 Mindelheim
Autor und Konzept	Maximilian Ulrich Czysz
Gestaltung	Hans Högel Pius Bauer, Jonathan Eder, Katharina Egger, Alicia Leinsle
Koordination	Andrea Bichler, Julia Zündt
Korrektur	Katharina Nieberle, Andreas Zündt
Bildredaktion	Hans Högel, Maximilian Ulrich Czysz
Bilder	Druckerei und Verlag Hans Högel KG/MZ-Archiv, Sammlung-Maximilian Czysz, Sammlung Hermann Maier, Foto Hartmann, Kulturamt und Stadtarchiv Mindelheim, Kur- und Tourismus-betrieb Bad Wörishofen, Alois Epple, Archiv Dr. Jessica und Ernst Striebel, Archiv August Filser, Sammlung Dr. Bernd Linker, Foto Grebmer, Sammlung Josef Hölzle, Stock.adobe.com, Herbert Müller, Sammlung Anton Riederle, Erich Gleich, Robert Cornely Verlag Bad Wörishofen, Axel Schmidt, Helmut Moser, Gertraud Maurus, Picture Alliance, Josef Schafnitzel, Anton Kienle, Ralf Lienert, Ulrich Wagner, Sammlung Max Trometer Zusmarshausen, Stadtarchiv Amberg, Marcus Merk, Willi Fischer | Heimatverein Krumbach, Willi Bitzer.
	Trotz intensiver Recherche kann es passieren, dass Bildrechte nicht eindeutig geklärt sind. In diesem Fall bittet der Verlag um Nachricht.
	Besonderer Dank geht an das Kulturamt und das Stadtarchiv Mindelheim mit Christian Schedler und Andreas Steigerwald, das Schwäbische Bauernhofmuseum Illerbeuren und das Bayerische Armeemuseum Ingolstadt mit Daniel Hohrath.
Herausgeber	Druckerei und Verlag Hans Högel KG
ISBN 978-3-947423-25-5	
Gedruckt im Allgäu	

Kriminalität ist eine menschliche Konstante

Um den Tod des Märchenkönigs Ludwig II. ranken sich Spekulationen. Wurde er Opfer einer Verschwörung? Geht sein Tod auf einen Unglücksfall zurück? Oder wählte der schillernde Monarch tatsächlich den Freitod im Starnberger See? Was heute für viel Lesestoff sorgt, war den Menschen damals zweierlei. Denn während Ludwig II. in anderen Sphären schwebte und mit seiner Traumwelt den Haushalt des Königreichs Bayern an seine Grenzen brachte, führten die meisten Menschen zwischen Iller und Lech ein einfaches Leben. Es war geprägt von der täglichen Arbeit, die sich größtenteils im Stall und auf den Feldern abspielte. Die Annehmlichkeiten des 21. Jahrhunderts gab es nicht. Trotzdem wurden die Jahre zwischen 1848 und dem Beginn des 20. Jahrhundert als Goldenes Zeitalter bezeichnet. Mit dem Auswanderungsstrom in die Neue Welt und den Goldfunden hatte das nichts zu tun. Gold war eher, was sich in der Landwirtschaft abspielte: Mit Mineraldünger wurden die Erträge verbessert. Es entstanden Darlehenskassenvereine genauso wie Dreschgenossenschaften, um die neue Technik der aufkommenden Dampfmaschinen zu nutzen. Gleichzeitig entwickelten sich Milch- und Molkereigenossenschaften, die bessere Absatzmöglichkeiten versprachen.

Fernab der rasanten Entwicklung im Königreich gab es Ganoven, Halunken und andere Verbrecher. Um sie geht es in der Sammlung von über 50 Fällen aus der Region, die ein besonderes Fundstück bereichert: Das Unterrichtsbuch von Karl Leins aus Obergünzburg, der 1879 die Gendarmerie-Schule besuchte. Er hatte nicht die Bekanntheit wie der Gendarm Ferdinand Boppeler, der in schweren Stunden an der Seite des Märchenkönigs stand und Jahre später in Mindelheim starb. Karl Leins' Handbuch gibt aber einen Einblick in die Polizeiarbeit von gestern. Es zeigt auch: Die kleinen und großen Sünden hat es immer schon gegeben. Kriminalität ist eben eine menschliche Konstante.

Maximilian Ulrich Czysz

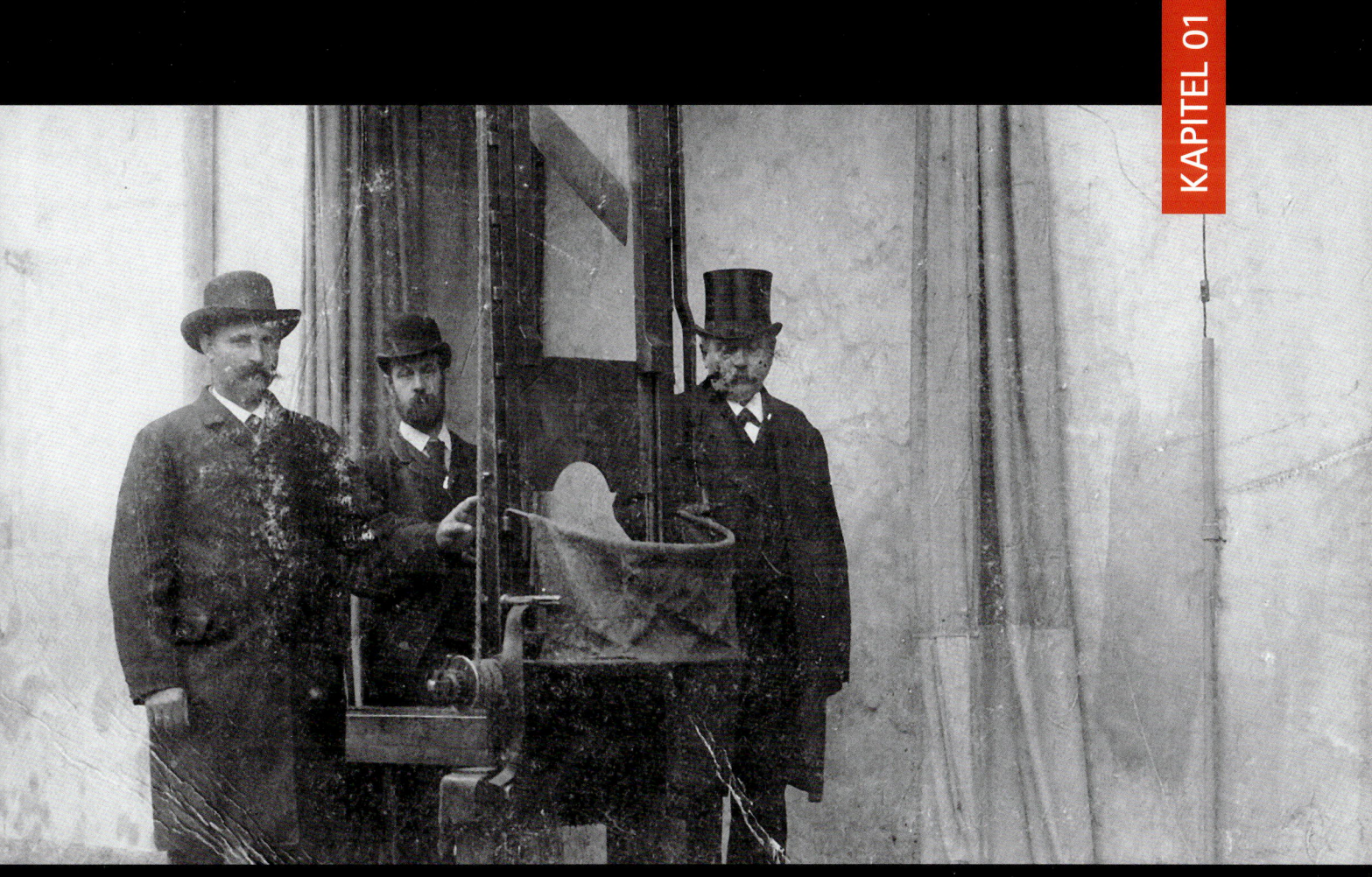

KAPITEL 01

Die großen Kriminalfälle

Die Geliebte und das Baby müssen sterben

Eine Dienstmagd aus Pfaffenhausen wird 1927 mit ihrem Sohn bei Durach erschlagen und verscharrt. Der 28-jährige Vater muss dafür in Kempten aufs Schafott.

In Fesseln bringen vier Polizisten den Mann in den Schwurgerichtssaal der Kemptener Residenz. Als „strammen Kerl vom Typ der Allgäuer Burschen vom Land" beschreibt ihn der Gerichtsreporter der Mindelheimer Neuesten Nachrichten. Er drückt aus, was sich viele Zuschauer an diesem Morgen denken: Ist dieser Mann wirklich für ein brutales Verbrechen verantwortlich? Die kurze Antwort ist: Ja. Rupert Uhlemayr aus Oberhof nahe Durach hat 1927 eine Dienstmagd und deren Kind umgebracht. Der wenige Wochen alte Rupert war sein eigener Sohn.

Veronika Wörz stammte aus Pfaffenhausen. Uhlemayr lernte sie 1926 kennen. Die Beziehung hatte Folgen: Am 14. April 1927 kam ein Bub zur Welt. Was Veronika nicht wusste: Uhlemayr hatte bereits seit vier Jahren ein uneheliches Kind mit der Landwirtstochter Therese Riedle aus Altusried. Sie war kaum 16 Jahre alt, als er sie schwängerte. Und ihr die Ehe versprach. Eines Tages sollte Therese Riedle den Hof der Eltern bekommen. Doch die zögerten mit der Übergabe. Die Riedles trauten Uhlemayr nicht über den Weg und wollten erst einmal sehen, wie er sich auf dem Hof macht. Ihr Bauchgefühl trügte sie nicht: Denn der Käser hatte eine gespaltene Persönlichkeit. Wegen Hehlerei hatte er bereits einmal Bekanntschaft mit dem Gesetz gemacht. Arbeitskollegen beschrieben ihn als fleißig, zuvorkommend und gleichzeitig als grob.

In einem Brief droht er der Pfaffenhauser Dienstmagd

Er war auch berechnend: Er wollte um jeden Preis verhindern, dass die vermögenden Eltern von Therese Riedle von seinem zweiten Kind etwas erfahren und damit vielleicht die Hof-Übergabe scheitert.

In einem Brief schrieb Uhlemayr im März 1927 an Veronika Wörz, dass sie ihn keinesfalls gegenüber den Behörden als den Vater von Rupert angeben dürfe. Sie sollte ihn auch nicht in Durach mit dem Kind besuchen. Er drohte: „Verrat mich nicht. Sonst!" In einem weiteren Brief bat er die Pfaffenhauserin, zu einer Aussprache nach Kempten zu kommen. Gleichzeitig sollte sie Stillschweigen bewahren und den Brief verbrennen. Mitte Mai 1927 schrieb er, dass er „schon etwas habe" und sie sofort kommen solle – aber ohne jemandem etwas zu sagen. Sie reiste tatsächlich nach Kempten. Aber ohne Kind. Veronika Wörz suchte den Vater ihres Sohns am 28. Mai in der Sennerei in Oberhof auf. Statt einer herzlichen Begrüßung hielt er ihr eine Standpauke und schimpfte sie, dass sie ihn am Amtsgericht in Mindelheim als Vater angegeben hatte. Dann log er ihr vor, dass sie zu ihm ziehen könne. Er habe ihr einen Arbeitsplatz beim Schwanenwirt in Sulzberg besorgt. Für

In der tiefen Schlucht zwischen Durach und Oberdorf hatte ein Käser 1927 seine Geliebte ermordet und dann verscharrt. Heute ist die Schlucht ein beliebtes Ausflugsziel.

den kleinen Rupert gebe es einen „Kostplatz" bei einer älteren Frau in Durach. Uhlemayr begleitete „Vroni" zurück zum Zug nach Kempten. Auf dem Weg dorthin überredete er die Pfaffenhauserin noch, in einigen Tagen zurückzukehren. Den kleinen Rupert wollten sie dann zur Marienanstalt bringen, damit der gemeinsame Start in die Zukunft gelingen konnte.

Er hat das Verbrechen genau geplant

Am 1. Juni bestieg Veronika Wörz den Zug in Pfaffenhausen. Am Bahnhof Kottern holte sie Uhlemayr ab. Das Baby befand sich in einem Wickelkissen. Er behauptete, dass er beide „zum Kostplatz" bei Oberhof bringen würde. Eine Lüge. Uhlemayr fuhr mit dem Radl voraus und entwendete aus der Scheune des Landwirts Dopfer eine Schaufel. Die brachte er dann schnell zu einer Stelle in der etwa 60 Meter tiefen Schlucht der Durach. Dorthin lotste er die zu Fuß am Bach laufende Pfaffenhauserin in der einsetzenden Dunkelheit. Mit einer Taschenlampe leuchtete er den Weg aus. Plötzlich machte er das Licht aus, zog die Schaufel aus dem Gebüsch und schlug

mit dem Stiel zu. Die Dienstmagd stürzte. Uhlemayr zog sein Messer aus der Hosentasche und stach ihr in den Hals und in die Brust. Auf das schreiende Kind trat er mit seinen Stiefeln ein. Dann überschüttete er ein mitgebrachtes Paket der Pfaffenhauserin mit Spiritus und zündete es an. Als das Kleid der 21-Jährigen plötzlich brannte, löschte er das Feuer. Dann schaufelte er im Schwemmsand eine Grube und legte zuerst die junge Frau und anschließend das Kind hinein.

Am 3. Juni zog ein Unwetter über die Gegend. Die Durach schwoll an und öffnete das grausige Grab. Der Leichnam des Kleinkinds wurde fortgerissen. Uhlemayr ahnte, dass sein Verbrechen ans Licht

kommen könnte und kehrte an den Tatort zurück. Tatsächlich hatte die Durach die Wahrheit zu Tage gefördert. Uhlemayr schaufelte wieder Sand und Kies über die bereits an Armen und Beinen von Tieren angenagte Veronika Wörz und beschwerte das Grab zuletzt mit einer Steinplatte.

Nach sechs Wochen wurde die Leiche der Dienstmagd trotzdem entdeckt. Ein Hund hatte sie frei gescharrt. Noch an Ort und Stelle wurde die Leiche von der verständigten Polizei untersucht. Auf der rechten Seite hatte der Körper Brandspuren. Die Kleidung war teilweise verbrannt. Nachdem klar war, dass es sich um Veronika Wörz aus Pfaffenhausen handelte, suchte die Gendarmerie nach Hinweisen. Einer führte bald zum Ziel: Die Eltern der „Vroni" erwähnten den Käser aus der Gegend von Durach. Uhlemayr erhielt Besuch von der Gendarmerie. Bei der ersten Befragung bestritt er, die Dienstmagd überhaupt zu kennen. Ihm wurde sogar ein Bild vorgehalten. Gendarm Weith aus Kottern blieb hartnäckig und rekonstruierte, wie die 21-Jährige zu Tode gekommen sein könnte. Uhlemayr sagte irgendwann: „Dann wissen Sie ja alles." Dann brach es aus ihm heraus: Auch das Kind habe er getötet, nämlich mit dem Fuß. Oberwachtmeister Steiner notierte sich, wie Uhlemayr reagierte: Er habe teilweise gezittert und geweint.

Auch beim Untersuchungsrichter und dem Münchner Gerichtsarzt Dr. Flamm gab er ein Geständnis ab. Er habe Angst gehabt, dass er nicht mehr nach Hause zu seinen Eltern zurückkehren dürfe, wenn bekannt geworden wäre, dass er eine Geliebte und ein weiteres Kind hat. Es habe schon riesigen Ärger wegen des ersten Kinds gegeben.

Den Ablauf der brutalen Tat schilderte Uhlemayr mehrfach anders. Zunächst berichtete er von einem Schlag mit der Schaufel und Messerstichen in Hals und Brust. Auch während der Haft in Stadelheim schrieb er in einem Lebenslauf vom Mord mit der Schaufel. Im September 1927 gab er an, dass er Veronika Wörz nicht in der Schlucht ermordet habe. Es habe vielmehr auf der Straße zwischen Durach und Oberhof einen Streit gegeben. In der Wut sei er auf die 21-Jährige mit

dem Messer los gegangen. Nach den beiden Stichen in den Hals sei sie getaumelt und habe gesagt: „Rupert, Du wirst mich doch net umbringen." Er ließ sie liegen

Sektion im Duracher Spritzenhaus

Landgerichtsarzt Dr. Leo Guilini, der bis August 1926 Anstaltsarzt in der Haftanstalt Kaisheim war, untersuchte die Leiche im Spritzenhaus in Durach. Er schilderte sämtliche Details des malträtierten Körpers, an dem einzelne Teile bereits fehlten und der in Fäulnis übergegangen war. Am Hals seien keinerlei Merkmale zu erkennen gewesen, die auf eine Strangulation hindeuteten. Er kam zu dem Ergebnis, dass die beiden Stiche an der Luftröhre und neben dem Brustbein beigebracht wurden, als Veronika Wörz noch lebte. Sie sei dann innerlich verblutet. Eine Verletzung am Kopf könne von einem Schlag mit der Schaufel herrühren. Ursache könnte aber auch ein Sturz gewesen sein. Es sei außerdem möglich, dass Veronika Wörz trotz ihrer schweren Verletzungen zu ihrem Kind gekrochen sei und es mit ihrem Gewicht erdrückt habe.

und radelte nach Durach, um sein Gemüt bei einem Bier und einem Schnaps abzukühlen. Danach habe er entschlossen, seine Geliebte zu holen, um sie zum Bader zu bringen. Der hätte die Verletzung verbinden können. Als Uhlemayr zurückgekehrt war, sei Veronika Wörz schon tot gewesen. Angeblich lag sie auf dem Kind, dass sie erdrückt habe. Vor Gericht wiederholte er die Version und ergänzte: Als er Vroni auf dem Boden sah, habe er gesagt: „Vroni, steh' auf, du kannst doch net da liegen bleiben." Anschließend sah er sich nach einer geeigneten Stelle um, an der er seine Geliebte und seinen Sohn vergraben konnte. Rücklings will er sie auf das Rad gelegt haben. Dreimal sei er auf dem Weg in den Tobel gestürzt. Anschließend holte er das Baby.

Laut Gutachten ist Rupert Uhlemayr „gefühlsarm"

Gerichtsarzt Dr. Moritz Flamm aus München, der Uhlemayr zwischen dem 28. Juni und dem 8. September in der psychiatrischen Abteilung des damaligen Vollstreckungsgefängnisses München beobachtet hatte, bemerkte zu den unterschiedlichen Aussagen: Es sei möglich, dass Uhlemayr bei der Verhaftung bestürzt gewesen war und beim Verhör eine Darstellung abgab, die der Wahrheit entsprochen hatte. Es sei aber auch nicht ausgeschlossen, dass er im Laufe der langen Haft aus „Zweckmäßigkeitsgründen" seine Angaben änderte. Er attestierte dem Sprössling einer angesehenen Fa-

milie „klares und geordnetes Denken bei einer gesunden Natur". Er sei aber „gefühlsarm". Flamm zählte ihn zu den „Psychopathen, den moralisch schwachsinnigen Menschen".

Staatsanwalt Rößler hielt in der Gerichtsverhandlung die letzte Version von Uhlemayr nur für eine Erzählung, um der Todesstrafe zu entgehen. Er zitierte den Angeklagten, der das Motiv für das Verbrechen selbst in Worte gefasst hatte: „Wo hätte ich das Geld hernehmen sollen, um die Alimente für zwei Kinder zu zahlen? Ich hätt' mir kein Häs' mehr kaufen können. Wenn Therese Riedle von dem Kind erfahren hätte, wäre es mit der Hei-rat aus gewesen." Rößler forderte die Todesstrafe.

Verteidiger Dr. Pittner plädierte auf Freispruch, weil Uhlemayr infolge einer Krankheit nicht zurechnungsfähig gewesen sei. Er habe Syphilis gehabt, die nie behandelt worden sei. Eine Störung des Nervensystems sei nicht auszuschließen. Denn: „Wir erleben, dass Kranke sterben und der Arzt weiß nicht, was ihnen gefehlt hat. Nach der Strafprozessordnung ist in Zweifelsfällen zu Gunsten der Angeklagten zu entscheiden." Eine Verurteilung wäre eine Ungerechtigkeit, die das Leben eines Menschen vernichtet. Wörtlich sagte Pittner: „Ich stehe im Kampfe um ein Menschenschicksal, das mich aufs Innerste erschüttert hat. Lassen Sie mich Ihnen sagen, dass die Geschichte dieses Mordes, der meiner Ansicht nach kein Mord ist und sein kann, sich so zugetragen hat, wie sie der Angeklagte zuletzt geschildert hat. Ich komme zur Verneinung des Tatbestandes und beantrage primär den Angeklagten wegen seiner Unzurechnungsfähigkeit und geistiger Störung freizusprechen, sekundär den Angeklagten für schuldig zu erkennen eines Verbrechens des Totschlages, begangen an der Veronika Wörz und Freisprechung von der Anklage des Mordes gegenüber dem Kinde. Ich finde, falls Sie meinen Antrag hinsichtlich des Totschlags entsprechen, kein Wort des Mitleids für den Angeklagten, möge ihn hier die Schwere des Gesetzes treffen."

Nach eineinhalbstündiger Beratung verkündete Landgerichtsdirektor Steinert das Urteil: Rupert Uhlemayr ist schuldig und wird mit dem Tode bestraft. Nach dem ersten Geständnis habe sich zweifellos ergeben, dass der Angeklagte planmäßig die Tat vorbereitet und mit Überlegung ausgeführt habe.

Der Verteidiger legte Revision gegen das Urteil beim Reichsgericht ein, die aber der zuständige Strafsenat verwarf. Daraufhin reichte Dr. Pittner beim Ministerrat ein Gnadengesuch ein. Es wurde abgelehnt. In den Mindelheimer Neuesten Nachrichten wurde berichtet, dass sich Uhlemayr daraufhin erschüttert und schluchzend sowie völlig benommen auf einen Stuhl fallen ließ.

In den beiden letzten Tagen vor seiner Hinrichtung besuchten Uhlemayr einige Geschwister in der Zelle. Auch seine betagten Eltern kamen, um Abschied zu nehmen. Am 18. Januar erschien sein Seelsorger, durch den er die Sterbesakra-

mente erhielt und der bis zum Abend bei ihm in der Zelle blieb. Ihm soll der 28-Jährige anvertraut haben, dass er bereit wäre, vor dem irdischen Richter ein vollständiges Geständnis abzulegen. Daraufhin kam tags darauf um 9 Uhr der Erste Staatsanwalt mit einem Gerichtsdiener. Am selben Abend legte er bei seinem Geistlichen, der bis Mitternacht in seiner Zelle blieb, die Beichte ab. Am Freitag empfing er um

6 Uhr die Kommunion. Danach blieb der Seelsorger bis zur Hinrichtung in seiner Zelle. Kurz vor 8 Uhr erschien der Erste Staatsanwalt, um den Todeskandidaten den Gehilfen des Scharfrichters zu übergeben. Nach einem kurzen Gebet wurde er bekleidet und dann wie es im Zeitungsbericht heißt, „bleich, wankenden Schrittes, aber nicht fassungslos" in den Gefängnishof geführt, wo die transportable „Fallschwertmaschine" von Scharfrichter Johann Reichhart stand.

Bei der Hinrichtung trägt er ein schwarzes Hemd

Rupert Uhlemayr trug ein halsfreies schwarzes Hemd und ein Sterbekreuz und hatte einen Rosenkranz in seinen Händen. Anschließend wurde noch einmal offiziell das Todesurteil verlesen. Die Geistlichen beteten mit dem Delinquenten ein letztes Gebet. Während Uhlemayr die Augen verbunden wurden, läutete das Armesünderglöcklein, das in einer Ecke des Gefängnishofes stand, die Vollstreckung ein. Das Brett, auf dem Uhlemayr festgeschnallt worden war, schoben die Helfer des Scharfrichters unter das Fallbeil. Johann Reichhart löste das 47 Kilogramm schwere Fallbeil aus. Der anwesende Landgerichtsarzt stellte danach den Tod des Hingerichteten fest. Nach der Hinrichtung, die nur wenige Minuten dauerte, wurde die Leiche in einen Sarg gelegt, ausgesegnet, sofort auf den katholischen Friedhof gebracht und dort kirchlich beerdigt.

Das frühere Gefängnis von Kempten befand sich in der Weiherstraße. Dort wurde Rupert Uhlemayr am 20. Januar 1928 hingerichtet.

Der letzte Henker Bayerns vollstreckte das erste Todesurteil im Allgäu

Für die Hinrichtung – das erste vollstreckte Todesurteil im Allgäu – reiste Johann Baptist Reichhart mit dem Fallbeil nach Kempten. Der Scharfrichter erhielt dafür eine staatlich vereinbarte Aufwandsentschädigung in Höhe von 150 Goldmark. Außerdem erhielt er zehn Mark Tagesspesen und ein Zugticket dritter Klasse. Reichhart hatte im April 1924 das Amt von seinem Onkel Franz Xaver Reichhart übernommen und wurde vom bayerischen Justizministerium bestellt. Das blutige Handwerk war Johann Reichhart in die Wiege gelegt worden. Am 29. April 1893 erblickte er in einer kleinen Ortschaft nicht weit von Regensburg das Licht der Welt: Als Spross einer Dynastie von Scharfrichtern, in der die meisten männlichen Angehörigen seit dem 18. Jahrhundert ihren Lebensunterhalt als Henker verdient hatten – verachtet und gefürchtet von ihren Mitmenschen. Reichhart selbst schlug sich in jungen Jahren als Metzger, als Soldat im Ersten Weltkrieg, als Wirt und als Fuhrunternehmer durch – alles mit wenig Erfolg. Dann ging sein Onkel Franz Xaver Reichhart in den Ruhestand. Doch so einträglich war das Geschäft nicht.

Der Termin in Kempten war Reichharts einzige Hinrichtung im Jahr 1928. Weil er immer größere Schwierigkeiten hatte, seine Familie zu ernähren, durfte er auch eine Nebentätigkeit betreiben. Zeitweise verkaufte er als Handelsreisender katholische Traktate in Oberbayern. In Den Haag versuchte er sich als Gemüsehändler. Doch seine wahre Profession flog auf und er reiste zurück nach München. Ab 1934 musste er sich keine finanziellen Sorgen mehr machen: Er erhielt ein festes Jahreseinkommen von 3720 Reichsmark. Insgesamt vollstreckte er seit 1924 während der Weimarer Republik und der Zeit des Nationalsozialismus 2951 Todesurteile mit der Guillotine und 59 mit dem Galgen. Er richtete auch Hans und Sophie Scholl hin, die bekanntesten Mitglieder der Widerstandsgruppe Weiße Rose. Nach dem Krieg hängte Reichart 156 zum Tode verurteilte Nationalsozialisten und Kriegsverbrecher im Gefängnis Landsberg am Galgen.

Mord in der Hauptstadt der Landsknechte

Ein Brauer will nachts einen Betrunkenen daran hindern, an eine Mindelheimer Hauswand zu urinieren. Das bezahlt er mit dem Leben.

Er wollte einen völlig Betrunkenen davon abhalten, an ein Geschäftshaus in der Mindelheimer Maximilianstraße zu pieseln: Doch den Versuch bezahlte der 59-jährige Karl H. im August 1973 mit dem Leben. Der Wild-Piesler rammte ihm ein Messer in den Bauch. Karl H. erlag seinen schweren inneren Verletzungen auf dem Weg ins Krankenhaus. Der Messerstecher, ein 52-jähriger Spüler und

Küchenhelfer, erinnerte sich nach dem tödlichen Vorfall an nichts mehr. Sein erster Kommentar: „Ich weiß von nichts." Nachdem er in einer Ausnüchterungszelle seinen Vollrausch ausgeschlafen hatte, sagte er: „Ich war völlig betrunken." Er sei an seinem freien Tag mit dem Zug von Wörishofen nach Mindelheim gefahren. Zunächst habe er drei Flaschen Bier getrunken und dann in einem Kaufhaus sechs Flaschen Perlwein gekauft. Mit dem Alkohol habe er es sich in den Grünanlagen beim Landwirtschaftsamt gemütlich gemacht. Dort traf er einen Bekannten, der auch gerne dem Alkohol zusprach. Nachdem der 52-Jährige die Flaschen geleert hatte, schickte er den Bekannten weg. Anschließend besorgte er sich drei weitere Flaschen, die er dann alleine leerte. Ab diesem Zeitpunkt hatte er einen Filmriss. Er sei so betrunken gewesen, dass ihm jede Erinnerung fehlte, beteuerte er gegenüber der Polizei. Eine Untersuchung ergab, dass Max C. zur Tatzeit einen Blutalkoholwert von 2,5 Promille hatte. Was sich dann gegen 22 Uhr in der Maximilianstraße abspielte, rekonstruierte die Polizei so:
Nur ein paar Spaziergänger befanden sich noch in der Innenstadt. Unter ihnen auch der ehemalige Brauer Karl H. Er war seit längerer Zeit krank und deshalb vorzeitig in den Ruhestand versetzt worden. Er kam von der Gerberstraße

Karl H. (links) musste sterben, weil er nachts in der Mindelheimer Maximilianstraße (rechts) Courage zeigte.

und ging langsam die Maximilianstraße hinauf. Nach knapp zehn Metern sah er einen Mann, der unmittelbar vor einem Geschäftshaus seine Notdurft verrichten wollte. H. rief der Geschäftsinhaberin im ersten Stock zu, dass sie ans Fenster kommen soll. Als sie erkannte, was sich vor ihrer Ladentür abspielte, rief sie hinunter: „Ich werde sofort die Polizei anrufen." Der Betrunkene zog sich daraufhin die Hosen hoch und wollte Fersengeld geben. Doch H. hielt ihn fest. Es kam zu einer Rangelei. Dabei griff der 52-Jährige plötzlich zu einem Messer, dass er in der Hosentasche hatte. Und stach zu. Zweimal traf er Karl H. am Bauch. Anschließend flüchtete der Betrunkene in die Frundsbergstraße. Die Ladenbesitzerin und ein weiterer Passant in der Maximilianstraße beobachteten, wie der verletzte Karl H. bis zur Apotheke wankte. Dort habe ihn ein anderer Spaziergänger angesprochen. Doch Karl H. antwortete nicht. Wie

Gasthaus zum Kreuz

Kriminalität im Jahr 1910

Die Bayern, ein kriminelles Völkchen? Den Eindruck konnten die Leser der Heimatzeitung gewinnen, als sie diese Statistik lasen: „Jeder 18. Bayer wegen Übertretung bestraft! 250.955 Menschen, das war einsame Weltspitze! Dabei war die bayerische Bevölkerung genauso ordnungsliebend und rechtlich denkend wie die eines jeden anderen Landes." Der Autor der Zeitung suchte nach den Ursachen. Er wurde fündig. Er schrieb: „Der wirkliche Grund ist der: In Deutschland ist eben alles verboten! Der Mensch, der die unzähligen Bestimmungen des Polizeistrafgesetzes, der oberpolizeilichen Vorschriften, der Verordnungen wirklich alle kennt, ist bis heute noch nicht geboren. Du liebe Zeit."

Zweimal stach der Täter zu
Doch er erinnert sich an nichts

Im Vollrausch erstach er Brauer Karl ███████ — Polizei stellte den Flüchtenden

Mindelheim (rh). Den Versuch, einen völlig Betrunkenen davon abzuhalten, seine Notdurft vor einem Geschäftshaus in der Maximilianstraße zu verrichten, mußte der 59jährige Brauer Karl ███████ aus Mindelheim mit dem Leben bezahlen. Der 52jährige Spüler und Küchenhelfer Max C., der in der letzten Zeit in Bad Wörishofen tätig war, stach den 59jährigen mit zwei Messerstichen nieder. Er flüchtete in die Steinstraße, wo er von der Polizei gestellt werden konnte. Sein erster Kommentar: „Ich weiß von nichts". Karl ███████ erlag seinen Verletzungen auf dem Weg zum Krankenhaus.

Wie die Ladenbesitzerin weiter schilderte, habe sie einen jungen Mann aufgefordert, dem Täter nachzulaufen. Der junge Mann habe so den verfolgenden Polizeibeamten auf Max C. aufmerksam machen können. Die Jagd dauerte jedoch nur kurze Zeit. In der Steinstraße konnte der Polizist den Messerhelden festnehmen. Max C. hatte noch immer das blut-

Skurril: Während die Landsknechtkapelle 1913 am Marktplatz spielte, kam es einige Meter weiter in der Mindelheimer Maximilianstraße beinahe zu einem Mordfall.

LANDSKNECHT-KAPELLE MINDELHEIM.

automatisch sei er wieder zurück zu der Stelle gegangen, wo ihm der betrunkene Spüler die beiden Messerstiche zugefügt hatte. Ein Polizist stand dort und redete mit der Ladeninhaberin. Karl H. flüsterte ihm mit letzter Kraft zu, dass er mit einem Messer verletzt worden sei. Dann brach er zusammen. Eine halbe Stunde später starb er im Kreiskrankenhaus Mindelheim. Die Obduktion ergab, dass der 59-Jährige eine Leberverletzung erlitten hatte. Einer der beiden Stiche war tödlich gewesen.

Der Täter war übrigens nach dem Angriff in die Steinstraße getorkelt. In seiner Hand hielt er das blutverschmierte Taschenmesser. Karl H., von Kollegen in der Lammbrauerei als ruhig und fleißig beschrieben, kannte er nicht. Er war ein Zufallsopfer. Karl H. hinterließ eine Frau und zwei Töchter.

Der Messerstecher Max. C., der nach eigenen Angaben eine Kopfverletzung aus dem Krieg hatte, wurde im April 1974 wegen Totschlag zu zehn Jahren Gefängnis verurteilt. Das Gericht ordnete an, dass der Wörishofer in einer Heil- und Pflegeanstalt untergebracht wird, weil er eine Gefahr für die öffentliche Sicherheit darstellt.

Fast noch ein Mord in der Frundsbergstadt

Während sich die Stadt im Juli 1913 für das Frundsbergfest herausputzt und die neue Landsknechtskapelle die Besucher am Marktplatz mit einem Standkonzert begrüßt, kommt es in der Maximilianstraße vor dem Gasthof zur Post zu einem blutigen Zwischenfall. Plötzlich feuert eine Frau drei Revolverschüsse ab. Sie zielt auf die Verkäuferin am Obststand und trifft sie am Rücken. Zwei Passanten werden am Hals und an der Hüfte verletzt. Zum Glück nicht lebensgefährlich. Wer ist die Frau mit dem Revolver? Und was hatte sie vor?

Über die Hintergründe konnte zunächst nur spekuliert werden. Erst ein damals veröffentlichter Leserbrief eines Augenzeugen ließ das Motiv der 20 Jahre alten Täterin erkennen – sie hatte offensichtlich auf die Geliebte ihres Vaters gezielt. War es also eine Verzweiflungstat einer jungen Frau? Vermutlich. Im Leserbrief wurde Partei ergriffen für die Frau, die beinahe ein Blutbad angerichtet hätte. Wörtlich stand in der Zeitung: „Zu bedauern ist die Tochter dieses gewissenlosen Vaters, der diese ungeordneten Zustände schon längst ein Dorn im Auge waren. Richtig gesehen, ist eigentlich das saubere Paar strafbar und nicht die Tochter. Hoffentlich wird die Justiz mit ihr nicht allzu streng ins Gericht gehen." Was vor Gericht mit der 20-Jährigen passierte, ist nicht bekannt.

Giftspritzen für einen schnellen Tod

Ein Wörishofer Arzt und seine Gattin wollen aus dem Leben scheiden. Doch am Ende überlebt einer und muss vor Gericht.

Er hatte alles vorbereitet, um schmerzlos mit seiner Frau aus dem Leben zu scheiden: Die Abschiedsbriefe an die Kinder und die Verwandten waren geschrieben. In zwei Apotheken in Türkheim und Wörishofen hatte der Facharzt für innere Krankheiten die Ampullen mit Gift besorgt. Im Schlafzimmer bereitete

der 55-Jährige alles vor. Dort sollte es passieren: Ganz unaufgeregt, ganz unauffällig.

Es war der 11. Februar 1963. Der Mediziner führte die Nadel der Spritze mit der tödlichen Injektion in die rechte Ellenbogenbeuge seiner Frau ein. Doch ausgerechnet in diesem Augenblick klingelte das Telefon im Nebenzimmer. Theodor S. bat seine Frau, kurz die Spritze zu halten, damit er den Anruf entgegennehmen konnte. Als der 55-Jährige redete, presste die gebürtige Oberstdorferin die Flüssigkeit selbst in die Vene. Nach einer Stunde verlor sie das Bewusstsein, dann war sie tot.

Anschließend verließ der Mediziner die Wörishofer Wohnung und setzte sich ans Steuer seines Wagens. Er fuhr nach Kaufbeuren, wo er weitere Ampullen mit Gift kaufte. Auf dem Rückweg stellte er sein Auto an der Ingenrieder Steige

der B16 ab. Er spritzte sich 60 Einheiten zweier Medikamente. Er verlor das Bewusstsein und sackte zusammen. Wenig später entdeckten ihn andere Autofahrer. Ein Rettungswagen brachte den Arzt sofort ins Krankenhaus. Dr. Theodor S. überlebte.

Der Polizei hatte zunächst Zweifel an der Schilderung des Internisten. Die Beamten gingen davon aus, dass der Selbstmordversuch nur vorgetäuscht war. Schließlich gab es zu viele offene Fragen. Das gespritzte Gift ließ sich beispielsweise nicht im Körper der Frau nachweisen. Damals gab es noch keine verlässliche Methode, um die angegebenen Medikamente oder ihre Abbauprodukte im Urin nachzuweisen. Ans Licht kam noch etwas, was die Theorie vom doppelten Selbstmord ins Wanken brachte.

Offenbar war die Ehe zerrüttet. Nach außen gaben der Mediziner und seine Gattin ein perfektes Paar ab. Doch hinter der Fassade krachte es. In seinem Tagebuch hatte der Internist seine Frau, die er 1940 im Krieg geheiratet hatte, als „Satan, Teufel und hysterisch" bezeichnet. In seiner Umgebung hatte er wohl auch schon die Bemerkung fallen lassen, dass seine herrschsüchtige Gattin seinen Ruin bedeute. Doch der hatte finanziell gesehen noch einen anderen Grund.

Die Polizei fand heraus, dass Dr. Theodor S. Geld in der Spielbank verloren hatte. Ein weiteres Minus auf dem Konto brachten undurchsichtige Geldgeschäfte und mehrere Umzüge der Praxis. Insgesamt

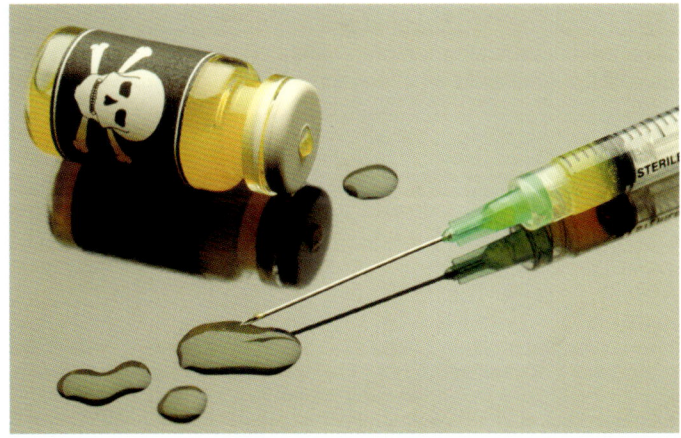

Mit Giftspritzen wollten sich ein Arzt aus Wörishofen und seine Frau umbringen. Tatsächlich starb nur die Frau, was einen Gerichtsprozess zur Folge hatte.

rund 200.000 Mark an Schulden hatten sich angehäuft. Als die Gläubiger dem Arzt im Nacken saßen, offenbarte er sich seiner Frau. Die hatte bereits zwei Selbstmordversuche unternommen, berichtete damals die Augsburger Allgemeine. Vor dem Schwurgericht in Memmingen behauptet der Mediziner, dass die Idee zum gemeinsamen Selbstmord von seiner Frau gekommen war.

Der Staatsanwalt warf ihm vor: Er habe nicht auf Verlangen getötet, sondern durch sein pflichtwidriges Unterlassen und seine ganze Handlungsweise eine vorsätzliche Tötung begangen. Er führte in der elf Tage dauernden Verhandlung noch weitere Indizien und Gründe an, die eventuell auf Mord, Totschlag oder Bei-

Das Alte Zollhaus in Irsingen war damals ein angesagter Treffpunkt, wo jeder viel Geld lassen konnte.

hilfe zur Tötung schließen ließen. Der Arzt sei als Überlebender des einseitig fehlgeschlagenen Doppelselbstmordes zu bestrafen, weil er das zum Tod führende Geschehen absolut beherrscht hätte. Zumindest müsse Beihilfe zur Selbsttötung in Erwägung gezogen werden. Der Arzt hätte gemäß seines Hippokratischen Eids seiner Frau helfen müssen.

Rechtsanwalt Robert Miller, der den Mediziner verteidigte, hielt den einseitig misslungenen Doppelselbstmord für nicht wiederlegbar. Sachverständige bestätigten seine Annahme: Sie waren damals davon ausgegangen, dass Art und Menge der eingespritzten Gifte sicher zum Tod des Arztes geführt hätten – wenn Theodor S. nicht rechtzeitig an der B16 gefunden worden wäre.

Das Gericht unter Vorsitz von Gustav Hilk kam am Ende zu einer anderen Überzeugung. Es wertete die Tatsache, dass der Arzt die Spuren der Einspritzung der Frau verwischt und er selbst einen rasch auffindbaren Ort gewählt habe, als vorgetäuschten Selbstmord. Der Mediziner habe sich ein Alibi für einen echten Selbstmord schaffen wollen. Der Richter sagte: „Das war nicht ernst gemeint und gewollt." Durch die Vorspiegelung seines eigenen Selbstmords habe er die Depressionen bei der Gattin ausgelöst. Die Frau habe nicht nach der Tötung verlangt. Der Mediziner wollte wegen seiner Schulden und der zerrütteten Ehe die Frau seiner Kinder los werden, hieß es im Urteil. Er habe ihr brutal am Tattag den totalen wirtschaftlichen Zusammenbruch eröffnet. Als einzig möglichen Ausweg nannte er seinen Selbstmord. Diese Drohung habe dann seine verzweifelte Frau zum gleichen Schritt getrieben. Sie starb – er überlebte.

Das Gericht verurteilte den Arzt schließlich zu acht Jahren Zuchthaus. Angenommen wurde eine erheblich verminderte Zurechnungsfähigkeit. Strafmildernd wirkte sich außerdem aus, dass der Arzt nicht vorbestraft war und er seine Schulden auf 65.000 Mark verringern konnte.

Engelmacherin muss ins Zuchthaus

Die Leiche einer jungen Mutter wird in Wörishofen exhumiert. Tragische Minuten im Augsburger Landgericht.

Am Bahnhof in Wörishofen kam die Engelmacherin 1910 mit dem Zug an. Das hatte die Staatsanwaltschaft rekonstruiert.

Seit dem Mittelalter waren verschiedene Praktiken bekannt, um einen Schwangerschaftsabbruch herbeizuführen. Benutzt wurden dazu zum Beispiel verschiedene Kräuter mit toxischen Inhaltsstoffen, die starke Krämpfe und Blutungen der Gebärmutter auslösten. Auch mit mechanischen Methoden wurde immer wieder versucht, das Kind im Mutterleib zu töten. Die Gefahren waren groß: Es traten Komplikationen durch nicht stillbare Blutungen auf, Organe wurden verletzt oder Keime eingeschleppt. Im schlimmsten Fall führten die Eingriffe zum schmerzvollen Tod der Mutter. So wie im Jahr 1910 in Wörishofen. Eine schwangere 26-Jährige wollte abtreiben und hatte sich deshalb in die Hände einer Frau aus der Schweiz begeben. Dann kam alles anders: Die junge Frau und das Ungeborene starben. Bei der Beerdigung kamen die tragischen Umstände ans Licht. Und die Geschichte hinter der Geschichte. Die 26-Jährige hatte ein Verhältnis mit einem verheirateten Mann. Niemand sollte

davon wissen. Vermutlich hatte der Mann auch die 300 Mark für den gefährlichen und folgenschweren Eingriff bezahlt. Die Gendarmerie ermittelte nach dem Tod der jungen Frau und nahm die Engelmacherin in der Nähe von Zürich fest. Sie musste die Sektion der exhumierten Leiche verfolgen – eine Praxis, die früher mutmaßliche Täter zur Reue bringen sollte.

1911 stand die Engelmacherin aus der Schweiz vor Gericht. Sie hieß Marie Muszynski und kam aus Wilen-Herisau. Angeklagt war sie wegen eines „Verbrechens wider das keimende Leben" und fahrlässiger Tötung. Aus der Schweiz waren sechs Zeugen am Augsburger Landgericht erschienen. Doch sie konnten die Engelmacherin nicht entlasten. Im Kern ging

es um die Frage, ob Marie Muszynski am 20. November 1910 morgens noch den 10-Uhr-Zug erreichen konnte, um gegen 17 Uhr in Wörishofen anzukommen, um dann die Abtreibung vorzunehmen. Die Frau aus der Schweiz wurde mit zwei Jahren Zuchthaus bestraft. Sie erklärte nach dem Urteil, dass sie unschuldig sei und sich dem Urteil „nicht unterwerfen" werde. Während der Urteilsverkündung hallte ein Schuss durch das Gerichtsgebäude. Der Ehemann der Verurteilten hatte sich im Treppenhaus eine Kugel in die Brust gejagt. In der Hand hatte er einen Zettel, der an den Verteidiger seiner Frau gerichtet war. Darauf stand: „Ich schwöre es bei Gott dem Allmächtigen, daß meine Frau das Verbrechen nicht begangen hat."

Das perfekte Verbrechen gibt es

Prof. Dr. Wolfgang Eisenmenger ist einer der bekanntesten deutschen Rechtsmediziner. Er weiß, welche Möglichkeiten seine Kollegen um 1900 hatten.

Er hatte sie alle auf dem Seziertisch: den früheren CSU-Politiker Franz Josef Strauß, Modedesigner Rudolph Moshammer oder Schauspieler Walter Sedlmayr. Der frühere Leiter der Rechtsmedizin in München, Prof. Dr. Wolfgang Eisenmenger, obduzierte auch getötete Kinder. Beispielsweise die 1981 entführte Ursula Herrmann, die grausam in einer Holzkiste erstickte. Eisenmenger erstellte auch DNA-Analysen von NS-Reichsleiter Martin Bormann und dem angeblichen Prinzen von Baden, Kaspar Hauser. Nach schätzungsweise 20.000 Leichen war Schluss für den Rechtsmediziner: Seit 2009 befindet sich Eisenmenger im Ruhestand. Dem Institut der Uni steht er aber nach wie vor zur Verfügung. Seit 2010 leitet er die Ethikkommission, die die gesamte Forschung überblickt.

Früher mussten mutmaßliche Täter wie die Engelmacherin aus der Schweiz der Sektion beiwohnen. Was wollte die Justiz damit bezwecken?

Wolfgang Eisenmenger: Ich habe eine einzige ähnliche Situation in den frühen 1970er-Jahren erlebt. Damals wurde ein mutmaßlicher Täter zur Leiche seiner Frau geführt. Er wurde gebeten, sie zu identifizieren. Die Ermittler hielten ihn für den Mörder. Sie dachten: Wenn er mit dem Körper konfrontiert wird, der schon etwas in der Verwesung überging, dann wird er zusammenbrechen und ein Geständnis ablegen. Das war dann nicht der Fall. Ein anderes Mal, es war wohl um 1970, habe ich in Südbaden einen weiteren ähnlichen Fall erlebt. Es ging um einen Verkehrsunfall mit Fahrerflucht. Ein schweizer Staatsangehöriger hatte nachts in Deutschland einen Fußgänger totgefahren. Wegen der schweren Beschädigungen an seinem Fahrzeug wurde er an der Grenze festgehalten. Er sprach von einem Wildunfall. Der Ermittlungsrichter wollte dann, dass der Mann seine Behauptung am Sektionstisch wiederholt. Das alles erinnert etwas an urtümliche juristische Verhaltensweisen. Im Mittelalter hieß es: Wenn ein Verdächtiger gefunden ist, dann führe man ihn zur Bahre, dann beginnen die Wunden wieder zu bluten.

Welche Möglichkeiten hatten Rechtsmediziner um 1900?

Eisenmenger: Zu dieser Zeit war bereits eine größere Zahl von Erkenntnissen über tödliche, natürliche innere Erkrankungen vorhanden. Der Verschluss einer Herzkranzschlagader oder auch eine Lungenentzündung waren um 1900 durchaus bekannt.

Prof. Dr. Wolfgang Eisenmenger gehört zu den bekanntesten deutschen Rechtsmedizinern. Er sagt: Das perfekte Verbrechen gibt es.

Auch mechanische Beeinträchtigungen wie Schüsse, Schläge oder Stiche wurden sicherlich mit den damaligen Methoden erfasst und richtig beurteilt.

Wie sieht es mit Vergiftungen aus?

Eisenmenger: Die sind ein spezielles Kapitel. Die damaligen Vergiftungen konzentrierten sich auf Schwermetalle. Arsen war bekannt und darauf richtete sich dann auch die Aufmerksamkeit. Entsprechende chemische Nachweise – auch auf Blei oder Quecksilber – wurden eingesetzt. Pflanzliche Gifte hätte man nicht chemisch nachweisen können, sondern sie nur anhand von pflanzlichen Substanzen im Magendarm-Trakt erkannt. Beispielsweise Eibennadeln – das darin enthaltene Gift war zur damaligen Zeit nicht erfassbar.

Die Möglichkeiten der Rechtsmedizin sind seit 1900 immens gewachsen. Trotzdem wird heute einer Studie zu Folge die Hälfte aller Morde nicht aufgeklärt. Woran liegt's?

Eisenmenger: Nach meiner Meinung beginnt die ganze Problematik mit der gesetzlichen Regelung der Leichenschau. Es muss grundsätzlich ein Verdacht bestehen. Und der kann nur dann entstehen, wenn der tote Körper mit ausreichender Aufmerksamkeit untersucht und auch die Vorgeschichte miteinbezogen wird. Betrachtet man die Leichenschau in der heutigen Regelung, dann ist jeder Arzt berechtigt, sie vorzunehmen. Wenn ein Arzt darum gebeten wird, dann ist er auch dazu verpflichtet. Der Aufwand, der dabei betrieben wird, ist allerdings nach unserer Erfahrung denkbar gering. Es geht schon los damit, dass Tote nicht entkleidet werden. Da wird dann von der Türschwelle ein Blick auf den Toten geworfen und dann ein Leichenschauschein ausgestellt.

Ärzte müssten also aufmerksamer sein?

Eisenmenger: So ist es. Das betrifft nicht nur die breite Praxis bei allgemeinen Todesfällen. Die Erfahrung der letzten Jahre zeigt, dass auch und gerade in Altenheimen und Krankenhäusern genauer hingeschaut werden müsste.

Warum?

Eisenmenger: In Delmenhorst und Oldenburg gab es zum Beispiel eine Mordserie. Jetzt kommt nach und nach heraus, dass ein Pfleger über 100 Menschen auf dem Gewissen haben soll. Im Allgäu nahmen wir nach dem Wirken eines Pflegers Exhumierungen vor. Insgesamt 42 Leichen mussten wir ausgraben. In 29 Fällen konnten wir den Nachweis führen, dass die Verstorbenen medikamentös getötet worden waren. Das sind keine Einzelfälle. Es häuft sich. Wenn das Morden schon in Krankenhäusern und Altenheimen problemlos möglich ist, dann ist auch im normalen Lebensumfeld zu erwarten, dass eine größere Zahl von Tötungsdelikten nicht erkannt wird.

Gibt es denn das perfekte Verbrechen?

Eisenmenger: Das gibt es zweifellos. Der perfekte Mord ist ja deshalb perfekt, weil er nicht erkannt wird. Die Dunkelziffer ist schwer einzuschätzen. Wenn man eine große Zahl von Sektionen durchführt, wird man zwangsläufig immer wieder Fälle aufdecken, die früher als natürliche Todesfälle gelaufen sind. Die Sektionszahlen in Deutschland sind aber insgesamt stark rückläufig.

Woran liegt das?

Eisenmenger: Diskutiert wird immer wieder, ob zu viel gespart wird. Ich kann von den Münchner Verhältnissen nur sagen: In München und Südbayern ist es meiner Einsicht nach nicht so. Die Münchner Staatsanwaltschaft ist sehr sektionsfreudig. Wir haben über 2000 Sektionen pro Jahr für Südbayern. Aber in jüngster Vergangenheit habe ich mit einem Assistenten gesprochen, der Fortbildungsveranstaltungen für die Landesärztekammer zum Thema Leichenschau macht. Er berichtete, dass es häufiger Fälle gibt, bei denen Ärzte von Polizeibeamten unter Druck gesetzt worden seien: Sie mögen doch bitte einen natürlichen Tod attestieren, schließlich sei doch dahinter kein Verbrechen zu vermuten.

Haben Sie solche Fälle auch selbst erlebt?

Eisenmenger: In 40 Jahren ein- oder zweimal. Ärzte sagten mir, dass Sie unter Druck gesetzt wurden, den Leichenschauschein zu ändern.

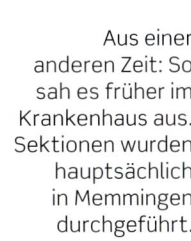

Aus einer anderen Zeit: So sah es früher im Krankenhaus aus. Sektionen wurden hauptsächlich in Memmingen durchgeführt.

„Bestie" schlitzt unschuldiges Mädchen auf

Der Mord von Mindelau erschüttert 1909 die ganze Region: Ein Taglöhner macht sich über eine Vierjährige im Wald her. Sie war ein Zufallsopfer.

Allen Eltern ist es kalt den Rücken hinuntergelaufen, als sie von dem bestialischen Verbrechen erfuhren: Ein Mann hat sich im April 1909 in Mindelau an einem Mädchen vergriffen und es getötet. Anschließend richtete er es übel mit einem Messer zu. Wer war der Mann, den die Medien als „Lustmörder" bezeichneten?

Er hieß Alois Schweyer, war 32 Jahre alt und kam aus Mindelheim. Er war Tagelöhner und arbeitete beim Bauern Xaver Preisinger. Am 25. April hatte er in der Wirtschaft in Jägersruh gezecht. Dann machte er sich auf den Heimweg. Dort kam es zur folgenschweren Begegnung mit dem Mädchen Celida Menotti. Die Vierjährige war auf dem Weg nach Mindelau. Dort wollte sie mit einem Fünf-Pfennig-Stück, das ihr ein italienischer Ziegelei-Arbeiter geschenkt hatte, Süßigkeiten kaufen. Sie musste durch ein Wäldchen – und traf dort auf Schweyer. Der verging sich zunächst an dem Mädchen. Dann schlitzte er es auf. In der Zeitung wurde berichtet: „Der Körper war der Länge nach aufgeschnitten, so dass die Gedärme heraushingen, beide Brüste fehlten und an den Beinen und im Gesicht zeigten sich zahlreiche Schnittwunden."

Eine Stunde nachdem sich die kleine Celida verabschiedet hatte, machte sich die Mutter Sorgen. Wo war die Vierjährige nur abgeblieben? Der Vater Luigi Menotti trommelte einige Kollegen aus der Ziegelei zusammen. Gemeinsam machten sie sich auf die Suche. Doch sie hatten keinen Erfolg. Erst gegen 20 Uhr wurde gewiss, was einige schon geahnt hatten: Das Kind war tot. Gefunden wurde Celida Menotti von ihrem Onkel, der zufällig von Heimenegg nach Jägersruh kam. Die Kleine lag in einer Waldlichtung.

Die Gendarmerie hatte bald Schweyer im Visier. Gegen Mitternacht wurde er festgenommen und auf die Fronfeste Mindelheim gebracht. Er muss sich in der Wirtschaft verdächtig benommen

Alois Schweyer wurde in der Zeitung als „Lustmörder" bezeichnet. Er hatte ein Mädchen missbraucht und dann getötet. Sein Name wurde anfangs falsch geschrieben.

Einlieferung des Lustmörders Schwayer.

[] **Mindelheim, 30. April.** Der Dienstknecht Schwayer, der in Mindelau den bestialischen Lustmord an dem 4jährigen Kinde eines dort beschäftigten italienischen Vorarbeiters begangen, wurde gestern abends 9 Uhr in das Landgerichtsgefängnis Memmingen eingeliefert. Am Bahnhof in Mindelheim hatte sich eine große Anzahl mit ihren Arbeitsgeräten ausgerüsteter italienischer Arbeiter eingefunden, die den Wüstling lynchen wollten. Nur den getroffenen Vorsichtsmaßregeln ist es zu danken, daß Schwayer der Rache der italienischen Arbeiter entging, die in Mindelheim sogar über die Perronsperre hinaussprangen. In Memmingen wurde der Mordbube in gestrecktem Galopp eingeliefert und erhielt trotzdem von einigen Passanten noch ein paar kräftige „Andenken."

* **Mindelheim, 1. Mai.** Der Mörder wurde am Donnerstag abends ½9 Uhr in die Fronfeste nach Memmingen überführt. Derselbe schenkte am gleichen Tage, an welchem er die Mordtat beging, zwei schulpflichtigen Mädchen von Mindelau, die ihm auf dem Wege nach Dorfhausen begegneten, 10 Pfg. mit der Aufforderung, bald wieder zurückzukehren. Demnach wollte er schon diese Kinder an sich locken. Es ist mit ziemlicher Sicherheit anzunehmen, daß er in der langen Zeit, in welcher er nach der Mordtat im Walde weilte, sein Opfer vollständig zerstücken wollte, damit es besser zu verbergen gewesen wäre. Nachdem man aber auf der Suche nach dem Mädchen den Wald durchstreifte, fühlte er sich in seinem Verstecke nicht mehr sicher und verließ den Tatort unter Zurücklassung seines Stockes und Messers.

haben – vermutlich war der 32-Jährige einem anderen Gast aufgefallen. Der verständigte die Polizei. Die suchte den Taglöhner dann in seiner Kammer auf. Als er abgeführt wurde, soll er noch Blut an den Händen gehabt haben. Am nächsten Morgen gestand er die Tat.

Zeitung berichtet in einem Extrablatt

Die Mindelheimer Neuesten Nachrichten gaben ein Extrablatt zum grausamen Verbrechen heraus. Darin war zu lesen: „Mindelau bei Mindelheim, 26. April. Ges-

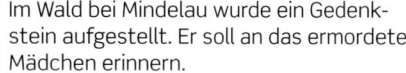
Im Wald bei Mindelau wurde ein Gedenkstein aufgestellt. Er soll an das ermordete Mädchen erinnern.

tern abends halb acht Uhr wurde an dem vier Jahre alten Kind des Ziegelei-Akkordanten Luigi Menotti ein Lustmord verübt. Das arme Kind wurde vollständig zerschnitten im nahen Wald aufgefunden. Nachts 11 Uhr wurde der rohe Täter, ein lediger Tagelöhner, namens Alois Schweyer von Mindelheim, verhaftet. Dazu erhalten wir von kompetenter Seite noch folgende ausführliche Beschreibung der brutalen Tat: Gestern wurde hier ein scheußliches Verbrechen begangen. Der Ziegel-Akkordant von Jägersruh, Luigi Menotti, hatte ein etwa viereinhalb Jahre altes Töchterchen, das man schon täglich zum Käser und Krämer, Herrn Prestele in Mindelau, schicken konnte, um kleine Kommissionen zu besorgen. Gestern Abend zwischen vier und fünf Uhr wollte das Kind wieder dorthin gehen, wurde aber in den am Wege liegenden Wald entweder gelockt oder geschleppt. Nach etwa 1 Stunde wurde die Mutter des Kindes ängstlich, und die Italiener (Ziegeleiarbeiter) suchten das Kind, fanden es aber nicht. Um 8 Uhr ging der Bruder der Mutter des Kindes aus Heimenegg von Jägersruh heim und entdeckte das Kind in einer Waldlichtung. Es lag splitternackt da, hatte zahlreiche Messerstiche, und der Bauch

Mit der Bahn wurde Schweyer nach Memmingen gebracht. Angeblich wollten ihm am Bahnhof Mindelheim (das Bild stammt aus dem Jahr 1902) italienische Ziegeleiarbeiter lynchen.

war aufgeschlitzt, so daß die Gedärme heraushingen. Es scheint hier ein Lustmord vorzuliegen. Als Täter wurde nach 11 Uhr der bei dem Ökonomen Xaver Preisinger bedienstete Alois Schweyer von Mindelheim verhaftet."

In den nächsten Tagen kamen immer mehr Details ans Licht. Ein Redakteur der Zeitung hatte sich vor Ort umgesehen: „Der Abend senkt sich auf ein friedliches Landschaftsbild nieder. Ringsum schweigender Wald, grünende Wiese, inmitten von alldem ein Gebäudekomplex, aus dem ein großer Kamin ragt. Der Kamin rauchte heute nicht, rauchte auch gestern nicht, denn die sonst so fleißigen Hände der braunen Söhne des Südens stehen unter dem Eindruck des Entsetzlichen, das sich hier zugetragen hat und das noch in kommenden Generationen vielleicht das bedeutendste Vorkommnis sein wird, das der friedliche, ereignislose Flecken Erde aufzuweisen hat.

Menschen sind fassungslos

Schon von einiger Entfernung sehen wir die Gestalten italienischer Arbeiter, die müßig und apathisch an einem seitwärts befindlichen, niedrigen Wohngebäude herumstehen und herumsitzen. Eine schwüle, drückende Stimmung lastet auf allen. Vor der dicht an der Straße gelegenen Wirtschaft, die dem Besitzer der Ziegelei gehört, stehen zahlreiche Fahrräder, aus der Wirtschaft selbst hören wir Stimmengewirr von vielen Gästen. Wir treten ein und finden schließlich ein bescheidenes Plätzchen. Man braucht nicht zu fragen, wenn man näheres über den Mord wissen will, denn noch immer spricht jedermann von dem, was dem einfachen, aber gesunden Verstande von Landsleuten einfach unfassbar erscheint. Heute Vormittag kam die Sektions-Kommission, gegen abends war sie erst fertig. Denn es galt nicht bloß, den genauen Zustand, in dem sich die kleine Leiche befand, festzustellen, sondern es wurden auch die gräßlichen Schnittwunden vernäht, so dass die Kleine einigermaßen zum Troste ihrer vor Leid halb wahnsinnigen Angehörigen in einem

Die Jägersruh

Nach der Ortschronik entstand die Wirtschaft nahe Mindelau um 1830. Hier kehrten anfangs italienische Arbeiter der Ziegelei und Jagdgesellschaften ein. Der aus Mindelheim stammende Besitzer war selbst Jäger. 1917 war die Blütezeit der Wirtschaft, die sich dann im Besitz des Viehhändlers Iberle befand. Angeblich wurde dort oft schwarz geschlachtet – auch für Kurgäste aus Bad Wörishofen.

Zustande in dem kleinen Särglein liegt, daß man sie wenigstens ansehen kann. Über den furchtbar zugerichteten Leib hüllt sich mitleidig ein dürftiges Totenkleidchen. Aber schon der Anblick des zerschnittenen Gesichtchens ist herzergreifend. Das Kind war für sein Alter ausnahmsweise gut genährt und groß. Wie immer, wenn Menschen gleicher Zunge sich in fernem Lande aufhalten, bilden auch die in der Ziegelei beschäftigten Arbeiter eine große Familie und es wird begreiflich erscheinen, daß das kleine, südländisch-lebhafte Töchterlein des Akkordanten der Liebling aller war. Es wird deshalb auch weiterhin begreiflich erscheinen, wenn die Erbitterung der sonst als nicht nur sehr fleißig, sondern

auch als sehr verträglich geschilderten Menschen einen unheimlichen Charakter annahm. Im italienischen Volksempfinden entspricht ja mehr noch als den Deutschen der Grundsatz: Aug um Aug, Zahn um Zahn und es ist kaum mehr zweifelhaft, was geschehen wäre, wenn der Unhold zu der Sektion seines Opfers an Ort und Stelle gebracht worden wäre. An der Straße und im nahen Walde warteten zahlreiche Italiener mit unheimlicher Ruhe und Geduld auf die Ankunft der Bestie in Menschengestalt. Aus den umliegenden Dörfern hatten sich zahlreiche Landsleute, teilweise mit Schaufeln, Hacken und Mistgabeln ausgerüstet, eingefunden, und man kann sicher sein, daß die suggestive Kraft eines aufreizenden Wortes, eines Beispiel sich in schrecklichster Weise auch in diesem Falle gezeigt hätte. Die bedrohliche Menschenansammlung war rechtzeitig der Behörde gemeldet worden, so daß von der Vorführung des Täters, der unterdessen bereits ein Geständnis abgelegt hat, Abstand genommen wurde. Nach dem Geständnis des Schweyers hat er das Mädchen missbraucht und dann in der bereits mitgeteilten Weise verstümmelt.

Mädchen war alleine unterwegs

Ohne Zweifel hat der Unhold das des Weges kommende Kind, das sicher voll größten Freude war, weil ihm der Onkel fünf Pfennige geschenkt hatte, damit es sich Mindelau auch etwas Gut's kaufe, irgend welchen Versprechungen in den dicht an der Straße liegenden Wald gelockt, wo das kindliche Vertrauen gar bald auf die aller gräßlichste Weise getäuscht wurde. Der Platz, wo das Furchtbare geschah, war ganz zertreten und zerstampft und da man annehmen muß, daß das kleine Kind im Verhältnis zur Kraft seines brutalen Überwältigers und Peinigers keine nennenswerte Gegenwehr leistete, so sieht man daraus, daß der Scheusal in eine förmliche Raserei verfallen sein muß.

Nach geschehener Tat schleppte der Unmensch sein Opfer an einen anderen Platz außerhalb des Waldes, begab sich nach Mindelau, kaufte sich Zigarren und ging später ins Bett, von wo ihn die Män-

ner des Gesetzes vor 1 Uhr nachts aufscheuchten. Für einen Alibibeweis hatte Schweyer insofern gesorgt, als er behauptete, er sei beim Maulwurffangen gewesen. Dies hätte auch den mit Blut besudelten und verschmutzten Anzug rechtfertigen sollen. Dies wurde aber bald als ein schlau durchdachter Versuch erkannt, sich der strafenden Gerechtigkeit zu entziehen und man ließ nicht einmal den toten Maulwurf gelten, die der bestialisch entartete Mensch vorsorglich als Beweismittel auf der Hundehütte niedergelegt hatte, um seine Geschichte von wegen des Maulwurffangens glaubhafter zu machen.

Früher gab es in der Region noch viele Ziegeleien. Dort arbeiteten häufig italienische Facharbeiter. Auch Luigi Menotti, der Vater des ermordeten Mädchens, war in einer Ziegelei beschäftigt. Das Bild zeigt unbekannte Arbeiter einer Ziegelei.

Die Gendarmerie, die abends eine falsche, nach Wörishofen führende Spur verfolgt hatte, sah ihren anerkennenswerten Eifer durch die Überzeugung belohnt, daß sie den richtigen in Händen hatte und sie ließ ihn daher auch nicht mehr fahren, sondern führte ihn nach Mindelheim in die Fronfeste, wo ihm die etwaige Reue über sein furchtbares Versprechen zu spät kommen wird."

Tage später wurde das Mädchen beerdigt. Viele Menschen kamen auf den Friedhof. Am Ortsanfang wurde die Leiche vom Ortsgeistlichen und der vom Hauptlehrer Merk geführten Schuljugend abgeholt und nach der Einsegnung zum Friedhof geleitet. Sechs weiß gekleidete Mädchen trugen das Kreuz. Ein Krönlein und Blumen schmückten den Sarg. Am Grab hielt Pfarrer Stützle nach den kirchlichen Gebeten eine kurze Anrede auf Italienisch. Er wünschte den Eltern Trost und Gottvertrauen in ihrem Leid. Mit einem Vaterunser, von dem Geistlichen und italienischen Arbeitern lateinisch gebetet, und einer Messe für die Verstorbenen, wurde die Beerdigung beendet. In der Zeitung wurde berichtet:

„Die doppelt armen Eltern des Kindes waren vor Schmerzen so niedergeschlagen, daß sie nicht an der Leichenfeier teilnehmen wollten. Ihr Wunsch wäre es gewesen, daß der Unmensch mit eigenen Augen das unschuldige Opfer seiner grausamen Tat hätte noch ansehen müssen. In diesem Sinne wandten sie sich noch gestern an das italienische Konsulat in München, jedoch konnte ihrem wohl begreiflichen Wunsche wegen eines zu befürchtenden Aufstandes nicht entsprochen werden."

Italienischer Missionar predigt

Trost spendete auch der Missionar Don Francesco Cerebotani aus München, der in italienischer Sprache predigte. Aus Angst vor Ausschreitungen wurde in Mindelau ein Gendarm abgestellt. Laut Zeitung verhielten sich die Italiener „sehr anständig und ruhig". Nachmittags hätten sie sich „wie Kinder um ihren geistlichen Vater und Berater in der Jägersruher Wirtschaft" gescharrt.

Das Grab der kleinen Celida wurde mit Kränzen und Blumen, die Mindelheimer gespendet hatten, geschmückt. Ein einfacher, aber schöner Grabstein mit italienischer Inschrift wurde aufgestellt. „Edelgesinnte Damen in Mindelheim" hatten in ihrem Bekanntenkreis in kurzer Zeit fast 80 Mark gesammelt, um sich an den Kosten für den Stein zu beteiligen. Mit dem Geld wurde auch die „kränkliche" Mutter von Celida unterstützt. Sie hatte noch zwei weitere Kinder. Weitere

20 Mark wurden dem Vater von anderer wohlwollender Seite als Spende übergeben.

Während der Tod des Mädchens beklagt wurde, saß Alois Schweyer in Haft. Er habe sich „in der besten Gemütsverfassung" befunden. Wörtlich hieß es in der Zeitung: „Er lässt sich das Essen gut schmecken und schläft in seiner Zelle vorzüglich. Auch in der Nacht nach der Tat soll er im tiefsten Schlafe gelegen sein, als die Polizei ihn verhaftete. Er empfindet über seine Tat nicht die mindeste Reue, sondern äußert, er gehe gern ins Zuchthaus, weil er es dort schöner bekommt und er sich nicht mehr

so sehr plagen müsse." Die Zeitung erfuhr auch, dass er vor mehreren Jahren schon einmal aufgefallen war. Er hatte angeblich in Lauchdorf eine Stute und eine Kuh durch Messerschnitte misshandelt. Doch Beweise gab es nicht.

Die kleine Celida muss ein Zufallsopfer gewesen sein. Denn Schweyer hatte offenbar kurz vor dem Verbrechen zwei anderen Mädchen, die ihm zwischen Dorschhausen und Mindelau begegnet waren, zehn Pfennig geschenkt. Er bat sie, doch bald wieder zurückzukehren. In der Zeitung wurde gemutmaßt: „Demnach wollte er schon diese Kinder an sich locken und es ist mit ziemlicher Sicher-

Der Mörder wurde in die königliche Kreis-, Heil- und Pflegeanstalt Kaufbeuren eingeliefert. Jahre später gelang ihm die Flucht.

heit anzunehmen, daß er in der langen Zeit, in welcher er nach der Mordtat im Walde weilte, sein Opfer vollständig zerstückeln wollte, damit es besser zu verbergen gewesen wäre. Nachdem man aber auf der Suche nach dem Mädchen den Wald durchstreifte, fühlte er sich in seinem Versteck nicht mehr sicher und verließ den Tatort unter Zurücklassung seines Stockes und Messers."

Ende April wurde Schweyer ins Landgerichtsgefängnis Memmingen eingeliefert. Am Bahnhof in Mindelheim hatte sich eine große Anzahl mit ihren Arbeitsgeräten ausgerüsteter italienischer Arbeiter eingefunden, die den Wüstling lynchen wollten. In Memmingen erhielt Schweyer laut Zeitungsbericht von einigen Passanten noch ein paar kräftige „Andenken". Schweyer landete schließlich in der „Kreisirrenanstalt Kaufbeuren". Darauf lässt ein Bericht vom August 1911 schließen. Denn der als „Lustmörder" bezeichnete Kranke türmte aus der Einrichtung. In der Zeitung wurde gewarnt: „In Anbetracht der entmenschten Geistesverwilderung des gemeingefährlichen Verbrechers ist größte Vorsicht geboten. Sollte sich Schweyer irgendwo zeigen, so ist es im Interesse der öffentlichen Sicherheit und die Pflicht eines jeden, die Polizeibehörde auf schnellstem Wege zu verständigen." Zwei Tage später die Entwarnung: Schweyer wurde in Marktoberdorf aufgegriffen und wieder nach Kaufbeuren gebracht. Dort verliert sich die Spur des Kriminellen, der eine Region fassungslos gemacht hatte.

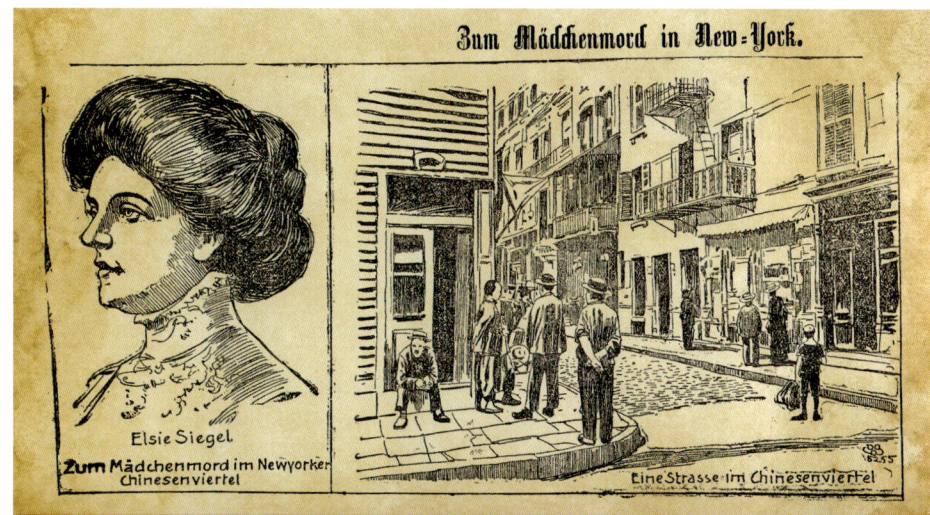

Zum Mädchenmord in New-York.

Elsie Siegel
Zum Mädchenmord im Newyorker Chinesenviertel

Eine Strasse im Chinesenviertel

Bestialisches Verbrechen in New York

Zwei Monate nach dem Mord von Mindelau machte ein ähnlich bestialisches Verbrechen Schlagzeilen. Er spielte sich in New York ab. Im Chinesenviertel der Millionenstadt wurde eine amerikanische „Missionärin" getötet. Es handelte sich um Elsie Siegel, die 20-jährige Enkelin des deutsch-amerikanischen Generals Siegel. Die Leiche wurde offenbar zerstückelt und in einen Koffer gepackt. In der Zeitung wurde noch auf ein weiteres Problem aufmerksam gemacht: „Der Mord erregt in der ganzen Welt ungewollte Sensation und Aufregung, da durch denselben ein trauriges Sittenbild entrollt wird.

Das Missionswesen, die Ermordete fungierte in einem Chinesenviertel als Missionärin, wie es von den New Yorker feinen Damen betrieben wird, bei dem jährlich Dutzende von Mädchen aus den besten Kreisen mithilfe des Opiums dem Wüstling des Chinesenviertels zum Opfer fallen, ist der Polizei längst bekannt. Nunmehr wird man aber in der chinesischen Stadt diesen unglaublichen Zuständen ein Ende machen durch radikale Säuberung." Die Polizei ging davon aus, dass Elsie Siegel von einem gewissen Leon ermordet wurde. Den wiederum hatte dann offenbar ein Nebenbuhler auf dem Gewissen.

Bombe reißt Pfarrer in den Tod

Eine Granate mit Nägeln und Glassplittern verletzt Josef Zacher tödlich. Mehrere Burschen müssen ins Gefängnis – aber nur kurzzeitig, denn das Verfahren wird eingestellt.

Eine Steintafel erinnert in der Hiltenfinger Kirche an den ermordeten Pfarrer Josef Zacher.

Vor über 100 Jahren sprach sich die Nachricht wie ein Lauffeuer herum: Pfarrer Zacher wurde in Hiltenfingen durch eine Bombe schwer verletzt. Tage später starb er im Schwabmünchner Krankenhaus. Aber was ist damals passiert? Eine Spurensuche.

Im Staatsarchiv in Augsburg finden sich keine Unterlagen über polizeiliche Ermittlungen oder einen möglichen Prozess, den das Attentat nach sich gezogen haben könnte. Auch im Stadtarchiv Schwabmünchen sind keine Unterlagen über die Geschehnisse von 1919 erhalten. Aufschluss gibt ein Bericht im Rosenheimer Anzeiger. In dem kurzen Artikel ist die Rede von zwei „Oekonomenssöhnen" aus Hiltenfingen, die gefasst und ins Amtsgerichtsgefängnis von Schwabmünchen gebracht wurden. „Es besteht jedoch die Wahrscheinlichkeit, daß andere Personen den Mordanschlag ausgeführt haben",

hieß es. Im Bericht ist von einigen Burschen die Rede, denen der Pfarrer „mißliebig" gewesen sein soll.

Mehr Aufschluss gibt ein Text im Mindelheimer Anzeigeblatt vom 31. Dezember 1919. Angeblich wurden sieben Beschuldigte verhaftet und dann ins Landgerichtsgefängnis nach Augsburg gebracht. Nachts gegen 3 Uhr bugsierten die Täter laut Zeitungsbericht mit einer Holzstange einen Sprengkörper ans Schlafzimmerfenster des Pfarrers im Pfarrhof. Bei der Bombe handelte sich angeblich um eine Granate, einen so genannten Ausbläser. Vermutlich stammte die Geschosshülse aus dem Ersten Weltkrieg. Sie wurde noch mit Glasscherben, Nägeln, Dynamit und einer Zündschnur versehen.

Offenbar wurde in der Nacht genau geplant, wie der Geistliche aus dem Leben scheiden sollte. So jedenfalls erfuhren

die Leser des Mindelheimer Anzeigeblatts: „Die Verbrecher hatten mit raffinierter Ueberlegung gehandelt." Die Zündschnur wurde in Brand gesteckt. Dann warf jemand vermutlich mit einem Stein die Scheibe ein. Wie erwartet wachte der Pfarrer auf und begab sich ans Fenster, um nach dem Rechten zu schauen. In diesem Augenblick explodierte die Bombe. Nach dem Zeitungsbericht im Rosenheimer Anzeiger wurde Josef Zacher durch herumfliegende Mauerbrocken und Glasscherben am ganzen Körper schwer verletzt. Im Mindelheimer Anzeigeblatt kamen noch mehr Details ans Licht: Die ganze linke Körperseite sei eine einzige Wunde gewesen. Splitter waren wohl auch in die Lunge eingedrungen. Mit dem Telefon wurden der Bezirksarzt Dr. Schwab und Pfarrer Meitinger aus Schwabmünchen gerufen. Als sie ankamen, sei Zacher blutüberströmt im Bett

Mit einer Granate, die vermutlich aus dem Ersten Weltkrieg stammte, wurde der „missliebige" Pfarrer getötet.

gelegen. Auf dem Boden befanden sich große Blutlachen. Der Arzt legte einen ersten Verband an, während der Geistliche Zacher die heiligen Sakramente spendete.

Die damalige Sanitätskolonne brachte Josef Zacher am Vormittag ins Krankenhaus, wo er dann zwei Tage später starb. Wie sich herausstellte, sei jede Rettung zu spät gewesen. Zacher wurde 42 Jahre alt. Das geht aus Unterlagen hervor, die noch im Archiv des Bistums Augsburg zu finden sind. Zacher wurde am 14. März 1877 in Neuhäder bei Dinkelscherben geboren, sein Vater war Buchbinder. Stationen auf seinem Lebensweg waren die Universität in München, Loppenhausen, Waidhofen, Wengen, Neukirchen und zuletzt Hiltenfingen. Im Sterbematrikelbuch der Pfarrei Hiltenfingen ist folgender Eintrag vermerkt: „Zacher Josef, Pfarrer kath., starb an den Folgen eines ruchlosen Attentates an Gasphlegmone, Dr. Schwab u. Dr. Gratzl, am 28. Dez. 1919 10 ¼ Uhr a.m. Krankenhaus z. Schwabmünchen, beerdigt 31. Dez. in Schwabmünchen,

42 Jahre 9 Mon., Pfarrer A. Schneider, g. Rat, Dekan." Im Sterbematrikelbuch der Pfarrei Schwabmünchen gibt es einen weiteren Eintrag. Darin heißt es: „Zacher Josef, Pfarrer in Hiltenfingen, kath., Landgericht, Aufenthaltsort (Nummer des Hauses): 301, ledig (iuv[enis]), schwere Verwundung durch ein Attentat in der Nacht vom 25.-26. Dez. Gasbrand a. linken Arm, starb am 28. Dez. 1919 10 ¼ Uhr a.m., beerdigt am 31. Dez. in Schwabmünchen, 42 Jahre 9 Mon., Pfarrer oder dessen Stellvertreter: A. Schneider b. g. Rat, Dekan." Erhalten ist auch ein Schreiben von Pfarrer Leonhard Meitinger an das Bischöfliche Ordinariat, in dem er vom „Anschlag mit einer so genannten Kistengranate" berichtet. Im Amtsblatt der Diözese von 1920 ist unter den Sterbefällen ein weiterer Hinweis zu finden: „Zacher Josef, Pfarrer in Hiltenfingen, Inhaber des König-Ludwig-Kreuzes." Insgesamt sind im Archiv des Bistums nur relativ wenige Unterlagen erhalten, was vermutlich mit den Zerstörungen und Verlusten während des Zweiten Weltkriegs zu tun hat.

Das Verfahren wurde im Juli 1920 von der Staatsanwaltschaft eingestellt. Laut Meldung im Mindelheimer Anzeigeblatt standen insgesamt zehn Personen unter Verdacht. Wörtlich hieß es: „Über die Tat liegt alles in vollständigem Dunkel."

Junger Mann will seine Freundin beseitigen

Ein 19-Jähriger feuert in Memmingen drei Schüsse aus einem Revolver auf eine junge Frau ab. Wollte er so verhindern, dass sein Vater von einer unliebsamen Schwangerschaft erfährt?

Es passiert jeden Tag auf der Welt: Junge Menschen lernen sich kennen. Und lieben. Oft wächst daraus eine lebenslange Beziehung. Doch darauf hatte der Landwirtssohn Johann Hieber aus Steinheim bei Memmingen keine Lust. Er wollte im Januar 1909 seine Freundin regelrecht beseitigen.

Der 1890 geborene Bursche kaufte sich nach seiner anstrengenden Arbeit als Eismacher in Memmingen einen Revolver mit scharfen Patronen. Die Waffe testete er tags darauf auf dem Heimweg. Dann ging er zu seiner Freundin, die in der Wohnung ihres Bruders lebte. Er lockte sie vor die Tür. Und umarmte sie, um sofort aus nächster Nähe vier Schüsse abzufeuern. Drei trafen die junge Frau in die rechte und linke Brust sowie in den Hals. Sie hatte großes Glück im Unglück: Die Verletzun-

gen waren nur leicht, sie konnte fliehen und sich in der Wohnung verschanzen. Johann Hieber türmte und versteckte den Revolver. Am nächsten Morgen ging er wieder zur Arbeit – so, als sei nichts geschehen. Doch das half nichts. Der Memminger Bürgermeister Karl Scherer hatte von dem Vorfall erfahren und wollte sich Hieber vorknöpfen. Doch der stritt alles ab. Erst gegenüber seinem Vater gab er alles zu. Der Vater lieferte seinen Sohn dann bei der Gendarmerie ab. Der Vater sollte auch vor Gericht eine besondere Rolle spielen.

Denn in der Verhandlung am Königlichen Landgericht Augsburg im Mai 1909 wurde klar, dass Johann Hieber große Angst vor seinem Vater hatte. War sie der Grund dafür, dass sich der junge Mann seiner Freundin entledigen wollte? Auch die Großmutter hatte ihrem Enkel die Hölle heiß gemacht. Sie sagte, dass der Vater ihn totschlagen werde, wenn er von den Folgen der Beziehung erfährt. Größtes Problem war offenbar, dass die Dienstmagd Maria Rau aus Steinheim ein Jahr älter war als Johann Hieber. Die beiden hatten sich im Oktober 1908 auf dem Memminger Markt kennengelernt. Hieber begleitete die damals 19-Jährige nach Hause. In der Zeitung wurde berichtet: „Es entwickelte sich daraus ein Verhältnis. Am Katharinentag kamen sie wieder in Memmingen zusammen und wie das erste Mal, so war es auch jetzt zu intimem Verkehr gekommen, was nicht ohne Folgen blieb. Die Tatsache wurde auch bald allgemein be-

kannt und Hieber wurde damit geneckt." Vor Gericht wiederholte Hieber sein Geständnis. Die Verteidigung ging davon aus, dass er „in großer Erregung" gehandelt habe und deshalb „eine milde Verurteilung" verdiene. Die Geschworenen sprachen Hieber schließlich auch nicht des Mordversuchs, sondern nur des versuchten Totschlags schuldig, was eine Gefängnisstrafe von zweieinhalb Jahren bedeutete. Was aus der Dienstmagd und dem gemeinsamen Kind passiert ist? Darüber wurde nichts mehr bekannt.

Ein Beziehungsstreit hätte im selben Jahr beinahe auch der 22-jährigen Dora Henninger das Leben gekostet. Sie hatte herausgefunden, dass ihr Freund nur die große Liebe vorspielt. Er hieß Simon Dunz, kam aus Meitingen und arbeitete als Zimmermann in Mindelheim. Dort lernte er Dora Henninger kennen: Sie war die Nichte seiner Logisgeberin. Der 28-Jährige versprach, sie zu heiraten. Doch als Dora Henninger erfahren hat-

Das Messer war nicht nur ein Alltagsgegenstand. Mit ihm wurde auch mancher Händel beendet – oft mit tödlichen Folgen.

te, dass sich Dunz in München auch Geld als Zuhälter verdient, wollte sie nichts mehr von ihm wissen. Daraufhin brannten bei Dunz die Sicherungen durch. Am 16. Juli 1909 passte er die Kellnerin vor der Haustüre ab. Statt sich auf ihn einzulassen, wandte sie sich ab und ging in die Wohnstube, wo sich ihre Großeltern aufhielten. Dunz folgte ihr. Als er auch diese Abweisung nicht verstehen wollte, zog sie sich in ihre Kammer zurück. Dunz ging er nach, zerriss ein Foto von ihr und warf der jungen Frau die Schnipsel vor die Füße. Als er die 22-Jährige am Arm packte, stieß sie ihn zurück und lief zur Haustüre hinaus. Dunz zog daraufhin einen Revolver und gab drei Schüsse auf sie ab. Zwei Geschosse blieben in Kopfhöhe im Türrahmen stecken, ein dritter verfehlte die junge Frau. Dunz dampfte ab und zischte anschließend in der Wirtschaft Sonne ein Bier. Dann ging er nach Hause, wo er den Revolver in seinem Koffer versteckte und die restlichen Patronen in den Abort warf. Der Vorfall hatte freilich ein Nachspiel: Dunz wurde angeklagt und musste sich vor dem Schwurgericht in Augsburg wegen Mordversuchs verantworten. Das Gericht kam während der Verhandlung vom ursprünglichen Vorwurf ab und verurteilte ihn schließlich wegen eines Totschlagversuchs zu einer Gefängnisstrafe von einem Jahr.

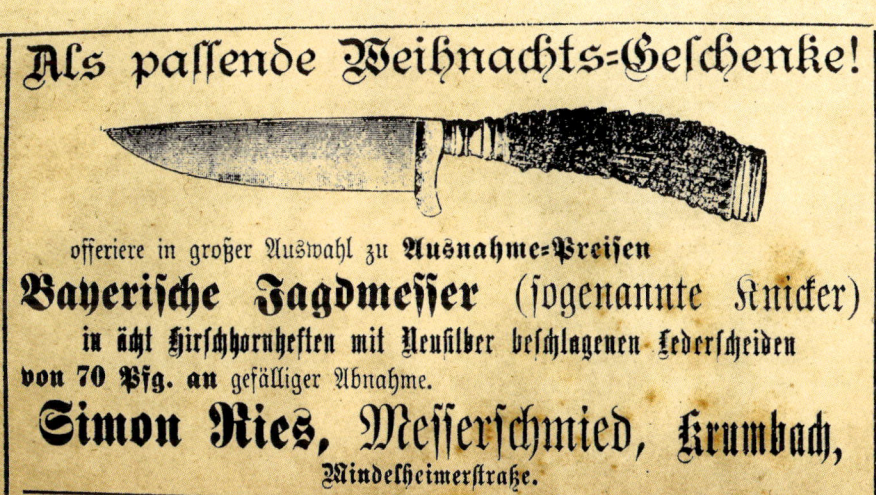

Schmerzhafter Stich in den Oberschenkel

Die Burschen der Gemeinde Ettringen und die Arbeiter beim Bahnausbau konnten sich nicht leiden. Denn zwischen ihnen herrschte schon längere Zeit ein gespanntes Verhältnis, das immer wieder zu Reibereien führte. So auch im September 1911: Vier Ettringer Burschen begegneten auf dem Weg nach Hause einigen Bahnarbeitern. Diese forderten die Burschen heraus: „Wenn ihr keine Schneid habt, haben wir eine." Der Bahnarbeiter Franz Scheuerecker von Kling bei Vils-hofen ging auf den Burschen Strauß zu und drückte ihm sein Stilett auf die Brust. Strauß erklärte Scheuerecker, dass er ihm noch nie etwas getan habe, worauf Scheuerecker dem Strauß mit seinem Messer in den rechten Oberschenkel stach. Dafür musste Scheuerecker neun Monate ins Gefängnis. Im Namen seiner Majestät wurde auch das Messer eingezogen – Scheuerecker musste nach der Verhandlung in Memmingen sofort hinter Gitter.

Warum musste die Postwirtin sterben?

Ein Mord erschüttert Markt Wald: Eine 84-jährige wurde nachts mit einem Kopfkissen erstickt.

Nur mit einem Nachthemd bekleidet wurde im Januar 1990 die 84-jährige Centa M. im Gasthof zur Post gefunden. Die Wirtin lag mit dem Gesicht nach unten auf einem Kopfkissen – direkt auf der Schwelle einer Schiebetüre, die ihren

So kannten viele die Postwirtin: Trotz ihrer 84 Jahre schenkte sie noch Bier aus.

Schlafraum mit dem Büro verbindet. Dort befand sich ein Tresor. Wurde sie Opfer eines Raubüberfalls? Und wer war der Mörder? Die Polizei tappte zunächst im Dunkeln.

Die ersten Spuren gaben ein unklares Bild ab. Neben der Leiche lag zwar ein geöffneter Geldbeutel. Aber der große Standtresor im Büro war verschlossen. In ihm fanden die Ermittler eine „nicht unbedeutende" Menge Bargeld, wie es Oberstaatsanwalt Führle damals formulierte. Der Schlüssel zum etwa ein Meter hohen Stahlschrank lag unter dem Bett der toten Wirtin. Vielleicht hatte auch der Mörder danach gesucht. Denn das Büro war augenscheinlich durchwühlt worden.

Eine weitere Spur entdeckte die Kriminalpolizei außerhalb des Gebäudes: Vermutlich war der Mörder durch ein Außenfenster eingestiegen – eine Scheibe war eingeschlagen. Anhaltspunkte erhoffte sich die Polizei auch durch zwei speziell geschulte Hunde, die die Beamten auf die Fährte des Täters angesetzt hatten. Der musste damals im Schnee Fußspuren hinterlassen haben. Doch die Suche blieb ohne Ergebnis.

Gleichzeitig wurden die letzten Gäste der Wirtschaft befragt. Sie hatten die „Post" in der Nacht auf Montag gegen 1 Uhr verlassen. Wieder Fehlanzeige. Auch die Nachbarn hatten nichts Ver-

Die Kripo brachte die Leiche zur Obduktion nach Memmingen.

dächtiges mitbekommen. Bei den Bewohnern des Anwesens, das sich nordwestlich der Postwirtschaft am Ende des Hohlweges befindet, lag sogar ein Schäferhund an der Kette. Doch der blieb in der Mordnacht entweder ruhig oder wurde nicht gehört.

Ein weiteres Detail im Verbrechenspuzzle lieferten die Rechtsmediziner im Memminger Stadtkrankenhaus: Sie untersuchten die Leiche und stellten fest, dass Centa M. eines gewaltsamen Todes starb. Der Schluss lag nahe, dass sie tatsächlich überfallen und ausgeraubt worden war. Aber von wem?

Eine eher nebensächliche Überprüfung führte die Ermittler schließlich auf die richtige Spur. Die Polizei fragte sämtliche Einbrüche in der Region in der jüngsten Vergangenheit ab und stieß so auf einen jungen Mann. Es handelte sich um einen 17-Jährigen aus den Stauden, der offenbar an den Einbrüchen beteiligt gewesen war. Ein Volltreffer: Der 17-Jährige packte aus und brachte die Beamten auch auf zwei 26 Jahre alte Männer.

Während die Postwirtin Centa M. in Markt Wald beigesetzt wurde, klickten die Handschellen. Einer der beiden 26-Jährigen wurde zur Fahndung ausgeschrieben und dann in Marktoberdorf festgenommen. Das Trio wurde dem Haftrichter vorgeführt und wanderte ins Gefängnis.

Die Täter tragen Handschuhe und Masken

Die Kripo rekonstruierte nach den Aussagen der Männer – nur einer der beiden 26-Jährigen schwieg – die Tatnacht so: Als die Wirtin schlief, stieg das Trio nachts über ein Fenster ins Büro ein. Die Männer trugen Handschuhe und hatten sich Strumpfmasken über den Kopf gezogen. Im Visier hatten sie den Tresor, den der 17-Jährige offenbar schon einmal gesehen hatte. Die drei Männer hatten allerdings die Rechnung ohne die Wirtin gemacht.

Centa M. wachte durch die Einbruchsgeräusche auf und wollte nach dem Rechten sehen. Da entdeckte sie die Einbrecher, die sich überrascht fühlten. Sie hielten die Seniorin fest und drückten ihr ein Kissen ins Gesicht, damit sie nicht schreien konnte. Den Tresor öffnete die 84-Jährige nicht mehr. Unklar blieb damals, ob die Einbrecher noch nach dem

Der Tatort: Die Gastwirtschaft befand sich unweit des markanten Fuggerschlosses mit seinen drei Rundtürmen.

Schlüssel für den Geldschrank gesucht hatten oder nach dem Tod der Seniorin getürmt waren.

Auch ein anderer Mord erschütterte die höchstgelegene Gemeinde der Stauden: 1902 wurde der Schäffler Anton Wörz in seinem Haus in Markt Wald erschossen. Was war passiert?

Der Witwer holte sich wie gewöhnlich am Nachmittag einen halben Liter Bier in der Wirtschaft. In dieser Zeit brach ein Mann im Haus von Wörz ein und durchsuchte die Räume nach Wertsachen. Wörz kehrte zurück und überraschte den Kriminellen, der die Begegnung blutig beendete:

Er feuerte mehrere Schüsse auf Wörz ab und flüchtete. Der Witwer wurde mit einer Kopfwunde tot im Hausgang gefunden.

Wenige Tage später rückten Mannschaften der Gendarmerie-Stationen Türkheim und Kirchheim an und nahmen in der Bader-Wirtschaft Tussenhausen Josef Wiederseiner fest. Die Ordnungshüter wählten bewusst das Wirtshaus für die Festnahme aus. Denn dort konnten sie ihn leichter überwältigen als zu Hause, wo er offenbar geladene Waffen aufbewahrte. Wiederseiner war übrigens kein unbeschriebenes Blatt: Er hatte be-

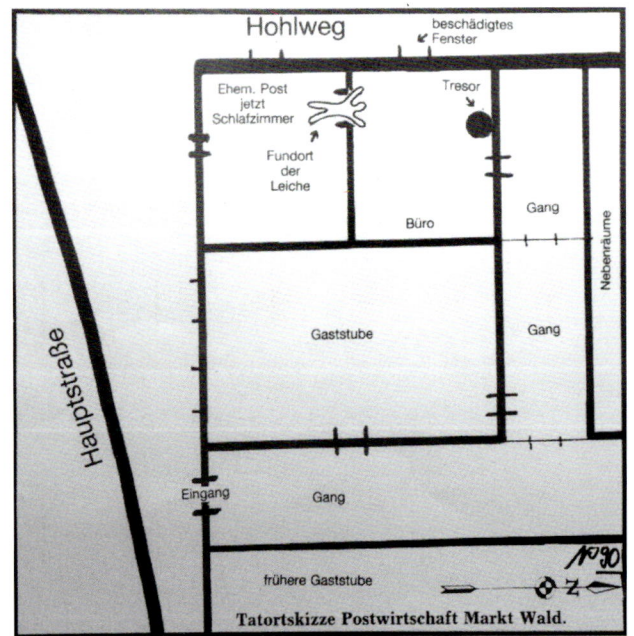

Tatortskizze Postwirtschaft Markt Wald.

Labels in sketch: Hohlweg, beschädigtes Fenster, Ehem. Post jetzt Schlafzimmer, Tresor, Fundort der Leiche, Büro, Gang, Gang, Gang, Gaststube, Nebenräume, Hauptstraße, Eingang, frühere Gaststube, Nº 90

Ein Blick in die Gaststube, wie sie ████████ wenige Stunden vor ihrem Tod verließ. Links auf dem Tisch stehen noch die leeren Bierflaschen der letzten Gäste . . .
Bilder: np

Wirtin wurde gewaltsam erstickt
Der Tod kam in den frühen Morgenstunden

Noch immer keine Ansatzpunkte für die Täterfahndung

Markt Wald (np). Die 84jährige Post-Wirtin ████████ starb eines gewaltsames Todes! Dies ist das Ergebnis der Obduktion, die gestern vormittag im Memminger Stadtkrankenhaus stattgefunden hat. Demnach wurde die Frau, die von Polizeibeamten tot in der Türe zwischen ihrem Schlafzimmer und ihrem Büro gefunden wurde, offenbar mit dem Kopfkissen aus ihrem Bett erstickt. Beim Eintreffen der Beamten lag der Leichnam ████████, nur mit Unterhemd und Nachthemd bekleidet, mit dem Gesicht nach unten auf dem Kopfkissen – direkt auf der Schwelle einer Schiebetüre, die die beiden

weiß wohl nur der Täter. Die letzten Gäste von ████████ wurden bereits vernommen oder die Vernehmung steht ihnen noch bevor. Auch anderen Gästen und Bekannten der alleinstehenden Postwirtin steht noch Kripo-Besuch ins Haus. Nachdem es ansonsten wenig Hinweise gebe, müsse man jeglicher möglichen Spur nachgehen, hieß es dazu.

reits eine neunjährige Zuchthausstrafe verbüßt und stand seit 1897 unter Polizeiaufsicht.

Zur Verhandlung im Mai 1901 waren 41 Zeugen und Sachverständige geladen worden. Der 57 Jahre alte Angeklagte wurde als ein „außerordentlich sicherheitsgefährlicher Mensch" beschrieben, der unter anderem schon fünfmal wegen schweren Diebstählen bestraft worden war. Auch über den Einbruch beim Witwer Wörz wurde mehr bekannt: Wiederseiner drückte ein Fenster ein und gelangte so ins Haus. Im oberen Stock soll der Kriminelle verschiedene Kleidungsstücke eingepackt haben. Als

In der Zeitung wurde genau rekonstruiert, wie und wo sich der Raubmord der Männer mit der Maske abgespielt hatte.

er dann hörte, dass Wörz nach Hause zurückkehrte und die Treppe heraufkam, schoss er ihm mit einem Revolver in die linke Brustseite. Aus nächster Nähe feuerte er einen weiteren Schuss ab und traf sein Opfer in die Schläfe.

Vor Gericht stritt Wiederseiner alles ab. Trotzdem verurteilten ihn die Geschworenen wegen „erschwerten Todtschlages" zu lebenslänglichem Zuchthaus und wegen schweren Diebstahls zu fünf Jahren Zuchthaus.

Die Gier nach Gold

Franz Tausend behauptet, künstlich Gold herstellen zu können. Industrielle und Politiker der Weimarer Republik glauben ihm.

Ein wahrer Satz von jemandem, der die Welt hinters Licht führte: „Wir glauben nur das, was wir uns wünschen." Das hat Franz Tausend einmal gesagt. Wie Recht er hatte: Hunderte glaubten, dass er Gold herstellen könne. Sogar General Erich Ludendorff. Er hatte dem Sohn eines Krumbacher Spenglers eine große Geldsumme überlassen. Tausend überzeugte ihn, dass er aus chemischen Substanzen synthetisches Gold herstellen könne. Er bezeichnete den Prozess als „Transmutation der Elemente nach dem periodisch-harmonischen System". Der Aufstieg von Tausend begann mit einer Bekanntschaft: Tausend lernte den späteren Nazi-Funktionär Rudolf Rienhardt kennen. Der hatte per Zeitungsannonce nach einem seriösen Großunternehmen gesucht, um sich finanziell zu beteiligen. Gerade einmal 21 Jahre alt war Rienhardt mit der vermögenden Frau eines preußischen Gutsbesitzers durchgebrannt. Man gründete die „Tausend und Rienhardt GmbH" zur Verwertung von Erfindungen. Tausend hatte sich zu dem Zeitpunkt noch nicht mit Gold versucht, sondern experimentierte mit Mitteln gegen Maul- und Klauenseuche sowie Blattläuse – aber immer ohne Erfolg. Anfang 1925 behauptete der Krumbacher erstmals, er könne auf chemischem Wege Gold herstellen. General Erich Ludendorff sprang auf – er suchte nach einer neuen Geldquelle, weil er sich mit dem Druck des „Völkischen Kuriers" hoch verschuldet hatte.

Dank Ludendorff gelang es, noch mehr Geldgeber für die neue „Gesellschaft 164" um sich zu scharen. Darunter befanden sich auch Industrielle wie Krupp oder Mannesmann, der alleine 600.000 Mark locker machte. Großkaufmann Adolf Held aus Bremen, Freiherr von Plattenberg-Mehrum aus Köln, Richard von Schoeller und sein Neffe Philipp Alois von Schoeller aus Wien, der Kaufmann Otto Tietgen und der Tabakfabrikant Johann Wilhelm von Eicken aus Hamburg sowie der Bankdirektor Leopold Osthoff aus München hatte die Gier nach Gold ebenfalls ergriffen. Mehrere Millionen kamen zusammen. Das meiste Geld ging an Ludendorff, der es für „vaterländische Zwecke" einsetzen durfte. Für Tausend fiel auch noch genügend ab – so viel, dass er sich bei Regensburg ein Gut, in München eine Villa, ein aufgelassenes Silberbergwerk in Sachsen und zwei Schlösser bei Dresden und in der Nähe von Bozen leisten konnte. Vermutlich hatte Ludendorff den Schwindel irgendwann bemerkt. Er zog sich nach zwei Jahren aus der Gesellschaft zurück. Damit war der Großteil

der Einlagen verloren. Tausend setzte sich nach Südtirol ab. Auf seinem Schloss Paschbach wollte er sogar den italienischen Faschisten sein Gold andrehen. Dann flog der Schwindel auf: Tausend hatte bei einer Präsentation heimlich einen Goldkrümmel in der Hand, der in Blei gegossen war. Das war das letzte Kapitel des Betrugs mit einem alten Menschheitstraum. Begonnen hatte er

Ein Bild aus guten Zeiten: Franz Tausend mit Familie. Der Krumbacher machte sich die Gier anderer Menschen zu eigen und behauptete, Gold auf einem chemischen Weg herstellen zu können.

in Krumbach. Der Vater von Franz Seraphin Tausend betrieb dort eine Spenglerei. Athanasius Tausend hatte rechte Schwierigkeiten, für ein Auskommen zu sorgen. Als Franz Tausend 1888 vier Jahre alt war, kam es besonders dick: Die Familie musste wegen Schulden ihr Zuhause in Krumbach aufgeben. In der Nähe von München, wohin Athanasius Tausend radelte, fand er eine neue Bleibe. Seine Frau Theres und der kleine Bub kamen nach. Weil sie kein Geld hatten, liefen sie zu Fuß von Krumbach zum Zug nach Dinkelscherben. Der Vater fing schließlich in Aubing als Spengler an. Trotzdem wurde es wieder finanziell eng. Die Kinder mussten zum Torfstechen, damit noch ein paar Pfennige mehr in die Familienkasse flossen.

Der erste Kontakt mit Chemie

Franz kam in die Schule, wo die Lehrer erkannten: Der Bub ist schlau. Er durfte ans Lehrerseminar nach Freising, wechselte an die Unteroffiziersschule nach Bruck und setzte sich schließlich nach Hamburg ab, wo er in einer Drogerie arbeitete. Dort hatte er erstmals Kontakt zu Chemikalien. Als Autodidakt eignete er sich umfassende Kenntnisse an. Dann kam der Erste Weltkrieg.

Tausend musste mit dem 4. Königlich Bayerischen Infanterie-Regiment nach Metz. Als Soldat lernte er seine spätere Frau kennen, die aus der Gegend von Lauingen stammte. Er schlug sich mit verschiedenen Jobs durch. Unter anderem arbeitete er als Kontrolleur in einer chemischen Fabrik. Auf seiner Visitenkarte stand: „Dr. Franz Tausend, Chemiker". 1913 gründete er in Ludwigshafen eine „Wissenschaftliche Geigen-Prüfstelle". Angeblich bewarb sich Tausend 1914 auch für den Nobelpreis – doch den erhielt Max von der Laue, der die wellenförmige Ausbreitung von Röntgenstrahlung erforscht hatte. 1918 gründete Tausend einen „Bund der Familienfreunde", der für seine Mitglieder Lebensmittel beschaffen sollte. Tatsächlich soll er die Geldeinlagen der Mitglieder unterschlagen haben. Trotzdem begannen goldene Jahre: In Gauting und Gilching experimentierte Tausend mit Gold. Die Gier der Menschen spülte immer mehr Geld in die Kassen. Doch Gold gab es keines.

Nach einem Verkehrsunfall auf dem Brenner wurde Tausend in Paschbach von den italienischen Behörden wegen Fahrerflucht festgenommen und am 4. Juni 1929 ausgeliefert. Eineinhalb Jahre dauerte es, bis der Prozess gegen Franz Tausend begann. Im Hauptmünzamt in München sollte er zeigen, wie er Gold macht. Auf einem Tisch auf einer Bühne hatte er mehrere Apparaturen, Schmelztiegel und Brenner aufgestellt. Er redete und redete. So wie immer. Tausend, dem beste Manieren und Höflichkeit attestiert wurden, konnte Menschen um den Finger wickeln. Dann plötzlich war er da, der Beweis: Ein kleines gelb glänzendes Körnchen. Gold! Später stellte sich heraus: Die Goldfeder des Füllfederhalters, den Tausend während seiner Präsentation für Rechnungen benötigt hatte, war verschwunden. Die 1,67 Gramm Gold, die Tausend gezaubert hatte, entsprachen genau dem Gewicht der Feder.

1931 wurde Tausend wegen Betrugs zu knapp vier Jahren Gefängnis verurteilt. 1936 stand er erneut vor Gericht. Diesmal wegen Scheck- und Wechselbetrugs. Die Strafe: weitere drei Jahre. Als Gewohnheitsverbrecher kam er dauerhaft hinter Gitter. Er soll noch während des Zweiten Weltkriegs gestorben sein.

Der Tote im Weizenfeld

Ein ehemaliger Anstaltspatient lockt einen 77-Jährigen aus dem Haus. Er hat einen mörderischen Plan, den er in einem Weizenfeld bei Unterkammlach umsetzt.

Der Abdruck im abseits gelegenen Weizenfeld war noch Tage nach der Tat zu sehen: Nahe Unterkammlach hatte im Juli 1965 der 22-jährige Walter F. den Landwirt Georg M. getötet. Laut Polizei hatte er den 77-Jährigen zunächst an die Stelle gelockt und dann dort erwürgt. Darauf deuteten die Flecken am Hals des Seniors.

An dieser Stelle im Weizenfeld lag der erwürgte Landwirt aus Unterkammlach.

Angeblich hatte Walter F. einen Geldbeutel gefunden. So lockte der junge Mann sein Opfer aus dem Haus.

Walter F. war zum Landwirt gefahren und hatte ihm erzählt, dass er eine Brieftasche auf einem Feld gefunden hätte. Gemeinsam fuhren die beiden zu der Stelle. Für den 77-Jährigen wurde es die Fahrt in den Tod. Er hatte keine Chance, sich dem stärkeren Walter F. zu widersetzen. Der 22-Jährige, der vor dem Verbrechen in einer Heil- und Pflegeanstalt untergebracht war, wurde mehrere Stunden von der Polizei als Beschuldigter vernommen. Er konnte allerdings keine Details mehr wiedergeben – vermutlich hatte er den alten Bauern in geistiger Umnachtung umgebracht. Dass er der Täter war, stand für die Polizei fest: Denn nachdem der junge Mann auf dem Weizenfeld gewesen war, soll er zu seinen Eltern aufs Anwesen gekommen sein und gesagt haben, dass er gerade den Senior-Landwirt getötet hat. Dann führte er Eltern und Polizei zu der Stelle im Weizenfeld. Der 22-Jährige dürfte nach dem Mord wieder für längere Zeit in eine Heil- und Pflegeanstalt gekommen sein.

Fiel die Frau einem Verbrechen zum Opfer?

Die folgenden Fälle machten vor über 100 Jahren Schlagzeilen und ließen Raum für Spekulationen.

Für große Aufregung sorgte kurz nach Neujahr 1910 eine Entdeckung bei Amendingen. Am Bachrechen der Mühle trieb eine weibliche Leiche, die Wunden an Kopf und Brust hatte. Wie ein Lauffeuer verbreitete sich die Nachricht von dem Leichenfund. Laut Zeitungsbericht handelte es sich um „die Anfang der Zwanzigerjahre stehende Köchin Magdalena Wölfl, gebürtig aus Benningen bei Memmingen, zurzeit im Dienste des Herrn Zahnarzt Engel dahier". Alles deute auf ein Verbrechen hin. Wenige Tage später dann die Aufklärung: Die Tote war Josepha Futter, geborene Schiele. Sie arbeitete zuletzt in der Fabrik Haußmann in Memmingen. Sie hatte sich das Leben genommen. Wie tragisch: Ihr fast einjähriges Kind, das die Frau ebenfalls mit in den Tod genommen hatte, wurde ebenfalls im Wasser entdeckt. Wenig spä-

ter wurde ein ähnlicher Fall bekannt, der zunächst Anlass zu Spekulationen gab. Mitte Januar 1910 wurde im Krebsbach bei Holzgünz eine männliche Leiche entdeckt. Wie sich herausstellte, handelte es sich um den fast 60 Jahre alten Stallknecht Andreas Remmel. In der Zeitung stand: „Durch welche Ursache der Tod Remmels bewirkt wurde, bleibt nach wie vor in ein undurchdringliches Dunkel gehüllt, doch ist bekannt, dass Remmel in Witzighausen seine Dienststelle verließ, weil er sich krank fühlte." Er sei jedoch nicht ins Spital gegangen, sondern in Richtung Ottobeuren. Dort lebte seine verheiratete Tochter. Offenbar war er unterwegs in Holzgünz eingekehrt. Als er abends die Wirtschaft verließ, sei er unentschlossen gewesen, ob er im Bräuhaus übernachten oder mit dem letzten Zug nach Ottobeuren fahren sollte. Wenige Wochen später dann die überraschende Wende.

Nicht eine Krankheit war für den überraschenden Tod verantwortlich. Die Gendarmerie ging jetzt von einem Verbrechen aus. „Die in die Wege geleitete Untersuchung ist nun zu dem Schluss gekommen, daß der Tod Remmels auf ein Verbrechen zurückzuführen ist." Die Polizei fand heraus, dass Remmel seine Dienststelle mit ungefähr 80 Mark verlassen hatte. Dann ließ er es sich mit dem Geld in der Wirtschaft in Ungerhausen gut gehen. Offenbar bekamen auch andere Gäste von dem kleinen Vermögen mit. In der Zeitung

Der Waldsee galt bereits ab 1898 als Ausflugsziel. Wer wollte, konnte sich dort einen Kahn ausleihen und rudern, wie das Bild aus den 1930er-Jahren zeigt.

wurde berichtet: „Da der Geldbeutel bei seiner Auffindung völlig leer war, neigt die recherchierende Behörde zu der Annahme eines Raubmordes, begangen durch eben diesen Unbekannten." Ein Täter wurde nie gefunden.

Rätselhafte Leiche

Im kleinen Waldsee bei Wörishofen wurde im August 1911 eine „ziemlich in Verwesung übergegangene Leiche" entdeckt: Papiere oder sonstige Gegenstände, welche „eine Eruierung des Toten" ermöglicht hätten, wurde bei dem Mann nicht entdeckt. Die Zeitung berichtete: „Ein Verbrechen ist wohl kaum anzunehmen, da in den Kleidern der Leiche ein Geldbetrag von über 300 Mark gefunden wurde und da auch keine Verletzungen zu finden sind. Als besonderes Kennzeichen wäre anzuführen, daß der eine Fuß des Toten ziemlich stark verkrüppelt ist." Der Unbekannte wurde schließlich auf dem Wörishofer Friedhof beerdigt.

Ein Toter im Feldstadel

Im Juni 1909 wurde der Taglöhner August Bäurle tot im Feldstadel von Pius Möggle aus Ettringen aufgefunden. Der Mann trug eine Uhr. In seinem Rucksack befanden sich mehrere Kleidungsstücke. Die seien in einem guten Zustand gewesen – ganz anders die Leiche. Mediziner Dr. Endraß stellte fest, dass Bäurle wohl schon mehrere Tage tot im Stadel gelegen war. Einen Selbstmord oder ein Verbrechen schloss Endraß aus. Wahrscheinlich war Bäurle auf der Reise und wollte bei den bevorstehenden Kanalarbeiten in der Region etwas Geld verdienen. Er übernachtete heimlich im Stadel, wo ihn dann der Tod überraschte. Laut den gefundenen Papieren war Bäurle im März ernsthaft erkrankt gewesen – er war schon längere Zeit im Krankenhaus gelegen. Weitere Ermittlungen gab es nicht.

Der Tod auf der Kur

War es ein Unfall oder vielleicht sogar ein Mord? Im Juni 1901 stürzte im Wörishofer Kneippianeum eine Frau aus dem zweiten Stock. Die Tübingerin war seit vier Wochen auf Kur. Beim Aufprall wurde sie so schwer verletzt, dass sie während des Transports ins damalige Krankenzimmer starb. Hatte jemand nachgeholfen und die Frau war unfreiwillig in die Tiefe gefallen? Ermittlungen in dieser Frage gab es nicht. Die Kur hinter sich hatte der Kaufmann Ferdinand Hofmann aus Wien. Er wollte Anfang Juli 1911 nach Hause reisen. Doch dann passierte es: Im Zug zwischen Wörishofen und Türkheim überkam ihn „ein leichtes Unwohlsein, das ihn nötigte, seine Reise zu unterbrechen". Er ging ins Gasthaus zur Eisenbahn in Türkheim und übernachtete dort. Gegen Morgen war er nicht mehr unter den Lebenden – vermutlich hatte er einen Schlaganfall.

Den Waldsee sollen 135 Quellen speisen. Früher gehörte er zum Dominikanerinnen-Kloster, seit 1900 befindet er sich im Eigentum der Familien Brandstätter, Gutleber und Fischer. Darauf weist eine Tafel am See hin – vom einstigen Ort lauschiger Stunden ist nicht mehr viel geblieben.

Späte Reue bringt einen Doppelmörder vor Gericht

Ein Mann erschießt nach dem Krieg in Oßlang zwei Landwirte und muss danach lebenslang ins Zuchthaus.

Jede Nacht verfolgte ihn der Fluch. Sein Gewissen ließ ihn nicht mehr zur Ruhe kommen. 1951 offenbarte sich Fritz E. und übergab der Polizei ein schriftliches Geständnis: Er hatte im Juli 1945 einen Bauern in Woringen mit einer Pistole bedroht und Lebensmittel geraubt. Ein Jahr später wiederholte sich der Überfall in der Einöde Oßlang bei Kronburg – diesmal mit tödlichen Folgen. Fritz E. erschoss die beiden Brüder Michael und Josef S.

Der Hunger hatte ihn zu den beiden Verbrechen getrieben, gestand der 33-Jährige im großen Sitzungssaal des Landgerichts Memmingen. Er habe damals mitansehen müssen, wie seine Mutter daheim in Woringen Tag für Tag hungernd in Armut litt. Da habe er den Entschluss gefasst, sich bei einem Bauern Essen zu beschaffen. Mit einer Waffe konnte er umgehen: Fritz E. war auf sämtlichen Kriegsschauplätzen gewesen. Dreimal wurde der spätere Leutnant verwundet. Nach amerikanischer Kriegsgefangenschaft kehrte das 14. Kind eines Schmiedemeisters nach Woringen zurück. Es war im Juni 1945, die Stunde null im Nachkriegsdeutschland. Die großen Städte waren zerstört, es fehlte an Nahrung und Kleidung. Das Überlebensnotwendige war nur über den Schwarzmarkt zu beschaffen.

Fritz E. besorgte sich eine Pistole und eine Gesichtsmaske. In der Nacht auf den 14. Juli überfiel er den Bauern in Woringen. Mit ein paar Laib Brot und einigen Stück Butter radelte er dann in der Nacht nach Hause. Ein Jahr später war wieder Schmalhans Küchenmeister. Also zog Fritz E. los – diesmal nutzte er eine Fahrt nach Illerbeuren. Auf dem Rückweg wartete er die Dunkelheit ab und zog sich dann seine alte Wehrmachtskopfmütze, in die er zwei Augenschlitze geschnitten hatte, über. Mit der Pistole radelte er zum Gehöft Oßlang. Doch dort spielte sich der Raubüberfall ganz anders ab.

Der 60-jährige Bauer Michael S., ein großer und starker Mann, ging auf Fritz E. mit einer Mistgabel los. Der Vermummte bekam es mit der Angst zu tun. Wegrennen konnte er nicht, weil er eine nicht ausgeheilte Verletzung am Knöchel hatte. Er gab drei Schüsse in die Luft ab. Dann zielte er auf den Bauern und traf ihn zweimal in den Beinen. Beim sechsten Schuss sackte Michael S. zusammen. Vom Krach aufgeschreckt

Mit einer Mistgabel versuchten sich die beiden Landwirte in Oßlang noch zu wehren.

kam der 68-jährige Josef S. zum Tatort. Er erkannte sofort, was sich auf dem Hof abgespielt hatte, packte sich eine andere Mistgabel und griff Fritz E. an, der daraufhin vier weitere Schüsse abfeuerte. Auch der ältere Bruder brach zusammen und starb.

Die Bilder bekam Fritz E. nicht mehr aus dem Kopf

1947 wandte sich Fritz E. der evangelischen Seelsorge zu. Der Mörder bildete sich ein, dass er im diakonischen Dienst einen Teil seiner Schuld tilgen könnte. In einem Colloquium stellte er sich eine grundsätzliche Frage: „Wird Gott einem Mörder vergeben, ohne dass er sich einem irdischen Richter gestellt hat?" Die Antwort gab sich der Diakonschüler selbst: Er musste sich der Justiz stellen. Ohne Sühne vor einem weltlichen Richter würde es keine Vergebung geben. In Fritz E., der mittlerweile Heimleiter des evangelischen Jugendheims in Bachhagel geworden war, reifte der Entschluss: Er muss sich offenbaren. Bis es soweit war, vergingen noch einige Jahre.

Erst 1951, es war der erste Adventssonntag, beichtete er seinem Seelsorger die Tat. Einige Tage später schrieb Fritz E. einen Brief an die Staatsanwaltschaft in Memmingen. In seinem Geständnis gab er an, dass er auf die beiden Bauern geschossen habe, um der Verhaftung und einer Strafe zu entgehen. In der Verhandlung am Landgericht im folgenden Jahr widerrief er die Darstellung und schrieb die Tat seiner Todesangst zu.

Im Dezember 1952 wurden die Morde in Memmingen verhandelt. Fritz E. sagte über die Hintergründe der Tat: „Was mich dazu getrieben hat, wird wohl zum größten Teil der Hunger gewesen sein." Über den unkontrollierten Überfall auf die Brüder in Oßlang sagte er: „Weil es dort anders kam, wie ich mir vorstellte, geriet ich vollkommen außer Fassung." Er habe Angst um sein Leben gehabt, versuchte er sich zu entschuldigen. Die Frau von Fritz E. beschrieb ihn als Menschen mit einem guten Kern. Die Vorge-

setzten der evangelischen Seelsorge berichteten ebenfalls gut über den Leiter des Kinderheims.

Der Mörder leitete mehrere Jahre ein Kinderheim

Der Staatsanwalt beantragte wegen zweifachen Mordes lebenslang Zuchthaus und wegen vollendeter und versuchter räuberischer Erpressung sowie eines schweren Raubes zwei beziehungsweise ein Jahr Gefängnis. Dazu die Aberkennung der bürgerlichen Ehrenrechte auf Lebenszeit und Haftfortdauer.

Rechtsanwalt Robert Miller aus Memmingen, der Fritz E. vor Gericht verteidigte, hob den ernsten Willen zur Sühne hervor. Er plädierte auf gefährliche

Die bürgerlichen Ehrenrechte

Nach früherem Recht konnten die so genannten bürgerlichen Ehrenrechte auf Lebenszeit oder zeitlich begrenzt aberkannt werden. Verurteilten wurde das Wahlrecht genommen. Außerdem konnten sie öffentliche Ämter, Würden, Titel, Orden und Ehrenzeichen verlieren oder nicht mehr erhalten. Heute gibt es keine Aberkennung der bürgerlichen Ehrenrechte mehr.

Körperverletzung mit Todesfolge oder eventuell auf Totschlag, bei dem mildernde Umstände zugebilligt werden müssen. Das letzte Wort hatte der Angeklagte: Er beteuerte, dass er eigentlich nicht töten wollte und bat um eine milde Strafe.

Nach mehrstündiger Beratung verkündete Landgerichtsdirektor Dr. Franz Holczak das Urteil. Fritz E. muss wegen zweifachen Mordes lebenslang ins Zuchthaus. Wegen der räuberischen Erpressung und eines schweren Raubes wurde er außerdem zu einer weiteren Gesamtstrafe von eineinhalb Jahren Gefängnis verurteilt. Die bürgerlichen Ehrenrechte wurden ihm für zehn Jahre aberkannt. Richter Holczak sagte: „Das Urteil soll nicht jede Hoffnung auf eine Zukunft nehmen. Das Gericht ist aber keine Gnadenbehörde und muss sich streng an das Gesetz halten, wird sich aber sicher für einen Gnadenerweis zu gegebener Zeit einsetzen." Fritz E. nahm das Urteil gefasst und in sich gekehrt auf.

Eine Revision verwarf der I. Senat des Bundesgerichtshofs. Die Süddeutsche Zeitung schrieb im April 1953 über den Karlsruher Entscheid: „Der Strafgefangene hat auf Gott und die Menschen vertraut, als er sich dem Gericht stellte. Was ihm widerfahren ist und was ihm nun, bis die Gnadeninstanz sprechen wird, auf eine lange Reihe von Jahren auferlegt ist, betrachten er und seine Frau als eine Heimsuchung Gottes, der sie sich zu fügen haben."

Ein Feuer soll die Spuren verwischen

Der spektakuläre Bürgermeister-Mord von Mohrenhausen: Ein Familiendrama endet auf dem Schafott.

Der Bürgermeister ist tot: Wie ein Lauffeuer ging in den Tagen vor dem Weihnachtsfest 1901 die Nachricht über den erschlagen aufgefundenen Franz Josef Bader aus Mohrenhausen um. Sein Leichnam wurde im Schutt und in der Asche seines abgebrannten Anwesens entdeckt. Am wenig verkohlten Schädel war eine blutige Wunde sichtbar, die von einem wuchtigen Hieb oder Schlag herrühren musste.

Wurde Bader gewaltsam getötet und dann der Hof angezündet, um die Spuren zu verwischen? Die Gendarmerie aus Babenhausen hatte schnell den 25-jährigen Sohn im Visier. Georg Bader wurde festgenommen und ins Amtsgerichtsgefängnis Babenhausen gebracht. Auf dem Weg dorthin versuchte er zu fliehen.

Wie sich bei den Ermittlungen der Gendarmerie herausstellte, hatte es zwischen Vater und Sohn öfters Differenzen gegeben. Bürgermeister Bader wurde als biederer und rechtlich denkender Mann beschrieben, der sich allgemeiner Beliebtheit und hohen Ansehens erfreute. Wie der Iller-, Roth- und Günzbote berichtete, war Bader 58 Jahre alt. Und seit Mitte April 1901 Witwer. Zwei Töchter und der Sohn bewirtschafteten den großen, schönen und schuldenfreien Hof. Was nach Friede, Freude und Eierkuchen klingt, hatte eine Kehrseite: Bader, seit 1888 Bürgermeister der Gemeinde Mohrenhausen, hatte etwas gegen die Beziehungen seiner zweitältesten Tochter

und die seines Sohnes. Mit dem häuslichen Frieden war es vorbei, als die Tochter schwanger wurde. Seine Einwilligung zur Hochzeit lehnte der Hausherr strikt ab. Dann kam es noch dicker: Der Sohn fing ein Verhältnis mit der Schwester des Liebhabers von Baders zweitältester Tochter an.

Dem Mord unmittelbar vorangegangen war ein anderer Streit: Der Sohn hatte seinem Vater eröffnet, dass seine Freundin ein Kind erwartet. Später wurde in der Zeitung berichtet, dass sich Vater und Sohn um Geld stritten. Und dass der Sohn auf die schiefe Bahn geraten und gegen ihn eine Untersuchung wegen Einbruchs eingeleitet worden war. Tatsächlich war Georg Bader wegen Betrugs von der Memminger Strafkammer zu sechs Monaten Gefängnis verurteilt worden. Die Strafe kam bei der Verhandlung im März 1902 zur Sprache.

Der Angeklagte schilderte in Augsburg einen anderen Tathergang. Der Vater habe im Stadel dreimal mit einer Axt nach ihm geschlagen. Das Werkzeug entdeckte eine Gendarmerie-Mannschaft im Januar in einer Kiesgrube an der Straße nach Tafertshofen. Georg Bader sei nach den Axthieben wütend geworden und habe mit einem Wagensitzbrett nach seinem Vater geschlagen und ihn am Kopf getroffen. Danach habe er ihn

Zum Mord in Mohrenhausen.

Babenhausen, 20. Dezember. Eine große Menschenmenge sammelte sich gestern Donnerstag vor dem Amtsgerichtsgebäude in Babenhausen an, um den Mörder zu sehen, welcher mittelst geschlossener Droschke zur Confrontation nach dem Orte seiner That überführt wurde. Mit wildem, trotzigem Blicke musterte er die Neugierigen, nur sein Gang schien ein schleppender zu sein.

Während der Fahrt und zwar unterhalb Kettershausen bat der Mörder, aussteigen zu dürfen, um ein Bedürfniß verrichten zu können. Dies wurde ihm auch von Seite des Herrn Gendarmerie-

Die erste Nachricht von der Bluttat: So wurde damals im Krumbacher Boten berichtet.

ins Stroh gelegt, damit er wieder zu sich kommen konnte. Daraus wurde nichts – der Vater starb. Und der Sohn ging anschließend ins Wirtshaus. Seinen Vater beschrieb er als Schläger. Als er einmal am Grab der Mutter betete, schlug der Vater angeblich mit der Heugabel zu, ein anderes Mal mit einer Holzstange, weil er Kritik am Umgang mit Pferden geäußert hatte. Am Abend vor der Tat soll er seinen Sohn losgeschickt haben, um sogenannte Wiesbäume zu stehlen.

Zeugen zeichneten ein anderes Bild vom späteren Mordopfer: Der Vater habe den Sohn immer unterstützt und sei nachsichtig mit ihm gewesen. Georg Bader dagegen wurde als verschlossener, unaufrichtiger und verlogener Mensch bezeichnet. Nach seiner Militärzeit begann er ein ausschweifendes Leben zu führen und sich „dem Trunke" zu ergeben. Der Iller-, Roth- und Günzbote berichtete: Zur Befriedigung seiner kostspieligen „Lebsucht" machte er überall Schulden. Georg Bader musste ständig fürchten, dass die Schwindeleien ans Licht kamen. Vielleicht drängte der Sohn deshalb darauf, dass sein Vater den Hof an ihn übergibt. Doch der winkte ab.

In der Verhandlung verstrickte sich Georg Bader in Widersprüche. Im Kern ging es um die Axt. In einem aus dem Untersuchungsgefängnis geschmuggelten Brief bat er seine Schwestern, ihm mitzuteilen, ob die Axt gefunden worden sei. Einem Aufseher erklärte der Verdächtige, dass er mit dem Vater gerauft und mit der Axt „ein bissel hingelangt" habe. Ein anderes Mal hatte Bader erzählt, dass er die Axt in die Grube gebracht habe, damit sie außer Reichweite des Alten sei. Auch für die Flecken an dem Werkzeug hatte er eine Erklärung: Sowohl er als auch sein Vater hatten bei der Arbeit blutige Hände. Vor Gericht gab er schließlich an, dass ihn zunächst der Vater mit der Axt geschlagen habe und er dann in Notwehr zurückschlug. Egal, wer wen in welcher Situation und wann geschlagen hatte: Schwer belastete Georg Bader ein kleines Mädchen.

Die Tochter des Wagners aus Kettershausen, Amalie Hummel, sollte bei Bürgermeister Bader am Morgen des 17. Dezember auf dem Hof Säcke abholen. Bader senior, der gerade aus der Kirche gekommen war, ging in den Stadel, während die 13-Jährige mit ihrem Bruder draußen wartete. Dann vernahm sie einen starken Stoß und später ein Geräusch, wie wenn ein schwerer Gegenstand weggeschleift wird. Eine Stimme habe dann zu ihr gesagt: „Mädele, gang hoim, 's sind keine Säcke da."

Doch statt nach Hause zu gehen, machten die Kinder kehrt und gingen zu den beiden Schwestern in die Stube. Die riefen daraufhin nach ihrem Vater. Doch keine Antwort.

Nach dem Mord in der Wirtschaft

Stattdessen erschien ihr Bruder, der Geld von ihnen verlangte. Auch sein Verhalten in der Wirtschaft belastete den Angeklagten: Er wurde dabei beobachtet, wie er hastig eine Maß trank und durchs Fenster immer wieder zum elterlichen Anwesen spähte. Bei einem Verhör hatte Georg Bader zugegeben, den Brand gelegt zu haben. Aber ohne besonderen Grund, nur in der Verwirrung, wie er sagte. Vor Gericht stritt er alles ab und behauptete, dass sein Vater wohl unvorsichtigerweise eine brennende Zigarre abgelegt habe. Als ein Onkel entgegnete, dass das gegen die Gepflogenheiten des Bürgermeisters war, tischte Bader eine andere Version auf: Der Brand sei wohl vom Kamin ausgegangen.

Staatsanwalt Dr. Bezold hielt die Angaben von Georg Bader für ein großes Lügenkonstrukt. Nach seinem dreistündigen Plädoyer hielt er die Anklage auf Mord aufrecht. Bader vergrub nach den Beobachtungen des Gerichtsreporters sein Gesicht in einem Taschentuch. Sein Verteidiger Dr. Binswanger plädierte auf Totschlag. Nach kurzer Beratung der

Franz Xaver Reichhart (links) richtete Georg Bader auf dem Hof des Untersuchungsgefängnisses in der Augsburger Karmelitengasse. Laut Zeitungsbericht dauerte die gesamte Hinrichtung exakt 86 Sekunden.

Der Scharfrichter war ein gläubiger Mensch

Scharfrichter Franz Xaver Reichhart wurde 1851 in Mühltal in der Oberpfalz geboren. Mit 31 Jahren wurde er Erster Gehilfe des damaligen Scharfrichters Joseph Kißlingers, den er 1894 ablöste. Reichhart war der einzige Scharfrichter mit Beamtenstatus im Justizdienst. Über die Vollstreckungen und die Verbrecher führte er genau Tagebuch, beispielsweise über seine erste Hinrichtung: Auf der Amberger Fronfeste enthauptete er den Söldner Anton Spichtinger, der seinen Vater mit einem Handbeil erschlagen und dann im Kartoffelkeller vergraben hatte. Reichhart vollzog 58 Todesurteile. Auch der Räuber Matthias Kneißl wurde durch ihn gerichtet. Reichhart war ein gläubiger Mensch, der für jeden Hingerichteten eine Kerze stiftete und auf eigene Kosten eine Totenmesse zur Rettung des Seelenheils lesen ließ. Die Guillotine wurde in Bayern erstmals 1854 eingesetzt. Mit dem Ende des Ersten Weltkriegs geriet das Todeswerkzeug aus dem Blickfeld. Todesurteile wurden nach Abschaffung der Monarchie häufig durch Erschießen vollstreckt.

Geschworenen wurde das Urteil verkündet: Wegen Mord und Brandstiftung wird Georg Brandner zum Tode verurteilt. Die Revision, also das Rechtsmittel gegen die gerichtliche Entscheidung, hatte keinen Erfolg, ebenso das Begnadigungsgesuch an den Prinzregenten. Bader blieb gefasst, als er von der bevorstehenden Hinrichtung erfuhr. Er verzichtete auf eine eintägige Gnadenfrist, die ihm zugestanden wurde. Seinen schluchzenden Schwestern sagte er: „Ihr braucht nicht weinen, ich bin froh, wenn der Hinrichtungstermin kommt, ich habe es verdient."

Scharfrichter Franz Xaver Reichhart traf die Vorbereitungen, während der Augsburger Kapuzinerpater Archangelus und der Domkaplan Köberle geistigen Beistand leisteten. Auch Dorfpfarrer Böckler aus Zaiertshofen begleitete ihn in den letzten Stunden, die er nutzte, um Briefe an Verwandte zu schreiben. Im Augsburger Dom wurde eine Messe für die Seelenruhe des Sünders gehalten. Am 30. April, um 6.15 Uhr, wurde Bader im Hof des Untersuchungsgefängnisses in der Karmelitengasse mit dem Fallbeil hingerichtet. Der ganze Akt dauerte laut Zeitungsbericht 86 Sekunden.

Was Gendarm Karl Leins alles wissen muss

Bei einer Auktion taucht das Handbuch eines Allgäuer Gendarmen auf. Es gibt einen tiefen Einblick in den Alltag der oft ungeliebten Staatsdiener.

Die Ecken des verstärkten Einbands sind wenig abgewetzt: Offenbar musste Karl Leins sein „Handbuch zum Unterricht für die königlich bayerische Gendarmerie" kaum hervorziehen. Gab es in Obergünzburg selten Streit? Das ist reine Spekulation, denn über den Gendarm und seinen Dienstort ist nur wenig bekannt. Nur Einträge auf den ersten Seiten erinnern an den Mann. Mit geschwungener Schrift hat er seinen Namen auf eine mit Bleistift vorgezeichnete Linie gesetzt. Dazu Obergünzburg als Ort und die Jahreszahl 1880. Im Jahr zuvor hatte Karl Leins offenbar die Gendarmerie-Schule besucht. Auf die vorderen Innenseiten klebte er außerdem zwei Zeitungsausschnitte auf: Einmal eine Anleitung, wie sich mit Wasser und Kochsalz Kälte erzeugen lässt und wie man Holzwürmer wieder los wird. Unvollständig ist ein

eingeklebter und damit für die Nachwelt erhaltener Zeitungsschnipsel, der von einer „Mordgeschichte" berichtet, „wie sie nicht grauenvoller von der überspannten Phantasie des blutdürstigen Verfassers von Kolportage-Romanen erfunden werden könnte". Auf den letzten Seiten des Handbuchs finden sich außerdem zwei Polizeiberichte: Einmal geht es um ein Familiendrama in Berlin. Ein Gastronom hatte sich vor den Augen seiner Kinder mit einer Pistole erschossen. Der andere Bericht handelt von einer Schlägerei in Aibling: Ein Dienst-

knecht und ein „Häuslerssohn" gerieten wegen der Wirtshauszeche in Streit. Einer zog ein Messer und verletzte den anderen am Unterleib. Letzterer gab „nach kurzer Zeit den Geist auf". Darunter hat Karl Leins Zeitungsausschnitte geklebt, in denen die Amtsgerichte in Schwaben und Neuburg sowie die schwäbischen Forstämter aufgelistet werden.

Familiendrama und Messerstecherei

Der Gendarm scheint ein praktisch veranlagter Mensch gewesen zu sein: Denn in sein Handbuch klebte er auch ausgeschnittene Zeitungsartikel über Hausmittel gegen Schnitt- und Brandwunden, Schnupfen und Katarrh sowie gegen Verbrennungen und Verbrühungen. Dazu kam der Nachruf zum Tod des Kemptener Waidmanns Toni Bayer im Jahr 1886 und ein Bildnis von Kaiser Friedrich Wilhelm III., der 1888 starb. Die Jahreszahlen hat Leins jeweils selbst dazu geschrieben. Demnach ist davon auszugehen, dass er das Handbuch mehrere Jahre benutzte und nicht zu den Gendarmen gehörte,

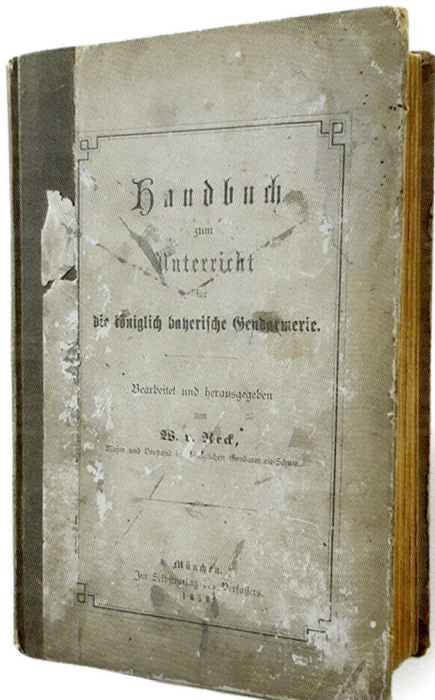

Im Handbuch von Karl Leins sind viele Rechtsvorschriften und persönliche Notizen enthalten.

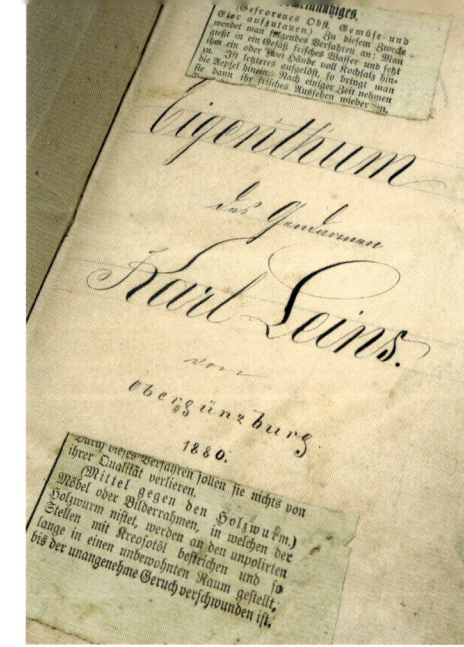

Karl Leins hatte 1880 mehrere Zeitungs-
ausschnitte auf die Innenseiten seines
Handbuchs geklebt. Auch ein Bild von
Kaiser Wilhelm ist dabei.

die wegen der schlechten Besoldung
nach wenigen Dienstjahren ihren Dienst
quittierten. Nicht von ungefähr hieß es
im Volksmund, dass sich das Wort Gendarm aus den Worten Schande und arm
zusammensetzt. Tatsächlich hat der Be-
griff seinen Ursprung im Französischen:
Gens d'armes waren Männer, die Waffen
tragen durften. König Karl VII. von Frankreich bildete ab 1445 Ordonnanz-Kom-
panien. Die Mitglieder waren bewaffnet.
Ludwig XIV. von Frankreich machte diese Kompanien zu seinen Haustruppen.
Während der Französischen Revolution
wurden sie in ein Korps umgewandelt,
das die öffentliche Sicherheit und Ordnung aufrechterhalten sollte. Die Rechte und Pflichten der Justiz und der bayerischen Polizei bei der Bekämpfung,
Aufklärung und Ahndung von Straftaten waren eng mit der Entwicklung des

modernen Rechtsstaats verbunden. Im
bayerischen Strafgesetzbuch wurde an
erster Stelle der Grundsatz verankert,
dass eine Tat nur dann bestraft werden
kann, wenn vorher die Strafbarkeit ge-
setzlich bestimmt war.

„Nach Gott kommt gleich die Polizei"

Die Gendarmen in ihren grünen Fräcken
wurden damals nicht nur vergleichsweise schlecht entlohnt. Sie waren auch
nicht besonders beliebt. Das zeigte sich
in der Redewendung „nach Gott kommt
gleich die Polizei". Sie galten als Vertreter der Bratenröcke und Pfeffersäcke.
Sie redeten nur und schufteten nicht
wie der Großteil der Bevölkerung. Auch
ihre Herkunft brachte sie in Misskredit.
Denn viele Gendarmen kamen aus Franken, das damals gemeinhin als obrig-

keitshörig und ordnungsliebend galt.
Die Herkunft hatte übrigens einen einfachen Grund: So sollte jede Kungelei zwischen Amtsträgern und Volk verhindert
werden. Es führte aber vor allem dazu,
dass das Volk die Amtsträger nicht leiden mochte. Zumal Franken nördlich der
Donau lag. Und nördlich der Donau fing
gemeinhin Preußen an.
Tatsächlich wurde 1888 in Oberbayern die schlechte personelle Situation
der Gendarmerie kritisiert. Die älteren
Staatsdiener hatten sich besser bezahlte Stellungen gesucht, was sich beispielsweise in der Bilanz von Oberbayern
zeigte: Von insgesamt 1770 Gendarmen

im Korps hatten knapp 900 Männer das dritte Dienstjahr nicht vollendet. Es gab also wenig ältere Staatsdiener. Die Situation in Schwaben dürfte damals nicht anders gewesen sein.

Die staatliche Gendarmerie in Schwaben und Neuburg wurde 1813 nach französischem Vorbild eingerichtet, war militärisch strukturiert und über das ganze Land verteilt. Erst 1919 schied die Gendarmerie komplett aus der Armee aus. Daneben gab es Polizeikräfte der Gemeinden, die dem Bürgermeister und der kommunalen Verwaltung zuarbeiteten. Mit den Grundzügen und Organen des Staatswesens nach der 1879 verabschiedeten Gerichtsverfassung musste sich auch Karl Leins befassen. Sein Handbuch geht noch viel weiter: Es klärt beispielsweise darüber auf, wie Verbrecher im Zug zu transportieren oder explosive Stoffe zu verwahren

sind. Das Handbuch gibt einen bunten Querschnitt der damaligen Gesellschaft wieder. Es klärt, was unter „Gaukelei" zu verstehen ist und wann „Sonntagsschulpflichtige" strafbar sind – dann nämlich, wenn sie Wirtshäuser ohne die Erlaubnis ihrer Eltern oder Dienstherren besuchen. Im Vademecum des Gendarmen findet sich auch die Definition von Mord – darunter zu verstehen ist ganz konkret „die Tödtung eines Menschen, wenn sie mit Überlegung ausgeführt wurde". Heute wird in einzelne Mordmerkmale unterschieden, die erfüllt sein müssen. Ob Karl Leins jemals einen Mörder festnehmen musste? Das ist genauso wenig bekannt wie die Frage, ob er seinen prominenten Kollegen aus Mindelheim kennengelernt hatte. Er hieß Ferdinand Boppeler und wurde 1838 in Leitershofen bei Augsburg geboren.

Er war als Wachtmeister in Füssen zunächst ein Vertrauter von König Ludwig II. Boppeler stand ihm während seiner letzten Tage auf Schloss Neuschwanstein zur Seite. Der Märchenkönig fragte Boppeler, der 1884 zum Gendarmeriewachtmeister in Füssen befördert worden war: „Herr

Um die letzten Tage von König Ludwig II. ranken sich Legenden.

Wachtmeister, helfen Sie mir – geben Sie mir einen Rat, was muß ich thun? Es ist eine Entmündigungskommission gekommen, man will mich wegbringen und mein Onkel Luitpold Besitz von der Krone ergreifen. Mich des Thrones entsetzen, schmerzt mich nicht, aber mich für irrsinnig lebend begraben, mich von den Wärtern mit Fäusten schlagen lassen wie mein Bruder Otto nein! Dies ertrag ich nicht, ich bin ärmer wie ein Bettler, der kann die Gerichte in Anspruch nehmen, ich als König nicht." Es war der 10. Juni 1886. Ludwig II. hielt sich auf Schloss Neuschwanstein auf. Im nur einen Steinwurf entfernten Schloss Hohenschwangau kam um Mitternacht eine Staatskommission zusammen, die

Auf Schloss Neuschwanstein spielten sich die dramatischen Stunden ab, die über das Schicksal von König Ludwig II. entschieden.

den König absetzen sollte. Ein Kutscher bekam Wind von der Verschwörung, eilte zu Ludwig II. und warnte ihn. Der König forderte aus Füssen Gendarmen an. Es dämmerte, als sich die Staatskommission nach Neuschwanstein begab. Mit dabei hatte sie einen Brief, dessen Inhalt staatpolitischen Sprengstoff darstellte. Das Schriftstück des Prinzen Luitpold sollte den König von der „höchst betrübenden Tatsache" unterrichten, dass er „durch übereinstimmende Gutachten (...) an der weiteren Ausübung der Regierungsrechte behindert" sei. Luitpold habe nun „die schmerzliche Pflicht zu erfüllen, provisorisch die Zügel der Regierung" zu ergreifen.

Boppeler rät dem Märchenkönig zur Flucht nach Tirol

Die Wache ließ die Mitglieder der Kommission nicht aufs Schloss. Wachtmeister Boppeler befand sich an der Seite des Monarchen und riet zur Flucht nach Tirol. Ludwig lehnte ab. Die Stimmung war angespannt, die Kommission zog sich wieder nach Hohenschwangau zurück. Dann wurde sie auf Geheiß von Ludwig festgenommen. Stunden später wurde sie wieder frei gelassen. Die Ereignisse spitzten sich weiter zu.

Am Morgen wurde überall in Bayern verkündet, dass Prinz Luitpold die Regentschaft übernommen hat. Der damalige bayerische Außenminister Friedrich Krafft von Crailsheim befahl, Ludwig zu isolieren. Sämtliche Nachrichten des Königs sollten abgefangen werden. Der Ministerrat beschloss, Ludwig nach Schloss Berg zu bringen. Ihm wurde „Geisteskrankheit" vorgeworfen – er sei nicht regierungsfähig. Tatsächlich war er hoch verschuldet und politisch erfolglos geblieben. Der König sollte entmündigt werden. Ludwig wurde schließlich mit der Kutsche nach Berg gefahren. Ganz in der Nähe, in Feldafing, logierte derweil Kaiserin Elisabeth von Österreich, Ludwigs Seelenverwandte. Hatte sie vom Staatsstreich erfahren? Hätte sie Ludwig retten können?

Es bleiben viele Fragen offen. Fest steht nur: König Ludwig und sein Psychiater Dr. Bernhard von Gudden brachen am Sonntagabend, 13. Juni, zu einem Spaziergang am See auf. Später wurden Kleidungsstücke am Ufer entdeckt, gegen 23 Uhr zwei leblos im Wasser treibende Körper – Ludwig II. und Dr. Gudden. Offiziell hieß es, der König sei in suizidaler Absicht ins Wasser gegangen. Die Hintergründe wurden nie restlos aufgeklärt. Die Spekulationen um den Tod des Monarchen rissen nie ab. Sie füllten Bücher. Viel Stoff würde auch die folgende Frage hergeben: Was wäre passiert, wenn der König auf Anraten des Mindelheimer Wachtmeisters nach Tirol geflohen wäre? Wie wäre die bayerische Geschichte verlaufen, wenn sich Ludwig II. und Boppeler ins Ausland abgesetzt hätten? Boppeler starb am 24. Juli 1888 in Mindelheim im Alter von 50 Jahren an einem Magenleiden. Oder steckte eine Verschwörung hinter dem frühen Tod?

KAPITEL 02

Die Wilderer in den Wäldern

Hiasl – ein bayerischer Robin Hood?

Gehasst und geliebt: Matthias Klostermayr war der Fürst der Wälder zwischen Iller und Lech. Er verbreitete bei der Obrigkeit Angst und Schrecken. In Steinekirch wollte er einen Mesner ermorden.

Matthias Klostermayr, der bayerische Hiasl, ist legendär. Als Sozialrebell war er zur Zeit der Französischen Revolution in ganz Deutschland ein Held. Sogar über seinen Tod hinaus wurde er von der armen Bevölkerung verehrt, weil er gegen die Obrigkeit aufbegehrt hatte. Er wurde zum geheimen Fürst der Wälder und verstand sich selbst als Rächer und Beschützer der einfachen Leute. Als sich mit den Jahren die Auseinandersetzungen mit den Jägern häuften und es immer mehr Tote gab, wurden schließlich Soldaten losgeschickt, um Klostermayr und seine Bande hinter Schloss und Riegel zu bringen.

1766 verprügelte die Bande um den Hiasl in Tussenhausen einen Jäger, der für einen Adeligen arbeitete. Der Mann wurde schwer verletzt. In der Folge flüchtete Klostermayr in die Berge, wo er für Bauern auf die Jagd ging. Im Frühjahr 1767 kehrte die Bande zurück ins Augsburger Land und wilderte dort in den üppigen Wäldern.

Hiasl und seine Bande sollte schließlich in Waldberg im Augsburger Land festgenommen werden. Die Räuber gerieten dort in einen Hinterhalt, es kam zu einem Feuergefecht. Dem Großteil der Bande gelang die Flucht, nur der „Lissaboner Beck" wurde geschnappt und in Ketten abgeführt. Klostermayr fand heraus, wer seine Bande verraten hatte: Es war der Mesner Eustachius Layd aus Steinekirch. Die kleine Gemeinde auf dem Höhenzug zwischen Markt Wald und Siebnach war dementsprechend das nächste Ziel der Kriminellen. Im Buch „Bischofsmord und Hexenjagd" hat Manfred Böckl genau beschrieben, was passierte: „Die Räuberbande stürmte dessen Anwesen, stieß im Haus jedoch nur auf Frau und Kinder des Kirchendieners; der Mesner selbst war geflüchtet. Wutentbrannt bedrohte Matthias die Gemahlin des Kirchendieners mit einem Gewehr und schwor,

In Steinekirch, einer kleinen Ortschaft am Rande der Stauden, soll sich der Hiasl zweimal aufgehalten haben.

Johann Will hielt in einem Kupferstich den qualvollen Tod des Hiasl fest: Er wurde öffentlich geviertelt und gerädert (oben). Der Augsburger hat den Lebensweg des „Hiesel" nachgezeichnet. Auffällig ist die spitze Nase des gebürtigen Kissingers (unten).

dass er ihren Gatten eines Tages unfehlbar erschießen werde. Dann begann er plötzlich zu lachen und forderte die Kinder auf, laut zu beten, weil nämlich der Jüngste Tag anbreche. Gleich darauf gab Klostermayr seinen Männern ein Zeichen, worauf diese anfingen, die Einrichtung des Hauses zu zertrümmern."

Tage nach dem Vorfall legte sich Klostermayr in Siebnach mit mehreren Jägern an. Es gab einen Schusswechsel, einer der Waidmänner wurde verwundet. Den Bayerischen Hiasl ließ das kalt. Was ihn aber aus der Fassung brachte: Andreas Mayer, ein junger Kumpan, wurde gefangen genommen. Die Räuber setzten alles daran, ihren Freund zu befreien. Sie jagten daraufhin den Jägern durch Siebnach bis nach Ettringen hinterher. Andreas Mayer kam trotzdem für ein Dreivierteljahr in den Kerker.

Hiasl & Co. verzogen sich in die Wälder zwischen Augsburg und Ulm. Der große Vorteil: Dort wechselten ständig die Besitzverhältnisse und die Räuberbande konnte nicht über die Territorialgrenzen verfolgt werden. So gelang den Krimi-

nellen immer wieder die Flucht. Sie bedrohten weiterhin Jäger, während sie von der Bevölkerung heimlich gefeiert wurden. In Kirchberg gab es einen weiteren dramatischen Vorfall: Jäger des Grafen Fugger umstellten ein Bauernhaus, in dem Klostermayr übernachtet hatte. Ein Räuber wurde auf der Flucht erschossen, zwei Jäger kamen ums Leben. Die Bande zog daraufhin weiter in den

Norden und wurde dann in den Wäldern rund um Wertingen, Burgau, Binswangen und Ettenbeuren gesehen.

Nächster Schauplatz war Breitenthal: Dort spürten Soldaten die Räuber auf. Es kam erneut zu einem Gefecht mit blutigem Ende: Ein Korporal soll ordentlich verdroschen worden sein. Die Bande zog anschließend nach Roggenburg, wo sie Beamte, Soldaten und die Geistlichen des Klosters bedrohten. Auch in Buchloe krachte es – ein Soldat kam ums Leben, Klostermayr kam wieder davon. Sein Ansehen bei der Bevölkerung wuchs zusehends. Beim nächsten Zusammenstoß von Räubern und Militär in Kellmünz starben zwei Soldaten.

Das Pfarrhaus im Visier

Der Zorn der Obrigkeit wuchs mit jeder Woche, nachdem die Räuber im Dezember 1770 in Täfertingen das Amtshaus angegriffen hatten. Wie wildgeworden zerschlugen sie das Mobiliar, misshandelten die Bediensteten und stahlen 2000 Gulden. Dann zogen sie nach Unternefsried, wo ihnen im Wirtshaus der Amtsknecht aus Agawang in die Hände fiel. Die Bande schlug den Mann bewusstlos. Danach hatten sie das Pfarrhaus im Visier: Sie holten den Geistlichen und zerschossen vor seinen Augen sämtliche Fensterscheiben. Die nächsten Tatorte waren das Kloster Medlingen und ein Wirtshaus in Elchingen, wo es weitere Tote zu beklagen gab. Vermutlich auf der Flucht kam Hiasl noch einmal nach Steine-

Der „bayerische Hiesel" diente auch als kreative Werbefigur: Mit einer Zeichnung und in Reimform wurde der Andre-Hofer-Kaffee angepriesen.

kirch. Oder wollte er sich dort noch am Mesner rächen? Was Klostermayr um den Jahreswechsel 1770/1771 in der kleinen Ortschaft genau wollte, ist nicht überliefert. Bekannt ist nur: Von dort zog der berüchtigte Räuberhauptmann in Richtung Kaufbeuren, wo sich seine Bande mit Truppen des Schwäbischen Kreises unter Führung von Hauptmann Ferdinand von Schedel ein erbittertes Gefecht lieferte.

Hiasl sitzt in einem Bauernhaus fest

In der Mittelschwäbischen Tagespost wurden knapp 200 Jahre später die dramatischen Stunden – Hiasl hatte sich mit Kumpanen in einem Bauernhaus verschanzt – so geschildert: „Zwei Stunden hatte die Schießerei schon gedauert, da beschloß der Führer der Polizeitruppe, das Wespennest von ober her aufzubrechen. Um in den Oberstock zu gelangen, mußten die Belagerer an der offenen Küchentür vorbei. Etliche wagten einen schnellen Sprung, der auch jeweils gelang. Einen aber plagte die Neugier und er verweilte einen Augenblick unter der Türöffnung. Bautz! Da hatte er aus der Flinte des Hiasl auch eine blaue Bohne zwischen den Rippen. Nun wurde die Küchendecke mittels Kreuzhauen, die man in der Nachbarschaft holte, durchstoßen. Die Grenadiere umwickelten Pulverpatronen mit Stroh, zündete das Ganze an und warfen es brennend in die Küche hinab." Matthias Klostermayr wurde schließlich gefangengenommen und ins

Gefängnis nach Buchloe gebracht. In der Urteilsverkündung wurden Missetaten detailreich aufgeführt:

„Im Jahre 1770 ließ der Hiasl dem Franz Schleissheimerer, Amtsknecht von Agawang, mit einer unerhörten Mordsucht begegnen. Von Unternefsried, wo selber aus dem Wirtshaus mit Gewalt herausgenommen (gestohlen) wurde, bis an das Dorf Agawang (im Landkreis Augsburg) war fast jeder Schritt eine neue Misshandlung. Flintenstöße und todesgefährliche Hiebe folgten immer einer auf den anderen und, obschon der Amtsknecht unter der Last der Wunden ganz fühllos dahingesunken, wurde die Wut dieser Mörder noch nicht genug abgekühlet: Vielmehr stürmten sie mit gedoppelter Grausamkeit auf ihn zu und stoßten ihm den Hirschfänger durch den Leib. Acht Wunden auf dem Kopf, worunter drei todesgefährliche, mehrere Hiebe an der linken Hand, wodurch zwei Finger fast gänzlich abgehauen und die drei übrigen stark verletzt waren, ein Stich durch die Balle (Ballen) der Hand, mehrere derlei durch beide Füße und endlich eine tödliche Wunde an der linken Seite des Leibes würden noch nicht erklecket haben, wenn nicht ein in dem Dorfe ent-

Matthias Klostermayr wurde im Wirtshaus von Osterzell gefangen genommen (oben). Anschließend wurden Hiasl und seine Bande im Februar 1771 nach Dillingen gebracht (unten).

standener Auflauf den elend Verwundeten der Raserei dieser Bösewichte entrissen hätte. Hierdurch wurde aber der Hiasl gegen das Volk und besonders gegen den Pfarrer des Orts heftig und solcher Gestalt aufgebracht, dass er unter ersteres losgefeuert, den Pfarrhof aber mit seinen Leuten gänzlich überzogen (besetzt), Fenster und Kreuzstöcke eingeschlagen, den Pfarrherrn selbst aber geschimpfet wird und gelästert hat.

Gegen den Freiherrn von Racknitz stoßte der Hiasl die verwegensten Bedrohungen aus und desselben verordneten Stabsamtmann zu Haunsheim misshandelte er in dem Dominikanerkloster zur Obermedlingen mit der größten Ausgelassenheit. Dann erfrechte er sich, mit gewehrter Hand und seinem großen Hunde das Klosterkonvent zu betreten, den besagten Amtmann mit dem frechesten Stolz zu besprechen und so lange zu beängstigen, bis er sich endlich selber mit Geld entlediget hat. Eben daselbst hat der Hiasl in dem unteren Wirtshause den Bauer Johann Ottlieb von Haunsheim durch seine Kameraden zu Boden werfen und mit den Hirschfänger gefährlich verwunden lassen, ja, als der Verwundete seine letzten Kräfte zusammengesammelt, um diesem Wüterich zu entkommen, hat Hiasl den bekannten großen Hund an ihn gehetzt und mit seinem Schlagring ihm die Augen dermaßen zerschlagen, daß Blut und Wasser herausgefloßen ist. Auf diese Weise wurde besagter Bauer zum dritten Male angepacket und da er sich endlich in einen Stall flüchten woll-

Mit dabei hatte der Räuber Hiasl immer einen großen Hund namens Tyras, den er auch auf Förster, Soldaten und Polizisten hetzte.

te, noch mit einem Schuß verfolget. Zu Oberelchingen wurde Hiasl mit elf seiner Kameraden in dem Wirtshaus Zur Krone von einer Reichsstadt-Ulmischen Militärstreife zur Nacht unversehens überfallen und von einigen eindringenden Soldaten angerufen. Einer von diesen erhielt aber augenblicklich einen Schuß, der ihn tot zur Erde streckte. Noch vier andere wurden tödlich blessiert (verwundet), wovon in weniger Zeit drei gestorben sind. Hiedurch bekam er Gelegenheit zu entweichen und gelangte folgenden Tag zu Holzschwang, wo er

mit zehn seiner Leute den daselbstigen Jäger Johann Stephan Reuter unter Ausübung großer Gewalttätigkeit und öfterer Todesbedrohung ausraubet und in einen Schaden von 155 Florin 39 Kreuzer versenket (verursacht) hat. Gleichergestalt wurde von dem Hiasl die Behausung des Jakob Vonison, Jägers zu Gessertshausen landesfriedbrüchig überfallen und daselbst an Geld, Silber, Gewehren und anderem Geräte ein Raub von 316 Florin 42 Kreuzern ausgeübt. Nichtsminder ließ Hiasl den Andreas Schlang, Jäger zu Frankenried, in seinem

Das erste Buch über Klostermayr erschien bereits 1772.

Hause durch fünf Kameraden überfallen und berauben, welche demselben vieles Gewehr, Kleider und andere Sache abgenommen, Fenster, Türen und Kästen eingesprenget, Schlösser, Uhren, Häfen und Schüsseln zerschlagen, die Tochter mit Totschießen bedroht und sodann die geraubten Sachen dem Hiasl in das Wirtshaus gebracht haben, welcher auf Anraten des Pfarrherrn gleichwohl drei alte ausgemusterte Gewehre mit der Bedingnis zurückgelassen, dass er hierfür die Zech bezahlen solle. Endlich hat Hiasl im Wirtshaus zur Osterzell seine Lasterbahn vollendet und seiner auf das äußerste gebrachten Vermessenheit das Siegel aufgedrücket, da er nicht nur in die hartnäckigste Gegenwehr gesetzet wird, sondern auch einen Jäger und zweien Soldaten plötzlich erschoßen hat. Ohne eine Menge anderer höchst schrecklicher Verbrechen zu erwähnen, hat also gegenwärtiger Missetäter, nur insoweit, als man nach dessen hartnäckiger Bekenntnis und den vorhandenen Kundschaften rechtlich ermessen konnte, zwölf der gewaltsamsten Raufereien, acht besondere Landesfriedbrüche und neun Totschläge, folglich in allem 29 der abscheulichsten Lastertaten wider sich."

In Dillingen wurde Matthias Klostermayr Anfang September 1771 erdrosselt, gerädert und geviertelt.

Er provozierte Staatsdiener

Wie war Klostermayr auf die schiefe Bahn geraten? Der gebürtige Kissinger hatte sich zunächst als Knecht verdingt. Als er 23 Jahre alt war, überrumpelten ihn kurfürstliche Soldatenwerber. Klostermayr ließ sich zunächst auf sie ein, flüchtete dann aber, was ihm schließlich ein Dreivierteljahr im Gefängnis einbrachte. Er wurde nämlich geschnappt. 1766 wurde Hiasl entlassen – die Zeit im Kerker hatte ihn verändert, denn jetzt rebellierte er gegen die staatliche Ordnung. Mit einem großen Hund namens Tyras und anderen Gleichgesinnten wilderte er und provozierte Staatsdiener.

Die Räuber vom Blattenhof

Die Hörmann-Brüder sind rund um Bedernau gefürchtet. Sie führen wie die Familie von Mathias Kneißl ein wildes Leben. Sogar in Amerika machen sie Ärger.

Mathias Kneißl schaffte es in die Geschichtsbücher. Der Räuber wurde zu Bayerns beliebtestem Mörder. Doch mindestens genauso gerissen, hinterlistig und gemeingefährlich waren drei Brüder aus dem Unterallgäu. Während die Kneißls in der Schachenmühle im Dachauer Hinterland ein wildes Leben führten, galt der Blattenhof der Hörmanns bei Bedernau als berüchtigtes „Wildererennest". Niemand setzte freiwillig einen Fuß auf den Boden der Einöde, in der die Brüder die Pläne für ihre Raubzüge schmiedeten. Einer führte Hans und Joseph Hörmann sogar bis nach Amerika. Im Bundesstaat Ohio stahlen die Brüder einem Pfarrer ein Pferd und einen Wagen. Auch Mathias Kneißl wollte über den Großen Teich. Für ihn war die Reise ein Lebenstraum – er wollte nach einer Zuchthausstrafe ein anständiges Leben

führen und mit seiner Geliebten auswandern. Doch dazu kam es nicht.

Der Kneißl Hias hatte im November 1900 in Irchenbrunn bei Altomünster bei einem Schusswechsel die Gendarmen Benedikt Brandmeier und Wolfgang Scheidler so schwer verletzt, dass sie starben. Kneißl musste flüchten. Es begann eine Jagd auf den Räuber, der die Sympathien der Bevölkerung auf seiner Seite hatte. Prinzregent Luitpold soll sich zum Geburtstag gewünscht haben, dass dieser Kneißl endlich hinter Schloss und Riegel kommen möge. So kam es dann auch. 1902 wurde Kneißl wegen Mordes, vorsätzlicher Körperverletzung mit tödlichem Ausgang, räuberischer Erpressung

und schweren Raubes zum Tode verurteilt. Im Hof des Landgerichtsgefängnisses Augsburg wurde der 26-Jährige mit der Guillotine hingerichtet. Die Brüder Hörmann aus Bedernau kamen besser davon. Das ist ihre Geschichte:

Auf dem Blattenhof, ein von drei Seiten von Wald umschlossenes Anwesen bei Bedernau, lebten die Hörmanns. Älteste Bewohnerin war Mutter Karoline Hörmann. Sie wurde am 8. Mai 1851 geboren. Valentin Hörmann, geboren am 6. Dezember 1872, hatte das elterliche Anwesen übernommen. Er hatte bereits wegen Wilderei, Hausfriedensbruch und Hehlerei Ärger mit der Polizei. Zweitältester Sohn war Joseph Hörmann, der

* Mindelheim, 20. November. Einen herrlichen kolorierten Film brachte das Zentraltheater gestern zur Darstellung: Die Bekehrung des Wilddiebs. Man hat hier eine durchaus wahrscheinliche Begebenheit zu einer wirkungsvollen Handlung gestaltet, die schon durch ihr Abspielen im Hochwald der landschaftlichen Reize wegen sich vorteilhaft als farbenkinematographische Wiedergabe repräsentierte. Auch die weiteren Nummern waren von gewohnter Gediegenheit. Wie wertvoll die Erfindung des Kinematographen für die Wissenschaft ist, zeigte die Aufnahme eines mit Röntgenstrahlen durchleuchteten Magens. Interessant war für den Laien, zu sehen, wie im Magen die Zerkleinerung der Speisen vor sich geht. — Am kommenden Donnerstag wird eine Extravorstellung eingeschaltet, die neben dem üblichen Programm einen Riesenfilm von 1000 Metern Länge bringt, betitelt: „Die Liebe des gnädigen Fräuleins". Die Eintrittspreise erfahren keine Erhöhung.

* Mindelheim, 20. November. Die vom liberalen Volksverein gestern im Kollegsaal veranstaltete Versammlung hatte einen überaus guten Besuch aufzuweisen. Ueber den Verlauf der durch keinen Zwischenfall getrübten Versammlung werden wir in einer unserer nächsten Nummern berichten.

„Die Belehrung des Wilddiebs" hieß der Kinostreifen, der 1909 im Mindelheimer Zentraltheater gezeigt wurde. Das ist der Originalbericht über den Film.

Eine Belohnung von 1000 Mark war damals ausgelobt worden, um Mathias Kneißl auf die Schliche zu kommen. Er landete 1902 auf dem Schafott.

am 7. März 1880 geboren wurde. Im Gegensatz zu seinem Bruder Valentin war er ledig und von Beruf Maurer. Er diente beim 20. Infanterie-Regiment in Lindau. Auch er hatte schon einiges auf dem Kerbholz und war wegen Körperverletzung, Diebstahl, Hausfriedensbruch und Ruhestörung in Konflikt mit dem Gesetz geraten. Der Jüngste auf dem Blattenhof war Johann Hörmann, geboren am 7. Dezember 1885. Er hatte ebenfalls Vorstrafen wegen Wilderei und Diebstahl.

Vom Hof aus starteten die Hörmann-Brüder drei Jahre lang ihre Beutezüge. Niemand kam ihnen auf die Schliche. Doch dann war Schluss: Die ganze Familie wurde verhaftet. 1912 saßen die Brüder und ihre Mutter am Landgericht Memmingen auf der Anklagebank. Ihnen wurde vorgeworfen, in den umliegenden Gemeinden und Staatswaldungen gestohlen und gewildert zu haben. Die Mutter Karoline Hörmann wurde pauschal beschuldigt, dass sie das widerrechtlich erlegte Wild sowie einen Teil der gestohlenen Nahrungsmittel für sich verwendet hatte. Laut Staatsanwalt Dr. Mayer hätte sie Bescheid wissen müssen, woher die Lebensmittel kamen.

Die Jagd auf Räuber Kneißl

Die Münchner Polizei setzt zunächst 400 Goldmark Belohnung auf den Räuber aus – die Jagd auf Kneißl, den ehemaligen Zuchthäusler, beginnt. Er versteckt sich im Dachauer und Aichacher Land, wo er jeden Winkel kennt, auf Freunde und Rückhalt bei der Landbevölkerung vertraut. Vor allem bei den Ärmsten findet er Unterschlupf. Ein Ehepaar aus Rapperzell (heute Schiltberg) und ein Aichacher werden später dafür verurteilt. Kneißl verschafft sich geschickt Sympathien: Fünf Goldmark schenkt er einer Bäuerin auf dem Feld und ein halbes Reh einer Taglöhnerin. Einen kleinen Buben, der sich im Wald verlaufen hat, bringt er nach Hause. Die Gendarmen macht er dagegen durch sein Katz-und-Maus-Spiel lächerlich. Legendär ist die Kneißl-Flucht aus dem umstellten Ort Pischertshofen (heute Gemeinde Egenhofen), versteckt in einem Odelfass. Die Polizisten erreichen trotz Großaufgebot nichts und werden bei der Tanzmusik in Wirtschaften ausgesungen. Am 27. November 1900 verschlägt es Kneißl bis

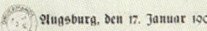

nach Paar bei Kühbach, wo er aus Hunger ein paar Hennen erwürgt, auf der Flucht einen Hund erschießt und einem Burschen eine Schrotladung ins Knie verpasst. Insgesamt vier lange Monate ist der Schachermüller-Hiasl auf der Flucht und meist mit dem Rad unterwegs zwischen Aichach, Fürstenfeldbruck und Dachau.

Darum geht es in der Anklageschrift

November 1908: In der Nacht sollen die Brüder aus dem versperrten Stall von Johann Steiger in Engishausen eine eineinhalb Jahre alte Kalbin im Wert von 200 Mark herausgeführt und zum Blattenhof getrieben haben. Das Tier wurde danach offensichtlich zu einer Verwandten von Karoline Hörmann nach Herretshofen gebracht und gegen eine minderwertige Kuh getauscht. Joseph Hörmann behauptete später, die braune Kuh auf dem Viehmarkt in Memmingen gekauft zu haben. Die Adresse habe er in einem Notizbuch festgehalten. Doch das hat später angeblich der Untersuchungsrichter in Verwahrung genommen. Und merkwürdigerweise sei die Seite mit der Adresse aus dem Buch herausgerissen worden.

März 1909: Nach der Darstellung des Staatsanwalts brachen die Brüder in Pfaffenhausen beim Kaufmann Joseph Schöpf ein und ließen „nach sorgfältiger Auslese" verschiedene Waren und Bargeld mitgehen.

September 1910: Zwischen dem 16. und 20. September stiegen sie in eine Forsthütte in der Waldabteilung Sulz, Gemeinde Unterkammlach, ein: Dort konnten sie Teller, eine Kaffeekochmaschine, Tücher, Decken, Schüsseln, Löffel und ein Fuchstellereisen gebrauchen.

Dezember 1910: Joseph und Johann Hörmann wurde ein Einbruch in der Nacht auf den 4. Dezember zugeschrieben. Im Anwesen des Kaufmanns Wendelin Ru-

Die Hörmann-Brüder stahlen nicht nur, sondern wilderten rund um den Hof auf der Blatte.

dolf in Kirchheim entwendeten sie ein Jagdgewehr und einen Feldstecher.

Januar 1911: Mit Valentin ging Johann Hörmann auf Tour, um in der Nacht auf den 27. Januar in Weinried aus dem Anwesen des Söldners Lorenz Negele sechs Pfund Schweinefleisch mit Schüssel, vier Pfund Rauchfleisch und drei Liter Rahm mit Hafen zu stehlen. Beim Söldner Ottmar Reißer entdeckten sie außerdem drei bis vier Pfund Rindschmalz und eine Buttermaschine. Ein Paar Schnürschuhe war die Beute beim Söldner Klemens Stiegel. Die Mutter Hörmann behauptete später vor Gericht, dass die Töpfe zum Teil ihr gehörten und zum Teil in Bedernau bei einer Frau vertauscht worden seien.

April 1911: Das Duo Johann und Valentin Hörmann hatte sich durch die unverschlossene Haustüre ins Wohnzimmer des Waldaufsehers Happ in Reichau geschlichen und dort zwei doppelläufige Gewehre und eine Büchse entwendet.

Juni 1911: Joseph und Johann Hörmann hatten genügend Geld zusammengebracht, um sich eine Überfahrt nach Amerika zu leisten. Am 6. Juni 1911 brachen sie in Minster, einem kleinen Ort in Ohio, beim Geistlichen Eugen Grimm ein und holten aus der verschlossenen Scheune und Stallung ein Pferd, einen einspännigen Wagen und ein älteres Pferdegeschirr. Aus dem Wohnhaus beschafften sie sich Essen, Kleider und Schuhe. Sie verschwanden auf Nimmerwiedersehen. Danach wurden sie in Amerika per Steckbrief gesucht.

August 1911: Zurück im Unterallgäu verschafften sich Joseph, Johann und Valentin Hörmann zwischen dem 9. und 13. August Zugang zum Anwesen des Bauern Sauter in Straßbaur. Über eine Leiter stiegen sie aufs Dach, um dann über den Abort ins Haus zu kommen. Die Beute: Ein fast neuer Seilzug, eine goldene Herrenkettenuhr, 20 Pfund Honig, zehn Flaschen Bier, 14 Pfund Schmalz, Brot, Eier, Schnaps, eine Schutzbrille, Rasiermesser und ein altes Gewehr. Die wertlose Waffe warfen sie wieder weg.

September 1911: In der Nacht auf den 9. September brachen sie in der Waldabteilung „Zachers Mahd" in der Gemeinde Dietershofen in eine Forstdiensthütte ein, um Einrichtungsgegenstände, Munition, Bücher, Nahrungsmittel und Getränke mitgehen zu lassen. Anschließend setzten sie die Unterkunft in Brand. Während der Verhandlung sagte Joseph

Hörmann, dass er unschuldig sei. Er habe nicht gewildert und seine Vorstrafen seien nicht rechtens. Mit seinen Anmerkungen brachte er den Vorsitzenden Richter von Unold mehrfach in Rage. Hörmann wollte ans Schwurgericht verwiesen werden. Er ärgerte sich darüber, dass seine Familie als „Duckmauser" bezeichnet worden sei und sprach von einem „Schwindel", der an die Gendarmerie gelangt war. Die Anklage wäre außerdem nicht korrekt. Der Vorsitzende verbat sich eine derartige Kritik der Anklageschrift. Als Hörmann die Ladung eines weiteren Zeugen verlangte, schäumte der Vorsitzende: Er bezeichnete es als eine „seltene Unverfrorenheit", dass der Angeklagte nicht während der Voruntersuchung seine Zeugen angegeben hatte, sondern erst während der Hauptverhandlung. Der Gerichtsreporter notierte damals: „Aus dem Benehmen des An-

geklagten erhält man die Überzeugung, dass es ihm hauptsächlich nur darum zu tun sei, die Sache möglichst zu verzögern." Dem Vorsitzenden Richter kam noch öfters das Wort „Frechheit" über die Lippen: Zum Beispiel, als Hörmann bezweifelte, dass die beschlagnahmten Gegenstände des vermeintlichen Einbruchs in Pfaffenhausen noch vorhanden wären. Einen Zeugen bezichtigte der Angeklagte des Meineids in Bezug auf eine frühere Verhandlung. Den bestohlenen Geistlichen aus Amerika nannte Hörmann „Pfaffen". Der Kommentar des Richters: „Eine Frechheit sondergleichen." Hörmann behauptete, dass das Landgericht Memmingen für den Einbruch in Ohio nicht zuständig sei. Denn: In Amerika könne zum Beispiel jemand, der einen Gaul stehle und in einen anderen Staat flüchte, nicht verfolgt werden. Der Vorsitzende bezeichnete das als

Unheimlicher Ort: Der Blattenhof liegt etwa zwei Kilometer von Bedernau entfernt. Er ist an drei Seiten von Wald umschlossen.

„glückliche Verhältnisse", die den Angeklagten eigentlich hätten „bestimmen sollen, gleich drüben zu bleiben". Einzig den Einbruch in Kirchheim gestand der Angeklagte. Er habe ihn allerdings alleine begangen. Gegen 11 Uhr beantragte Hörmann, die Sitzung zu unterbrechen. Er habe nämlich Hunger. Schließlich hätte es „ein ganzes Jahr lang bis zur Verhandlung nicht pressiert". Freilich wurde nicht unterbrochen, woraufhin Hörmann sagte, dass er der Verhandlung nicht mehr folgen könne und er deshalb abgeführt werden müsse. Der Vorsitzende nannte ihn einen „Simulanten".

Als so unschuldig „wie ein Neugeborenes" bezeichnete sich Johann Hörmann. Er habe auf dem Blattenhof nur Geflügelzucht betrieben und sei bereits im Februar 1911 nach Amerika gegangen. Er könne sich nicht mehr erinnern, mit welchem Schiff er damals zurückgekehrt ist. Noch größer waren die Gedächtnislücken bei Valentin Hörmann. In sein Haus wäre keine Diebesbeute gekommen. Und: Er wäre nicht zum Einbrechen nach Bedernau gegangen, sondern um den Gottesdienst zu besuchen. Wenn er und seine Brüder wirklich so viel gewildert hätten wie behauptet, dann müsste die

Arbeit der 14 Jäger in der Gegend in Frage gestellt werden. Auch er wäre früher unschuldig verurteilt worden.

Die Mutter, Karoline Hermann, wollte ebenfalls kein Diebesgut im Haus gesehen haben. Die beschlagnahmten Gegenstände hätten der Tochter gehört. Als der Vorsitzende sie fragte, ob etwa auch die Gewehre derselben gehörten, blieb sie die Antwort schuldig.

Nachdem sich die Angeklagten zu den Vorwürfen äußern konnten, wurden die Beweise präsentiert. Den Anfang machte eine Art Biographie des Hörmann-Vaters. Sie trug den Titel „Lebensbeschreibung vom Blatter-Hans, dem Wildschützen". Johann Hörmann schilderte darin seinen verstorbenen Vater als einen sehr braven und frommen Mann, der niemals fluchte und seine Freude an Gewehren hatte. Auf Waffen gebracht hätte ihn aber ein Freund. Der Förstersohn Schorer brachte ihm mit fünf Jahren bei, wie er mit Gewehren und Pistolen umgeht. Als Werktagsschüler hätten sich die beiden Burschen schon die „kleinen jungen Wildschützen" genannt. Einmal seien sie durchgebrannt, wurden aber von der Gendarmerie wieder heimgebracht. Nach der Kommunion seien sie dann auf andere Gedanken gekommen: Sie wollten intensiver wildern. Der Schulinspektor hätte sie geschimpft, was zur Folge hatte, dass sie sich in ihrem Plan bekräftigt sahen.

Dem Gericht lagen noch weitere Notizbücher vor. Darin fanden sich Aufzeichnungen über Reisen, Wildtier-Namen in

Im Februar 1911 kehrte Joseph Hörmann mit dem deutschen Dampfschiff Batavia aus Amerika zurück.

Am Landgericht Memmingen mussten sich die Hörmann-Brüder verantworten. Der Prozess dauerte mehrere Tage. Rechts ist auf der kolorierten Postkarte die Kreuzherrenkirche zu erkennen.

deutscher und englischer Sprache, Ansichtskarten, Briefe und eine umfangreiche Korrespondenz mit Waffen- und Munitionsfabriken. Über die hatten die Hörmanns offenbar etliche Revolver und Patronen bezogen. Der Vorsitzende Richter merkte an, dass mit den Waffen ganze Schützenfeste hätten veranstaltet werden können. Die Gewehre wollten die Hörmanns aber nicht zum Wildern, sondern nur zum Scheibenschießen gekauft haben. Geschossen hätten sie auch nur mit „rauchlosem Pulver". Auf Fotografien, die Hans Hörmann gemacht hatte, waren unterschiedliche Menschen abgebildet. Alle hatten Gewehre bei sich – sogar die Frauen. Auf dem Blattenhof wurden bei einer Durchsuchung im September 1911 ein Drilling, Zwillinge, Flobert- und Zimmerstutzen, ein amerikanisches Schnellfeuergewehr, Mauserkarabiner, Pistolen, Browning-Revolver, Messer, mehrere Schachteln Patronen, Feldstecher, Rehgeweihe, Raubtierfallen und Fanggarne gefunden.

Der Vorsitzende wollte wissen, für was die Fanggarne gebraucht würden. Der Angeklagte Joseph Hörmann erklärte mit unschuldiger Miene: Zum Fernhalten der Schnecken im Gemüsegarten. Die Antwort löste im Gerichtssaal einen Heiterkeitssturm aus. Den Jagdfeldstuhl wollte Hörmann lediglich dazu benutzt haben, um bei schönem Wetter am Waldesrand zu sitzen. Und die vorgefundenen Leimruten dienten angeblich zum Fliegenfangen. Hans Hörmann meinte naiv: „Gefangen wurde, was halt hin-

gegangen ist." Am nächsten Verhandlungstag waren die Zeugen an der Reihe. Deutlich wurde: Selbst vor Gericht hatten viele noch eine gewisse Furcht, etwas über die Hörmann-Brüder zu sagen. Sie wurden befragt:

• **Wachtmeister Deffner aus Pfaffenhausen:** Er sagte aus, dass die Brüder „einen möglichst schlechten Ruf" haben und bei der Bevölkerung allgemein gefürchtet waren. Für ihn stand fest, dass sie gewildert hatten. Denn: Wovon sonst sollte die Familie leben? Außer Valentin Hörmann, der den Hof bewirtschaftete, wäre niemand einer richtigen Arbeit nachgegangen. Auf dem Blattenhof müssten oftmals geradezu Treibjagden abgehalten worden seien. Einmal wäre ihm sogar eine Kugel direkt am Kopf vorbei gesaust. Valentin Hörmann hätte einmal bei einer Haussuchung zu ihm gesagt: „Die Herrgotts (...) kommen solan-

ge herauf, bis einmal einer hin ist!" Dies bestätigt der Gemeindebedienstete Graf und sagte, dass Valentin Hörmann gefürchtet und sehr jähzornig war. Gendarm Deffner untersuchte auch den Einbruch beim Bauern Sauter (Straßbauer) in Bedernau. Der Verdacht fiel zuerst auf herumziehendes Volk. Damals wurde, während die Hausbewohner in der Kirche waren, eine ganze Reihe von Gegenständen gestohlen. Nur der Geldschrank im Wohnzimmer blieb unberührt. Bei der Hausdurchsuchung im Blattenhof am 5. Oktober 1911 wurden verschiedene der gestohlenen Gegenstände wieder aufgefunden, berichtete Deffner. Joppe und Weste des gestohlenen Anzugs wurden später in einem Acker bei Brandstetten wiederentdeckt. In der Joppe fanden sich Taschentücher, gezeichnet mit E.D. – sie gehörten einer verheirateten Frau, die mit Joseph Hörmann eine heim-

Sogar während des Gottesdienstes bekamen die Brüder lange Finger.

liche Beziehung hatte. Deffner ging auch auf Valentin Hörmann ein, der angeblich den Gottesdienst besuchen wollte. Tatsächlich sei er aber Schmiere gestanden. Während der Messe habe er sich nur im Vorraum der Kirche aufgehalten, wollte Deffner in Erfahrung gebracht haben. In der Verhandlung beteuerte Valentin Hörmann, damals zu spät zur Kirche gekommen zu sein, weil er ein Kind bei sich gehabt hätte und deshalb nicht so schnell gehen konnte. Dass der sonst scharfe Hund in dem Sauter-Anwesen sich nicht bemerkbar machte, führten die Polizisten auf eine läufige Hündin vom Blattenhofe zurück. Sie könnte mitgenommen worden sein, um den Wachhund abzulenken.

Unruhe im Gerichtssaal

Als es um den Einbruch in die Sulzer-Hütte im September 1910 ging, wurde es durch das Gedränge im Zuhörerraum manchmal derart laut, dass die Zeugenaussagen nur noch schwer verständlich waren. Der Vorsitzende Richter musste mehrfach zur Ruhe mahnen. Der Gerichtsreporter kritisierte: „Bezeichnend ist, dass das weibliche Geschlecht durch rücksichtsloses Vordrängen am meisten zur Ruhestörung beiträgt."

• Förster Egon Bauer aus Oberschönegg: Er berichtete, dass in seinem Bezirk sehr oft „unkontrollierbare Schüsse" gefallen sind und eigentlich „die reinsten Treibjagden" abgehalten worden sein mussten. Spuren führten an die Gutnach. Er habe stets angenommen, dass die Brüder Hörmann die Wilderer waren. Auf der Tat ertappt hätte er sie trotz eifrigen Suchens nie – vielleicht wäre „die Sache wohl anders ausgegangen". Bauer war bei der Hausdurchsuchung und Festnahme der Brüder Hörmann Ende September 1911 beteiligt und sei dabei zur Überzeugung gekommen, dass es sich um die Täter handelte. Als merkwürdig bezeichnete er, dass wieder Rehe im Revier springen, seit die Hörmanns in Untersuchungshaft sitzen. Förster Bauer glaubte nicht, dass die Brüder die einzigen Wilderer waren. Er beschrieb auch das Inventar der Forsthütte in Wald bei Dietershofen. Er nahm an, dass die Hütte absichtlich in Brand gesteckt worden war. Die Täter hätten ganze Arbeit geleistet: Denn von der Hütte und den Nebengebäuden sei gar nichts mehr übriggeblieben. Dass durch Unachtsamkeit Feuer ausgebrochen war, hielt er für ausgeschlossen. Joseph Hörmann hatte in früheren Aussagen angegeben, einen Kerzenstummel aus Versehen zurückgelassen zu haben. Der Förster wusste aber bestimmt, dass dieser Kerzenstummel in einem Porzellanleuchter gesteckt hatte, wodurch eine Fahrlässigkeit ausgeschlossen gewesen sei. Förster Bauer hatte eine eigene Theorie: Die Hütte sei den Wilderern ein Dorn im Auge gewesen, weil sich dort Forst-mitarbeiter aufhalten konnten und damit in der Lage waren, die Machenschaften der Hörmanns aufzudecken.

• Käsereipächter Karl Huber aus Unterauerbach: Er hatte einmal von Joseph Hörmann billiges Wildbret zum Kauf angeboten bekommen, habe aber abgelehnt.

• Wachtmeister Reiter aus Babenhausen: Die Lage des „Wilderernestes" auf der Blatte hielt er für „äußerst günstig": Gendarmerie- und Forstpersonal waren schließlich weit entfernt.

• Zwei Postboten: Sie berichteten, dass sie den Hörmanns Pakete und Kistchen mit der „von auswärts bezogenen Munition" zugestellt hatten.

• Maria Schindele aus Merzle in der Gemeinde Dietershofen: Sie hatte am Abend im Wald öfters „verdächtige Gesellen" wahrgenommen. Einmal sei sie mit ihrem Kind sogar von zwei „solchen Individuellen" verfolgt worden. Ein anderes Mal sei ihr ein Sack Hafer und Mehl gestohlen worden. Sie berichtete, dass sie nachts öfters um ihr Anwesen herum verdächtige Geräusche gehört hatte. Zum Beispiel seien Fensterläden aufgerissen worden. Seit die Gebrüder Hörmann in Untersuchungshaft sitzen, sei „vollständige Ruhe" eingekehrt.

• Georg Mang, Söldner aus Bedernau: Die Hörmanns hatten ihn als Entlastungszeugen laden lassen. Mang gab auf Vorhalt des Angeklagten Valentin Hörmann an, dass die Familie weniger „lebensgefährlich" als vielmehr „fremden Eigentums gefährlich" war. Es sei viel ge-

stohlen und vieles nicht zur Anzeige gebracht worden. Im Verdacht hätten viele die Blattenhof-Bewohner gehabt. Den Angeklagten passte das nicht wirklich. Daraufhin fragte Johann Hörmann, woher das Obst komme, das im Blattenhof gefunden wurde. Der Söldner klärte auf: Es sei in seinem Garten gewachsen und ihm gestohlen worden. Als Sortenliebhaber wollte er das Obst zu einer Ausstellung nach Mindelheim bringen.

• Kreszenz Häfele, die Geliebte: Joseph Hörmann versprach sich von ihrer Aussage ebenfalls eine Entlastung. Wie sich herausstellte, hatte Hörmann sie vor vier Jahren, nach einjähriger Bekanntschaft und einem Heiratsversprechen, sitzen lassen. Von angeblichen Geschenken habe sie weiter nichts erhalten als eine Nachkommenschaft.

• Kaufmann Schöpf aus Pfaffenhausen: Bei ihm wurde im März 1909 eingebrochen. Weil er zwischenzeitlich verstorben war, mussten die Schwester und die Schwägerin die auf dem Blattenhof beschlagnahmte Beute identifizieren. Die Frauen, die im Laden arbeiteten, erkannten zum Beispiel Geldbörsen wieder. Joseph Hörmann behauptete, alles bei Schöpf gekauft oder bei einem Unbekannten eingetauscht zu haben.

• Pfarrer Lutz aus Bedernau: Er kannte die Angeklagten persönlich. In den vergangenen vier bis fünf Jahren hätte er die Hörmanns allerdings kaum mehr gesehen. Sie hätten seine Seelsorgetätigkeit nicht beansprucht, auch nicht bei Kirchenbesuchen.

Um 1900 warben viele Agenturen für die Überfahrt nach Amerika. Viele Schwaben suchten im Land der unbegrenzten Möglichkeiten und im benachbarten Kanada ihr Glück und bauten sich dort eine neue Existenz auf.

• Bürgermeister Biber aus Bedernau: Er sagte aus, dass die Hörmanns gefürchtet und gemieden wurden. Die Mutter besitze „ein gutes Mundstück" und könne gut schimpfen. Das Gemeindeoberhaupt bezweifelte, das Hans Hörmann jemals richtig gearbeitet hätte. Sein Bruder Joseph Hörmann sei dagegen ein ausgezeichneter Maurer, meinte der Bürgermeister. „Also tüchtig in jedem Fach", bemerkte der Vorsitzende. Dass er mit verschiedenen Frauenzimmern zu tun gehabt hatte, war dem Zeugen ebenfalls bekannt. Das Anwesen sei durch Valentin gut bewirtschaftet worden. Bei „der Alten" hätte man sich jedes Mal „grausen" müssen. Sie hätte die Kinder nicht zum Guten angehalten, „denn sonst wären sie nicht so geworden". Auf eine Anfrage des Verteidigers erklärte Biber, dass Valentin als „arbeitssamer Mann" gelte.

• Gendarmerie-Sergeant Schmalzl aus Mindelheim: Er erfuhr von der Beziehung des Joseph Hörmann mit Kreszenz Häfele, als diese in anderen Umständen war. Weil von Hörmann keine Alimente zu erhalten waren, soll der Bruder der Häfele einmal gesagt haben: „Diese Hörmanns sind mehr Lumpen als Menschen."

• Sylvester Häfele von Westernach, der Bruder von Kreszenz: Er hatte mit dem Hörmann seinerzeit viel Kontakt, machte aber von seinem Zeugnisverweigerungsrecht Gebrauch. Er sagte nur, dass auf der Blatte auf Scheiben geschossen wurde. Vom Wildern hätte er nichts bemerkt.

In einer alten Forsthütte, die so ausgesehen haben könnte, bedienten sich die Brüder. Anschließend setzten sie das Gebäude in Brand.

• Gendarmerie-Sergeant Weizenegger: Der frühere Babenhauser erklärte, dass alle Gewehre auf dem Blattenhof geladen gewesen seien. Der Vorsitzende Richter erkundigte sich bei Joseph Hörmann nach dem Grund. Der sagte: Die Waffen seien scharf gewesen, damit kein Öl herausläuft. Valentin Hörmann wollte gar nichts von den Gewehren wissen. Und sein Bruder Joseph Hörmann erklärte, dass er drei Gewehre von einem Unbekannten auf dem Heimweg von Amerika in einem Wald bei Allmannshofen für 48 Mark gekauft habe.

• Kaufmann Boneberger aus Mindelheim: Als Vertreter des Norddeutschen Lloyd verkaufte er Tickets für die Überfahrt nach Amerika. Er erinnert sich, dass auch Valentin Hörmann „ein Schiffsbillett" wollte, um seinen Brüdern nachzufolgen. Das Bezirksamt Mindelheim hatte Johann Hörmann am 15. Januar 1911 einen Auslandspass ausgestellt. Joseph Hörmann erhielt damals keine Ausreisegenehmigung, weil er gerade beim Militär diente. Nach Ansicht der Staatsanwaltschaft reiste Joseph Hörmann mit dem Pass seines Bruders nach Amerika. Joseph Hörmann bestritt das und behauptete: Seinen Pass hatte er von einem unbekannten Kellner in Hamburg erhalten. Verbürgt ist, dass Joseph am 11. Februar 1911 mit der „Batavia" von Hamburg abreiste. In Amerika schickte er seinen

Pass zurück ins Unterallgäu, damit sein Bruder Hans nachreisen konnte. Fest stand außerdem: Am 3. März war Joseph Hörmann in Minster (Ohio) und am 7. April kam eine Postanweisung mit 25 Dollar an seine Schwester Kreszens auf dem Blattenhof an. Joseph wollte aber schon früher in Amerika gewesen sein – so hätte er ein Alibi für eine Reihe von Einbrüchen gehabt. Am 11. Mai folgte sein Bruder Johann auf dem Schiff „Chemnitz". Er kam dann am 27. Mai in Minster an. Was genau in Amerika passierte, ergab eine Zeugenbefragung vor Ort. Die entsprechenden Protokolle wurden genauso wie ein Steckbrief sowie eine Abschrift der amerikanischen Strafbestimmungen über die in Frage kommenden Vergehen, die ziemlich mit den Deutschen übereinstimmten, verlesen.

Demnach kannte Pfarrer Eugen Grimm aus Minster Joseph Hörmann persönlich. Der Deutsche sei zu ihm gekommen und habe ihn um Arbeit gebeten. Grimm brachte ihn zum Farmer Ennelin. Ihm war Joseph Hörmann anfangs als harmloser Bursche erschienen. Beim Zeugen Ennelin arbeitete Hörmann vom 3. März bis 6. April 1911. Im Juni schoss der Deutsche angeblich nachts mit einem Revolver auf ihn, um an zwei Gewehre, ein Paket Zimmermannswerkzeug und Stemmeisen zu kommen. Die Beute wurde später auf dem Blattenhof gefunden. Ein Hilfsgeistlicher bezeichnete Hörmann in Amerika als einen „Duckmauser", der recht unschuldig dreinschauen könne. Auch ein Fuhrmann konnte die

Brüder Hörmann beschreiben. Er erinnerte sich, dass ihm Hans als Vetter vorgestellt worden sei. Die Brüder stahlen bei Grimm Pferde und Wagen, um dann eine Woche später über New York die Rückreise nach Europa anzutreten. Gegenüber den Gendarmen machten die Brüder widersprüchliche Angaben: Der eine wollte zusammen, der andere getrennt von seinem Bruder gereist sein

und bald unter falschem und unter richtigem Namen.

• Hans Ruf aus Hohenreuten: Der Sohn eines Söldners sagte aus, dass er im Juli 1911 in Sontheim am Bahnhof zwei Männer aus dem Memminger Zug steigen sah. Er wollte die Brüder Joseph und Hans Hörmann erkannt haben. Er sprach sie an: „So seid Ihr auch da!", worauf einer der beiden Männer erwiderte: „Kennst du

Geheimnisvolle Kiste aus Bayern

Offenbar wollten die Brüder in Amerika mit Gewehren handeln: Sie ließen sich eine Kiste aus Bayern schicken. Die Waffen dienten nach Angaben der Mutter zum Scheibenschießen in Amerika. Eine Kiste kam auch wieder zurück: Valentin Hörmann und seine Schwester brachten sie auf einem Karren vom Bahnhof Babenhausen auf den Blattenhof. Valentin Hörmann stellte sich zunächst dumm, meinte dann, dass es vielleicht ein Koffer aus Amerika gewesen sein könnte. Joseph Hörmann wollte einen solchen aus Hamburg abgeschickt haben. Die Mutter behauptete, dass sich im Koffer Kartoffeln und Roggen aus Amerika befunden hätten. So sahen die „Kartoffeln" tatsächlich aus: Sie wurden auf dem Gerichtstisch aufgestellt – mehrere Uhren und Wecker, die als Mitbringsel aus Amerika deklariert wurden. Als

der Vorsitzende Richter fragte, wo denn diese Uhren gekauft worden seien, sagte Joseph Hörmann: „Das müssen die Rechnungen ausweisen, ich kann ja nicht alles wissen."

In Amerika suchten Joseph und Hans Hörmann wie so viele andere Deutsche ihr Glück. Erfolgreicher Auswanderer war der Mindelheimer Joseph Niederhuber, der in Ohio den Verlag Germania Press gründete (links). Nachdem die Hörmann-Brüder in der Neuen Welt einen Pfarrer bestohlen hatten, kehrten sie zurück ins Unterallgäu. Dort wurden sie am Bahnhof Sontheim gesehen (rechts).

mich?" Die beiden waren offenbar über das Wiedersehen nicht sehr erfreut. Der Zeuge erinnerte sich, dass beide dunkle Bärte trugen. Die Mutter der Hörmann-Brüder erwähnte in der Verhandlung, dass noch im August Karten aus Amerika angekommen wären. Wie sich herausstellte, waren diese Karten in Hamburg wegen eines untreuen Postmitarbeiters lange Zeit verschwunden gewesen.

Ausführlich wurde über das Plädoyer des Staatsanwalts in der Zeitung berichtet. Er forderte, dass die Gegend „von solchem Gesindel befreit werden müsse". Der Staatsanwalt bezeichnete den Blattenhof als „vorzüglichen Stützpunkt" für

Wilddiebe. Das Arsenal von Gewehren sei teils gestohlen, teils gekauft worden. Joseph Hörmann habe Gewehre gestohlen und Wildbret zum Kauf angeboten. Über Hans Hörmann sei mit der Selbstbiographe alles gesagt. Valentin Hörmann sei nicht der Biedermann, der er sein will. Das hätten die aufgefundenen scharf geladenen Gewehre bei der Hausdurchsuchung bewiesen. Diese Gewehre seien sicherlich nicht zur Dekoration bestimmt gewesen. Die Jagd hätte Kosten verursacht. Um diese zu decken, wurden die Brüder zu gewöhnlichen Dieben, so der Staatsanwalt. Für ihn stand außer Zweifel, dass die Mutter Karoline Hör-

mann vom Treiben ihrer Söhne wusste. Der Staatsanwalt beantragte:

- Joseph Hörmann unter Einrechnung der ihm vom Kriegsgericht zuerkannten Strafe von 50 Tagen wegen Fahnenflucht und der früheren vom Landgericht Memmingen wegen gefährlicher Körperverletzung zuerkannten Gefängnisstrafe zu einer Gesamtstrafe von zehn Jahren zu verurteilen.
- Acht Jahre Zuchthaus für Johann Hörmann.
- Eine Gesamtgefängnisstrafe von fünf Jahren für Valentin Hörmann.
- Ein Jahr und sechs Monate Zuchthaus für Karoline Hörmann.

Das letzte Wort haben die Angeklagten

Joseph Hörmann versuchte insbesondere die Zeugenaussagen abzuschwächen. Von einem weiteren Geständnis war keine Rede. Johann Hörmann beteuerte wiederholt, nicht gewildert und auch nichts gestohlen zu haben. Die Forsthütte in Zachers Mahd habe er gar nie gesehen. Joseph Hörmann lachte bei diesen Worten, woraufhin der Vorsitzende Richter bemerkte: „Jetzt muss sogar der Joseph lachen, an dem was sie alles zusammenlügen." Der Angeklagte sagte: „Das gibt's nicht und was nie gewesen, kann auch jetzt nicht sein." Er beantragte einen Freispruch.

Der Verteidiger, Rechtsanwalt Rau aus Memmingen, ergriff für Valentin Hörmann das Wort. Er führte aus, dass aus dem Auftreten der Angeklagten vor Gericht und „dem gezeigten Zynismus" wohl der letzte Rest richterlicher Milde verloren gehen könnte. Das Gericht hätte aber „eine messerscharfe Scheidung" vorzunehmen, was auf das Schuldkonto des Valentin, und was auf das der anderen Angeklagten zu setzen wäre. In Bedernau wären für alle Vergehen und Verbrechen die Hörmanns insgesamt verantwortlich gemacht worden. Was früher nur getuschelt worden sei, war nach der Verhaftung Gewissheit – man hätte alle in einen Topf geworfen. Die „Volksphantasie" hätte „reichliche Nahrung" gefunden. Die Brüder müssten auseinandergehen, denn ihre „Lebensbetätigung" wäre grundverschieden.

Der Verteidiger beantragte einen Freispruch. Bei einer Verurteilung wäre strafmildernd zu berücksichtigen, dass die Lage des Blattenhofes zum Wildern geradezu reizt. Valentin Hörmann sagte, dass er unschuldig verhaftet worden sei und er keine Zeit zum Wildern und zum Stehlen habe. Er verlange Gerechtigkeit und eine Entschädigung. Seine Familie sei „schlecht gemacht" worden. Den Ausdruck bezeichnete der Vorsitzende als eine „Unverfrorenheit". Karoline Hörmann wollte ebenfalls freigesprochen werden, sie habe „in ihrem ganzen Leben noch nichts" getan.

Die beiden Angeklagten Joseph und Johann Hörmann hatten es dann neuerdings auf eine Verzögerung der Verhandlung abgesehen. Sie verlangten weitere Zeugen. Am Ende verzichteten sie aber darauf. Nach vier Prozesstagen fiel das Urteil.

- Joseph Hörmann wurde zu einer Gesamtzuchthausstrafe von acht Jahren, zum Verlust der bürgerlichen Ehrenrechte von zehn Jahren und Stellung unter Polizeiaufsicht verurteilt.
- Johann Hörmann erhielt eine Gesamtzuchthausstrafe von acht Jahren.
- Valentin Hörmann musste für ein Jahr und acht Monate ins Gefängnis.
- Karoline Hörmann wurde zu sechs Monaten Gefängnis verurteilt.

Die Strafen erhöhten sich noch. Denn beim Vorfall in Zachers Mahd wurde vorsätzliche Brandstiftung als erwiesen gesehen und das Schwurgericht in Augsburg für zuständig erklärt.

Dicke Mauern und schwedische Gardinen wurden zum Alltag für die verurteilten Hörmann-Brüder. In welche Zuchthäuser sie kamen, ist nicht bekannt. Das Bild zeigt den Gang im Zellenbau der Anstalt Niederschönenfeld bei Rain am Lech. Dort mussten jugendliche Verbrecher ihre Strafen absitzen.

Das Urteil wurde von den Angeklagten unterschiedlich aufgenommen. Während Joseph Hörmann sich absolut nichts aus der hohen Strafe machte und vollständig gleichgültig blieb, schien Johann Hörmann betroffen zu sein. Valentin Hörmann wurde leichenblass und musste sich setzen. Ihm ging das Urteil augenscheinlich sehr nahe. Der Mutter war eine besondere Erregung nicht anzumerken.

Das Schwert richtet die Räuberin

Sie ist die letzte Frau, die in Mindelheim offiziell hingerichtet wird: Anna Magdalena Fetzen gehört angeblich zu einer Bande, die vor Gewalt nicht zurückschreckt.

Es war nachweislich die letzte Hinrichtung, die in Mindelheim stattfand: Im Juli 1776 wurde Anna Magdalena Fetzen ins Jenseits befördert. Ihr wurden mehrere Straftaten vorgeworfen. Sie soll Mitglied einer Bande gewesen sein, die Diebstähle begangen hatte. Auch ein Mord ging nach einem Bericht im „Heimatfreund" von 1951 auf ihr Konto. Die Frau stammt ursprünglich aus dem oberpfälzischen Markt Kastl bei Amberg und wurde 14. Mai 1738 katholisch getauft. Ihr Vater stammte wohl aus München und hieß Felix-Urban Fetz. Er war Bader und Sol-

dat. Dokumentiert ist auch, dass Anna Magdalena Fetzen „viel Jahr Mans-Kleider" getragen hatte, was damals als verwerflich galt. Ihr Schicksal führte in den Mindelheimer Gefängnisturm. So wurde die Hinrichtung in früheren Quellen beschrieben: „Bey noch versamleten Rath mußte der vorgerufene Scharpfrichter mit dem bloßen Schwert unter dem Mantel erscheinen, mußte solches vorzeigen, und auf dessen guten Befund wurde ihm aufgetragen, auf den bestimmten Tag die Execution an armen Sünder genauest zu vollziehen. Gleich nach dieser Rathssitzung haben der churfürstliche Landvogt, Burgermeister, Stadtschreiber und Blutpannträger sich in das Eisenhaus begeben, und die Delinquentin, nachdem sie ehevor der Fesseln entlediget worden ist, auf das Verhörzimmer neben der Torturstube sich vorführen lassen, worauf der chftl. Landvogt als Pannrichter derselben die Eröffnung gemacht, daß sie in Hinsicht ihrer beym Tribunal wiederholt einbekannten Vergehen, nach höchster Bestätigung am vierten Tag Morgens vom Leben zum Todt hingerichtet werde; daher ihr sogleich 2 beygerufene Seelsorger beygegeben wurden, bey deren Eintritt die Abgeordneten des Blutgerichtes sich entfernt haben.

Während dieser Zeit des Lebens wurde der armen Sündnerin bessere Kost als vorher abgereicht, und der Besuch vertrauter Leute unter Aufsicht des Eisenmeisters gestattet, dem auch nöthige Wächter

Die Hinrichtung von Anna Magdalena Fetzen mit dem Schwert wurde in einem Stich festgehalten. Er stammt von Johann Martin Will aus Augsburg. Die Richtstätte befand sich an der Landsberger Straße. Anna Magdalena Fetzen trägt übrigens ein Kleid – in der historischen Überlieferung ist allerdings die Rede von Männerkleidern.

auf diese Zeit beygegeben sind. Vor dem tage der Execution wurden folgende Vorkehrungen getroffen: Der Drechsler hat den Stab zum Brechen und der Schreiner den Stull auf die Richtstatt auch die Todtenpar zu verfertigen. Die hier befindlichen Sachträger und Schrannenmässer wurden beauftragt, zu Verschaffung des nöthigen Plazes für das Schrannengericht die im Feuerhaus vorhandenen Stangen beyzu holen: dann wurde ein zweyspäniger Wagen mit aufgemachten Sitzen für den armen Sünder, Scharpfrichter und 2 geistl. Herr, so rückwärts sitzen, in Bereitschaft gesetzt. Am Tage der Execution Morgens vor 9 Uhr ist der Scharpfrichter zu der armen Sünderin gekommen, hat ihr den Auftrag ihrer Hinrichtung benachrichtigt, und sie deshalb um Verzeihung gebethen. An diesem Morgen Schlag 9 Uhr ist im oberen Thorturm mit der Gloke ein Zeichen zum Aufbruch gegeben worden, und vor diesem mußten die Kornmässer und Sackträger, dann der Fuhrmann mit dem Wagen beym Eisenmeister in Bereitschaft stehen. Nach gegebenem Glokenzeichen ist die arme Sünderin auf dem Verhörzimmer von dem Scharpfrichter und seinen Knechten übernommen,

und an Händen gebunden worden. Auf dieses wurde die arme Sünderin aus dem Haus, und da sie nicht fahren wollte, in dem gebildeten Schrannengericht zu Fuß in Begleitung der 2 geistlichen Herrn, des Scharpfrichter. Und seiner Knechte, dann des Eisenmeisters, Gerichtsdieners, und seiner Knechte, welche Plaz zu schaffen hatten, nach dem Rathhaus, welche anno 1776 noch auf dem Stadtplaz gestanden hat, abgeführet.

An der Ratsstube wird das Urteil verkündet

Auf dem Rathhaus waren der Landvogt als Pannrichter, Burgermeister, und Rath versamlet. Gleich nach der Ankunft der

armen Sünderin wurde in der Rathsstube aus dem mittleren Fensterstock, welcher außerhalb mit rothem Tuch behangen war, im Beysein des Landvogts von dem Stadtschreiber der anwesend geweßten armen Sündnerin und der mit ihr versamlet geweßten Volcks Menge die Urgericht und das Endurtheil laut abgelesen, und nach Vollendung der Pannrichter etwas aus dem Fensterstock lehnend, damit das Volck und die arme Sündnerin es sehen konnten, sogleich den Stab gebrochen hat. Nach diesem Vorgang wurde die arme Sünderin unter vorgesagte Begleitung in den Schrannenkreis vor dem Rathhaus weck, durch das obere Thor nach der Richtstatt abführet. (...) Vor der Execution hat der Gerichtsdiener zu Pferd das ihm vom Kriminalgericht schriftlich ertheilte Friedgebet dem versamleten Volck mit lauter Stimme auszurufen gehabt. Nach wirklich erfolgter Execution hat Scharpfrichter den Pannrichter gefragt, ob er gerichtet habe, wie Recht und Urtheil spricht, worauf er die gehörige Antwort erhalten hat. Wie solches vorüber waren, sind die Abgeordneten des Blutgerichtes zurück und nach Hause geritten. Der Scharpfrichter und seine Gehilfen haben hierauf den Leichnam in die in einiger Entfernung herbey geschafften

Noch heute findet sich im Turm aus dem 14. Jahrhundert ein Teil des Instrumentariums der Henker: Halsgeigen und Halspressen, Daumenschrauben sowie Hand- und Fußeisen.

Eine Henkersfamilie aus den Stauden

Scharfrichter war ein gewisser Joseph Keller (1735 bis 1810), der aus einer uralten Henkerfamilie aus den Stauden stammte. Sein Vater war Johann-Konrad Keller aus Ettringen, die Mutter hieß Maria-Anna Zech. Sie hatten zwölf Kinder. Erster Sohn war Joseph, gefolgt von Alois, der seinem Bruder half und später offenbar das Amt übernahm. Bekannt ist noch, dass Joseph Keller zehn Jahre nach der Hinrichtung der Räuberin Anna Magdalena Fetzen für ein Extrahonorar von einem Gulden einen abgefaulten Soldatengalgen beseitigen musste.

Vom mittleren Fensterstock der Ratsstube aus wurde das Urteil verkündet. Nach der historischen Überlieferung hing ein rotes Tuch am Fensterstock.

Todtenpar gelegt, und hierauf nach dem Freudhof der alten St. Stephanskirche abgeführt und allda zur Erde begraben. Der armen Sünderin wurden ehevor niemals neue Kleider angeschafft, sondern in der jenigen Kleidung, in welcher dieselbe gefänglich eingebracht wurde, zur Richtstatt ausgeführet."

Mit dem Schwert hingerichtet wurde sie am 27. Juli 1776, der Tod wurde offenbar nicht in den Sterbebüchern der Stadtpfarrei festgehalten. Ein Grund dafür könnte sein, dass die Hinrichtung ein Nachspiel hatte: Die Stadt musste sich in München rechtfertigen, der Gerichtsbote Johannes Eisen musste damals zum Rapport. Später fand nie wieder eine Hinrichtung in der Stadt statt.

Bürgermeister im Gefängnisturm

Der Mindelheimer Gefängnisturm wurde trotzdem weiterhin genutzt. Die letzten offiziellen Insassen waren der damalige Unterramminger Bürgermeister sowie zwei Landwirte. Ihnen wurde 1949 vorgeworfen, ein Schwein und ein Kalb heimlich geschlachtet zu haben, um mit dem Fleisch einen Kirchenmaler zu verkösti- gen. Der hatte die Dorfkirche renoviert. Dazu kam, dass einer der drei Männer angeblich einem US-Soldaten eine Ohr-

feige verpasst hatte. Die amerikanische Militärregierung sperrte das Trio daraufhin ein. Die Arme-Sünder-Glocke wurde übrigens nicht regelmäßig geläutet. Das geschah nur, wenn das letzte Stündlein eines Sünders geschlagen hatte. Die Glocke befindet sich im Oberen Tor, dem sicherlich markantesten Turm der Stadt.

Der 34 Meter hohe Mindelheimer Gefängnisturm kann bei Stadtführungen besichtigt werden. Er steht für ein düsteres Kapitel der Stadtgeschichte.

Volksheld wird auch in der Region verehrt

In Tussenhausen huldigen Laienschauspieler dem Tiroler Freiheitskämpfer, der gegen die verhassten Bayern und Franzosen kämpfte.

Ein großer Hut, ein Rauschebart und eine stattliche Figur: Das Aussehen von Andreas Hofer erinnert ohne Zweifel an einen Räuberhauptmann. Doch das war der Mann aus dem Passeiertal nicht. Er ging vielmehr als Freiheitskämpfer in die

Eine Musikkapelle spielte 1906 auf der Freilichtbühne in Tussenhausen, wie das historische Bild aus dem Archiv von Anton Riederle zeigt.

Geschichte ein. Es gab auch eine Verbindung in die Region: Sein Schicksal diente als Stoff fürs Theater und wurde 1906 in Tussenhausen aufgeführt.

Auf der Freilichtbühne erinnerten die Laienschauspieler in selbst genähten Kostümen und vor einer pompösen Kulisse an den Mann, der zum Nationalhelden geworden war. Als Landeshauptmann der Tiroler Schützen führte Andreas Hofer den Aufstand gegen die verhassten Bayern. Österreich musste damals als Folge des Krieges von 1805 Tirol an das mit den Franzosen verbündete Bayern abtreten. Die Besatzungsarmee presste das Volk aus. Unterdrückungen und massive Eingriffe in die Tiroler Kultur und Religion führten dann zu Aufständen und Revolten in der Tiroler Hauptstadt Innsbruck, an deren Spitze der damals

Andreas Hofer war ursprünglich Gastwirt im Passeiertal im heutigen Südtirol. Heute erinnert ein Museum an den „Sandwirt".

42-jährige Andreas Hofer stand. Drei Mal verhalf Hofer den Tirolern zum Sieg. Doch dann passierte es. Bei der vierten Schlacht am Bergisel unterlag Hofer mit seinen Freiwilligen, die er mobilisiert hatte. Er floh auf die Pfandleralm, wurde von einem Landsmann verraten und gefangen genommen. 1810 wurde der Sandwirt aus dem Passeier nach einem Prozess in Mantua hingerichtet.

Seine Popularität ist geblieben: Zum Volkshelden wurde er nicht nur, weil er drei Schlachten erfolgreich geführt hatte. Es war vielmehr Hofers Geschick, die Menschen zusammenzubringen. Schon in der frühen Feudalzeit hatten sich die Tiroler immer wieder spontan in Verbänden zusammengeschlossen – das waren die Keimzellen des Schützenwesens. Hofer war ein Mann des Volkes und nicht des Adels. Seine Vorbildkraft ist ungebrochen: redlich, tapfer, seinen katholischen Grundwerten verpflichtet, opfermutig und stets bescheiden.

Raubmord: „Geld her oder hin!"

Es ist der traurige Höhepunkt einer Serie von Straftaten, mit der sich eine Bande junger Männer in den Krisenjahren nach dem Ersten Weltkrieg etwas Geld dazu verdient: In Mittelrieden wollen sie nachts einen Mann ausrauben. Dann läuft alles aus dem Ruder.

Xaver Stark und Thomas Bosch schlichen sich am Abend des 5. November 1920 ins Haus von Matthäus Herzog. Er saß im Wohnzimmer und las ein Buch. Leise öffneten sie die Zimmertüre, um dann das elektrische Licht auszuschalten. Ein Überraschungsmoment: Denn im selben Augenblick stürzten sich die beiden Einbrecher auf das ahnungslose Opfer. Sie packten Herzog am Hals und legten ihm einen Strick um. Herzog fiel auf das Sofa, wo ihn Bosch festhielt. Gleichzeitig versuchte Stark den Geldschrank in dem Zimmer zu öffnen. Ver-

geblich. Während Bosch den alten Mann packte, durchwühlte Stark im Schein einer Taschenlampe das Zimmer, um den Schlüssel zu finden. Ohne Erfolg – die beiden entdeckten nur zwölf Mark Papiergeld. Damit ihr Opfer nicht fliehen konnte, zogen sie die Schlinge fester zu und banden den Strick an einen Fuß des Sofas. Anschließend durchwühlten die beiden den ersten Stock. Herzog verlor das Bewusstsein und erstickte, als sich die beiden ohne die erhoffte Beute davon machten. Sie rannten aus dem Haus zu ihren Fahrrädern, die sie außerhalb von Mittelrieden in einem Gebüsch versteckt hatten. Bosch verbrannte später seine blutigen Handschuhe in der Schuh-

macher-Werkstatt, in der er arbeitete. Am selben Abend, kurz vor 20 Uhr, kam die Schwiegertochter von Herzog am Haus vorbei und wunderte sich, dass noch Licht brannte.

Am nächsten Morgen bemerkte der Dienstknecht Georg Vögele, dass die Haustüre beim Großvater offenstand. Er ging aber weiter. Als er dann die Pferde einspannte und der alte Mann nicht wie sonst aus dem Fenster schaute, wurde er stutzig. Vögele ging ins Haus und entdeckte den 68-Jährigen. Er lag leblos auf dem Bauch. Im Zimmer habe große Unordnung geherrscht, erinnerte sich der Knecht später. Gegenüber der Polizei sagte Vögele, dass der Kopf nicht in der

In der Zeitung wurden damals ausführlich über die Bande berichtet. Der Prozess am Memminger Landgericht dauerte drei Tage.

Die Raubmörder von Mittelrieden vor Gericht.

In der Gegend von Pfaffenhausen bei Mindelheim fanden im Sommer und Herbst 1920 eine Reihe schwerer Einbruchsdiebstähle, Räubereien und zuletzt ein Raubmord statt, der zur Entdeckung einer Räuber- und Einbrecherbande führte, deren einzelne Mitglieder zuerst sich hartnäckig aufs Leugnen verlegten, unter dem Drucke verschiedener Beweise sich aber zu einem Geständnis in den meisten ihnen zur Last gelegten Fällen bequemten. Die Raubzüge dieser Bande stehen nun vor dem Volksgericht am Landgericht Memmingen zur Aburteilung. Es sind dies insgesamt 12 Personen, einige allerdings nur der Hehlerei, angeklagt. Für die Verhandlung sind drei Tage vorgesehen. Um einem zu großen Andrang von Zuhörern vorzubeugen, wurden für die Verhandlungen Karten ausgegeben.

Vor dem Volksgericht haben sich zu verantworten die nachstehenden

Angeklagten:

Stark Xaver, geb. 2. Mai 1901 in Pfaffenhausen, ledig, Käser,

Bosch Thomas, geb. 20. Juni 1900 in Brandstetten, ledig, Schuhmacher,

Schäffler Theodor, geb. 21. Januar 1897 in Oberrieden, ledig, Schuhmacher,

Madlehner Alois, geb. 28. Mai 1896 in Mittelrieden, ledig, Maurer,

Vogg Norbert, geb. 31. Juli 1900 in Hohenschlau, ledig, Landwirtssohn,

Bosch Martin, geb. 25. September 1897 in Brandstetten, ledig, Landwirtssohn,

Ruf Georg, geb. 1. Februar 1895 in Hohenreuthen, verheiratet, Eierhändler,

Böck Alois, geb. 27. Juli 1900 in Pfaffenhausen, ledig, Kaminkehrer,

Stark Leopold, geb. 10. März 1905 in Pfaffenhausen, ledig, Schreinerlehrling,

Beßler Johann, geb. 5. März 1888 in Hochwang, verh., Mechaniker in Breitenbrunn,

Schmuck Hermann, Schuhmachergehilfe in Pfaffenhausen,

Stark Norbert, geb. 24. März 1895 in Pfaffenhausen, ledig, Landwirtssohn.

Schlinge des Stricks gesteckt habe. Das bestätigte auch der Dienstknecht Otto Böck, der als zweiter die Leiche sah.

Der Tod des alten Manns war sofort das bestimmende Thema in der Wirtschaft. Auch Theodor Schäffler erfuhr davon. Er hatte mit Alois Madlehner den Tatort einen Tag vor dem Mord ausgespäht. Er rannte zu Bosch und Stark und fragte sie: „Was habt ihr da gemacht?" Schäffler bot den beiden an, Pfeffer um das Haus von Herzog zu streuen. Er ging

In Hohenreuten stahl Thomas Bosch dem Händler Ruf ein Fahrrad. Das Rad wurde dann im Wald bei Hohenschlau zerlegt.

Eine belastende Aussage

Hermann Schmuck, ein Schuhmachergehilfe aus Pfaffenhausen, belastete mit seiner Aussage Thomas Bosch und Xaver Stark schwer. Bosch hatte ihm angeblich am Tag nach dem Mord gesagt, dass es schon „arg" sei, einen Menschen für fünf Mark umzubringen. Herzog habe um sein Leben gefleht, aber Stark erklärte, dass der alte Mann sterben musste, damit er für immer schweigt. Bosch habe außerdem einmal gesagt, dass sie „100.000 Mark holen" würden – die Beute müsste gerecht geteilt werden. Wenn Schmuck irgendetwas verrät, dann werde er erschossen. Vor Gericht stritten Bosch und Herzog alles ab.

davon aus, dass ein Polizeihund ins Dorf gebracht wird. Er könnte die Witterung aufnehmen – wenn nicht der Pfeffer sein feines Näschen täuschen würde.

Am nächsten Morgen ging Xaver Stark in den „Hirsch" zum Kartenspielen. Oberwachtmeister Johann Deffner hatte ihn bereits im Visier: Er führte ihn ab und brachte ihn zur Leiche. Stark wurde daraufhin wieder freigelassen. Währenddessen untersuchte Landgerichtsarzt Dr. Hetzel die Leiche und stellte fest, dass Herzog erstickt war. Außerdem

hatte er eine acht Zentimeter lange Wunde am Kopf. Vermutlich hatte sich Herzog die Verletzung zugezogen, als er auf das Sofa fiel. Auf einen Schlag gegen Kopf sei die Wunde aber nicht zurückzuführen. Stark, der schon einiges auf dem Kerbholz hatte und zuletzt eine mehrjährige Strafe im Zuchthaus absitzen musste, rückte mit seinem bislang unbescholtenen Komplizen Bosch erneut in den Fokus der Gendarmerie. Polizeiwachtmeister Bacher aus Memminger knöpfte sich die beiden vor.

Zuerst stritten sie vehement ab, den alten Landwirt ermordet zu haben. Doch dann packten sie aus. Stark behauptete, dass Bosch den alten Herzog ermordet hatte. Und Bosch beschuldigte Stark. Womöglich hätte es noch ein zweites Todesopfer gegeben. Denn Bosch, Stark und ein weiteres Mitglied der Bande, Alois Böck, hatten auch den Austrägler Dominikus Hafenmeier in Bedernau überfallen. Stark und Bosch hatten sich um 19 Uhr in Pfaffenhausen verabredet und waren dann in der Dunkelheit über Weilbach zu dem verwitweten Austrägler geradelt. Stark brach ein Fenster auf und stieg in die Wohnstube ins Haus ein. Er ging zur Haustüre und öffnete sie für Bosch und Böck. Während der Hausherr im ersten Stock schlief, durchsuchten sie leise das Erdgeschoss nach Geld. Böck stand an der Haustüre Schmiere.

Riemen für die Transmission waren damals gefragt und entsprechend teuer. Auf sie hatten es die Kriminellen mehrmals abgesehen.

Weil sie kein Geld fanden, entschlossen sich die Drei, die Suche im Schlafzimmer fortzusetzen. Wieder setzten sie auf ein Überraschungsmoment: Sie sprangen gegen die verschlossene Türe und stürmten sofort auf den zu Tode erschreckten Hafenmeier im Bett zu.

„Geld her oder hin", riefen die beiden und blendeten Hafenmeier mit einer Taschenlampe. Der 80-jährige griff geistesgegenwärtig nach seinem Revolver. Stark packte ihn am Hals und Bosch riss ihm die Waffe aus der Hand. Hafenmeier schrie und bat, ihm das Leben und das bisserl Geld, das er besaß, doch zu lassen. Stark hielt ihm den Mund zu. Bosch und Böck, der ins Haus gekommen war, stellten nun das Schlafzimmer auf den Kopf. In einem leeren Bett entdeckten sie ein Sparkassenbuch mit 3000 Mark. Damit waren die drei Räuber zufrieden. Sie ließen von Hafenmeier ab und flüchteten in die Dunkelheit. Das Geld wurde geteilt, eine gestohlene Taschenuhr tauschte Bosch später gegen einige Zigaretten bei Hermann Schmuck ein.

Zur Bande gehörten neben Bosch, Stark, Schäffler, Madlehner, Schmuck und Böck auch Norbert Vogg, Georg Ruf, Leopold Stark, Johann Bestler und Norbert Stark. Sie hatten jeweils in unterschiedlichen Besetzungen in den Wochen vor dem Mord krumme Dinger gedreht.

In Hohenreuten stahl Bosch ein Rad. Vogg hatte ihn vorher instruiert. In Pfaffenhausen knackten Bosch und Böck den Geldschrank von Marie Zech. 800 Mark Bargeld und Schmuck im Wert von 700 Mark fielen ihnen in die Hände. Auf die Frau gekommen waren die Männer, weil Alois Böck als Kaminkehrer genau über das Haus Bescheid wusste. Er konnte sogar sagen, wo der Schlüssel für den Geldschrank versteckt war. Stark stand bei dem Einbruch Schmiere und erhielt dafür 250 Mark. Böck hatte sich vor dem Einbruch die Fingerkuppen abgeschmirgelt: Aus Angst, dass später seine Fingerabdrücke entdeckt werden könnten. Auch in Grünwald bei Bedernau verübte die Bande einen Einbruch.

In Dietershofen stahl Norbert Vogg Treibriemen beim Landwirt Kößler. Sie hatten einen Wert von 2000 Mark. Voggs Bruder Leopold nahm sie entgegen. In derselben Nacht gab es zwei weitere Diebstähle in Babenhausen. Norbert Vogg behauptete später, die Treibriemen von einem „großen und starken Hausierer" aus Kempten gekauft zu haben. Der erst 15-jährige Leopold Stark gestand,

dass ihm sein Bruder aufgetragen hätte, die Treibriemen zu verstecken. Auch in Oberkammlach fehlten auf einmal Treibriemen: Diesmal wurde Landwirt Philipp Bosch bestohlen. Insgesamt fünf Riemen und Schreinerwerkzeug im Wert von 4000 Mark waren verschwunden. Verantwortlich dafür war Xaver Stark, der 15-jährige Leopold passte nachts auf. Der Bursche brachte die Beute dann zu Norbert Stark, der sie in seinem Schuppen vergrub.

Auf Getreide hatten es Hermann Schmuck und Xaver Stark im Oktober 1920 abgesehen. Aus dem Stadel von Landwirt Schorer aus Pfaffenhausen

In Pfaffenhausen brach die Bande ins Haus von Marie Zech ein und öffnete einen Geldschrank. Die Beute: 800 Mark Bargeld.

Raub an einem Achtzigjährigen
Einer sehr verwerflichen gemeinen Tat sind weiters angeschuldigt Bosch Thomas, Stark

Strick um den Hals
und zog die Schlaufe zu. Der gedrosselte Herzog fiel auf das Sofa, wo ihn Bosch festhielt. Stark suchte nun vergeblich, den Geldschrank zu öffnen. Er durchsuchte dann die Taschen des Herzogs nach dem Schlüssel, durchwühlte

„Geld her oder hin!"
Der 80-jährige Hasenmeier sprang auf und langte nach seinem Revolver unter dem Kopfkissen. Stark packte ihn jedoch am Halse und Bosch entwand ihm die Waffe. Hasenmeier

Plakativ mit Zwischenüberschriften kam die Zeitung schnell auf den Punkt.

nahmen sie vier Säcke mit. Die Beute wurde auf einen Schubkarren geladen, dessen Vorderrad mit Stoff umwickelt war – um nachts niemanden durch verdächtige Geräusche aufzuwecken. Offenbar wollten die beiden auch in den Hof einsteigen. Doch Schmuck zerschnitt sich am zerbrochenen Fensterglas eine Hand. Als er bei einem Geräusch kehrt machen wollte, hielt ihn Stark mit den Worten fest: Der erste, der sich ihnen in den Weg stellt, werde totgeschlagen. Das Getreide wurde bei Norbert Stark gelagert. Im Dezember 1920 mussten sich insgesamt zwölf Männer am Landgericht Memmingen verantworten. Zur Last gelegt wurden ihnen Einbruchsdiebstähle, Räubereien, Hehlerei und der Mord. Weil viele Zuschauer das Ende der Raubzüge im Sommer und Herbst 1920 verfolgen wollten, mussten sogar Eintrittskarten für den Gerichtssaal ausgegeben werden. Nach drei Tagen und einem Dutzend Zeugen hielt Staatsanwalt Bacharach sein Plädoyer. Er sagte, dass sich durch die Verbrechen „ein tieftrauriges und grauenerregendes Bild" ergeben hätte, das normalerweise nur aus Großstädten bekannt sei. Stark, Bosch, Vogg und Böck seien echte Verbrecher. Sie hätten junge Leute verdorben. Die Angeklagten seien keine Freunde der Arbeit. Wörtlich sagte er: „Sie lebten vom Stehlen, Rauben und Plündern. Sie wollten ein sehr schönes Leben führen, mit Mädchen herumflirren. Sie saßen viel in der Wirtschaft und spielten Karten und wollten auch in schönen Kleidern einhergehen. Sie haben bei ihren Diebstählen alles mitgenommen, was sie erwischen konnten." Es sei ein Segen für die Bevölkerung, dass sie von den Verbrechern befreit wurde. Die Bevölkerung müssen von den „Rechtsbrechern" geschützt werden.

Die Verteidiger der Angeklagten brachten verschiedene Argumente vor. Rechtsanwalt Kugler hielt das Geständnis von Xaver Stark hoch. Für seinen Kollegen Lauber war es kein Bandendiebstahl. In seinen Augen wäre der eine

oder andere Angeklagte nicht auf einen Abweg geraten, wenn er in einer anderen Zeit gelebt hätte. Rechtsanwalt Linder sprach für Georg Ruf, der sich in einer Zwangslage befunden hätte. Er habe beim Vater von Thomas Bosch Seegras gezupft. Hätte er den Sohn verraten, dann hätte er wohl seine Arbeit verloren. Und die benötige er als Kriegsinvalide dringend. Den Angeklagte Hermann Schmuck bezeichnete er als einen „Verführten". Ohne ihn wären die Verbrechen wohl nicht ans Licht gekommen.

Gegen 12 Uhr wurde das Urteil verkündet. Xaver Stark und Thomas Bosch wurden wegen schweren Raubes zum Tode verurteilt. Wegen Beihilfe zum schweren Raub und Diebstählen erhielt Theodor Schäffler sechs Jahre, Alois Madlehner zwei Jahre und sechs Monate. Alois Böck wurde mit sieben Jahren, Norbert Vogg mit fünf Jahren bestraft. Leopold Stark musste für ein Jahr ins Gefängnis, Martin Bosch wurde zu zwei Jahren verurteilt. Hermann Schmuck musste fünf Monate absitzen. Ferner wurden wegen Hehlerei und Begünstigung Norbert Stark zu drei Monaten Gefängnis und Georg Ruf zu 300 Mark verurteilt. Johann Bestler wurde als einziger freigesprochen.

Das Ende der Räuberbande aus Mittelrieden: Xaver Stark und Thomas Bosch wurden zum Tode verurteilt. So wurde damals über die Urteile berichtet.

Xaver Stark und Thomas Bosch wegen Mordes zum Tode verurteilt

Das grausige Verbrechen von Mittelrieden, das Anfangs vorigen Monats die Einwohnerschaft des ganzen Bezirks in Aufregung versetzte und bei dem den jugendlichen Verbrechern — sie stehen alle im 20. Lebensjahre — nur 12 Mark als Beute in die Hände gefallen sind, hat nun vor dem Volksgericht Memmingen seine Sühne gefunden. Trotzdem sie die Tat lange Zeit zu leugnen versuchten, waren die Beweise für ihre Schuld so groß, daß sie sich doch zu einem Geständnis bequemen mußten. Die Verhandlung entrollte ein sprechendes Bild von der moralischen Verkommenheit der Angeklagten, die, so jung, doch jetzt schon in der tiefsten Tiefe des Verbrechertums angelangt sind, die ein verfehltes Leben führen, und die sich wohl schwerlich bessern werden.

Das Volksgericht Memmingen hat nun gestern mittags 12 Uhr in dem Mittelriedener Raubmordprozeß das Urteil gefällt (gestern mittags von uns bereits zum Aushang gebracht):

Xaver Stark und Thomas Bosch werden wegen eines Verbrechens des Mordes in Tateinheit mit einem Verbrechen des schweren Raubes zum Tode verurteilt. Die bürgerlichen Ehrenrechte werden ihnen auf Lebensdauer abgesprochen. Theodor Schäffler wurde wegen Beihilfe zum schweren Raube zu 6 Jahren Zuchthaus und 10 Jahren Ehrverlust, Alois Madlehner wurde wegen der Beihilfe zum Raube zu 2 Jahren 6 Monaten Zuchthaus und 5 Jahren Ehrverlust verurteilt. Sämtliche Angeklagte wurden zur Tragung der Kosten verurteilt. Die Verurteilten haben die Strafe ruhig und gefaßt aufgenommen.

Ein Blitz richtet den letzten Hauptmann der Räuber

Der Schwarze Vere stammt aus der Region. Er versetzt die Menschen in Oberschwaben in Angst und Schrecken.

Er war gefürchtet. Er war berüchtigt. Und am Ende traf ihn wie zur Strafe der Blitz: Xaver Franz Hohenleiter, genannt der „Schwarze Vere", versetzte vor über 200 Jahren die Menschen in Oberschwaben in Angst und Schrecken. Er gilt als einer der letzten Räuberhauptmänner in Deutschland. Kaum bekannt ist, dass seine Wurzeln in der Region liegen: Er wurde in 1788 in Rommelsried bei Kutzenhausen als Sohn armer Hirtenleute geboren. Als junger Mann suchte er sein Glück in einer

schwierigen Zeit – unter anderem führte der Ausbruch des Vulkans Tambora auf Indonesien 1815 zu Missernten in Europa – in Augsburg beim bayerischen Chevaulegers-Regiment König, ein Kavallerie-Verband der Bayerischen Armee. Doch schon nach einer Woche desertierte Hohenleiter. Aus Angst vor Bestrafung ging er nach Österreich. Ein Jahr lang zog er bettelnd und tageweise arbeitend umher, ehe er in Baden und Württemberg ankam.

Es ist gut möglich, dass er über Memmingen und Mindelheim noch einmal in seine alte Heimat zurückkehrte. So traf der große, starke und muskulöse Mann mit dem von der Sonne gebräunten Gesicht, den feurigen Augen und den pechschwarzen Haaren auf seinen jüngeren Bruder Ulrich. 1814 lernte der Schwarze Vere die „Günzburger Sephe" kennen: Maria Josepha Tochtermann war fünf Jahre jünger und stammte aus Eppishofen im damaligen Landgericht Zusmarshausen. Sie war die Tochter eines armen Webers. Tochtermann war mittelgroß, schlank, hatte glänzend weiße Zähne und starke, schwarze Augenbrauen, ein blasses Gesicht und

rabenschwarze Haare, die ihr in vielen kleinen Locken um Stirn und Schläfen hingen. 1817 bekam sie ein Kind mit dem Schwarzen Vere.

Die anderen Komplizen des Schwarzen Vere hat Dr. Max Planck im Buch über die „Die letzten Räuberbanden in Oberschwaben" so beschrieben:

Crescentia Tochtermann, die „Günzburger Crescenz", war die ältere Schwester der Sephe. Sie war hochgewachsen, stark gebaut und hatte schwarzes Haar. Sie war die Freundin des „Condeer".

Joseph Anton Jung, der „Condeer", stammte aus Unterschwarzach, Oberamt Waldsee, und war der Sohn eines wandernden Landkrämers. Seine Stiefmutter Theres brachte ihn auf die schiefe Bahn. Er hatte ein von Pockennarben entstelltes Gesicht und galt als der Verwegenste der Bande.

Fidelis Sohm, der einäugige Fidele, war ein Sohn armer, aber ehrlicher Leute. Der Vater arbeitete als Maurer, die Mutter strickte und nähte. Vom sechsten Lebensjahr an hütete er im Sommer Vieh bei verschiedenen Bauern, besuchte die Schule und lernte lesen. Die Maurerlehre, die er mit 14 Jahren beim Meister seines Vaters begonnen hatte, gab er nach einem Jahr auf, weil ihm die Arbeit zu „dreckig" war. Er arbeitete dann drei Jahre bei einem Bauern als Unterknecht und wurde dann Zimmermann, bis ihm im Winter die Arbeit ausging. Aus Hunger bettelte er, stahl Geld und eine Sackuhr. 1815 wurde er vom Bayerischen Appellationsgericht des Iller-Kreises wegen mehrerer Diebstähle zu einem Jahr Strafarbeit im Zuchthaus Buchloe verurteilt. Nach der Entlassung stahl er wieder, wurde in Lindau verhaftet und zu sechs Jahren verurteilt. Im Juli 1818 brach er aus der Fronfeste in Lindau aus und zog danach in Württemberg und in Tirol herum. Sohm war mittelgroß, schlank und kräftig. Auf dem linken Auge sah er nicht.

Friedrich Klump, der schöne Fritz, genoß eine ordentliche Erziehung, regelmäßigen Unterricht und lernte das Bäckerhandwerk. Dann geriet aber an einen Meister, der ihn zum Stehlen anhielt. 1809 wurde er französischer Proviantbäcker. Nach Ende des Kriegs zog er in Österreich, der Schweiz, im Breisgau und Frankreich umher. 1817 traf er beim Wirt Mezler in Spöck auf den Schwarzen

■ Die Theatergruppe Riedhausen spielte zum 200. Todestag die Geschichte des Schwarzen Vere nach.

Vere, schloss sich ihm an, wurde sein unzertrennlicher Gefährte und verließ ihn nicht mehr bis zur Gefangennahme. Klump war größer als der Vere und ebenso muskulös. Seine Spezialität war das Fälschen von Pässen und die Manipulation von Wanderbüchern.

Sebastian Kellermann, der „Baste", musste mit neun Jahren als Hirtenbub arbeiten. Danach wanderte er bettelnd und in Lumpen in Baden, Bayern, Württemberg, Tirol und der Schweiz herum, wobei er das Kesseln und Regenschirmmachen lernte. Der Gauner Kleinmann brachte ihm das Stehlen bei. Seine Gefährtin war Agnes Gebhard.

Agnes Gebhard, Jahrgang 1794, hatte feurige, schwarze Augen mit starken Augenbrauen. 1817 kam sie mit ihrer Schwester Agathe in Untersuchungshaft, weil sie zusammen mit fünf Kerlen einen Diebstahl verübt hatte. Sie blieb eineinhalb Jahre in Haft, wurde dann aber gegen Kaution wieder entlassen.

Agathe Gebhard, geboren 1796, war die Gefährtin von Ulrich Hohenleiter. Sie hatte lebhafte, braune Augen, stark aufgeworfene Lippen und dunkelbraune Haare.

Christian Maucher, das „Bometshauser Schneiderle", wurde nach seiner Schneiderlehre Soldat, machte in einem Landbataillon den Feldzug nach Frankreich mit und trieb sich danach als Vagant herum. Im Oktober 1818 traf er mit dem Schwarzen Vere und dem schönen Fritz zusammen. Seine Begleiterin war Ottilie Hunsinger.

Ottilie Hunsinger, das Ottile, zog lange herum. Ihr wurden nach der Festnahme Rohheit, Bösartigkeit, Frechheit und Verstocktheit bescheinigt.

Franz Merkle, der „Weberen-Franz", 1897 in Bellershausen (Schillingsfürst) geboren, war ein schöner, großer Mann mit stark gerötetem Gesicht, dunklen Haaren und feurigen, trotzig blickenden Augen. Ihm wurde eine gewaltige Körperkraft nachgesagt.

Theresia Jeppler, des Posamentierers Resel, wurde 1789 in Triest als Tochter eines Soldaten geboren. Sie verlor früh ihre Mutter und arbeitete als Dienstmagd. Nach 1805 zog sie strickend und bettelnd in Württemberg, Baden und Bayern herum, ab 1813 war sie mit Klump zusammen.

Katharina Gebhard, die „dreckete Mutter", verlor als Kind die Eltern und wuchs ohne Schulunterricht auf. Sie hütete Vieh bis sie 25 Jahre alt war. Dann heiratete sie den früheren Soldaten Josef Gebhard. Fünf Kinder kamen zur Welt. Als wandernde Krämerin verkaufte sie Geschirr. Mit ihren Männern hatte sie kein Glück: Josef Gebhard starb 1795, ihr zweiter Ehemann 1812. Danach ernährte sie sich von Stricken und Betteln. In Gaunerkreisen wurde sie zusammen mit ihrer Familie, die aus einem Sohn und den drei Töchtern Agathe, Agnes und Crescenz bestand, „die dreckete Partie" genannt. Sie war ein kleines, altes, hageres Weiblein mit grauen Augen, gelblichem Gesicht, zahnlosem Mund und aufgestülpter Nase.

Nicht nur die Schicksale der Mitglieder der Räuberbande sind bekannt. Überliefert ist auch, was der Schwarze Vere und seine Komplizen ab 1817 in der Region Ravensburg ausgefressen hatten. Die Gauner brachen in unterschiedlichen Besetzungen zumeist in abgelegene Höfe und Mühlen ein und stahlen Lebensmittel, Geld und Kleider.

Im April 1818 kam es zu einem ersten folgenschweren Übergriff: Der Schwarze Vere und Friedrich Klump griffen den Polizeidiener Lorenz Kopf an. Der hatte sechs Frauen festnehmen lassen und wollte sie nach Mittelbiberach bringen. Unterwegs wurde er jedoch überfallen und so geschlagen, dass sein linker Unterarm brach. Die Gauner flüchteten – mal verschwanden sie im Moor, dann in tiefen Wälder, wo sie sich Erdbehausungen bauten. Wurde die Luft dünn, dann flohen sie über die Landesgrenze nach Baden, wo die Zuständigkeit der Exekutive wechselte. Ein fester Anlaufpunkt der Räuber war das Wirtshaus Mezler in Spöck. In der berüchtigten Herberge ging es abends hoch her, es wurde gezecht und getanzt. Die Wirtsleute Mezler kannten die Gauner, leugneten später aber jede nähere Bekanntschaft mit ihnen.

An Waffen besaß die Bande die Pistole von Friedrich Klump und das Gewehr von Fidelis Sohm. Zusätzlich waren die Gauner mit Stöcken ausgerüstet, die angeblich mit Zinn oder Blei ausgegossen waren. In Klumps Stock befand sich ein Stilett. Unter den Mitgliedern der Bande, die sich im März 1819 im Pfullendorfer Wald aufhielt, gab es eine klare Rollenverteilung: Die Männer sollten Fleisch und Lebensmittel stehlen, die Frauen betteln, die Wäsche machen und kochen.

Im April 1819 passierte das, was die Räuberbande immer vermeiden wollte: Nach einem Einbruch gab es ein Todesopfer. Der Schwarze Vere, der Condeer, Fidelis Sohm, der Urle und Friedrich Klump brachen bei der Witwe Schmid im Hof Argenhardt im damaligen Oberamt Tettnang ein. Sie war alleine daheim, die anderen Bewohner besuchten den Gottesdienst in der Kirche. Die 55-Jährige wurde gefesselt in den Keller gebracht. Misshandelt und traumatisiert starb die Frau drei Monate später.

Nach etlichen weiteren Einbrüchen wurde die Laubbacher Mühle den Gaunern zum Verhängnis: Forstpersonal nahm Friedrich Klump und den Schwarzen Vere fest, als sie gerade Brot, Fleisch und Branntwein erbeutet hatten.

Im Ehinger Tor in Biberach schmachtete der Schwarze Vere, ehe am 20. Juli 1819 der Blitz einschlug und ihn dort richtete.

Ende Mai 1819 saßen insgesamt 73 Räuber in Biberach in Ketten. Das Ende des Schwarzen Vere ist bizarr: Am 20. Juli 1819 zog ein Gewitter über Biberach. In der Folge schlug um 21.45 Uhr ein gewaltiger Blitz in den Siechenturm ein – der Schwarze Vere wurde sofort getötet.

Friedrich Klump, der schöne Fritz, mussten 20 Jahre ins Zuchthaus. Ulrich Hohenleiter, der jüngere Bruder des Schwarzen Vere, starb 1820 noch vor seiner Verurteilung an einer Lungenentzündung. Josef Anton Jung, der Condeer, erhielt 1824 eine lebenslange Zuchthausstrafe und dazu jährlich 25 Stockstreiche. Fidelis Sohm, der einäugige Fidele, musste ebenfalls lebenslang hinter Gitter. 25 Stockstreiche sollten auch ihn jedes Jahr an seine Missetaten erinnern. Sebastian Kellermann, der Baste, kam 18 Jahre ins Zuchthaus. Christian Maucher, das Bornetshauser Schneiderle, saß vier Jahre ein. Franz Merkle gelang die Flucht aus dem Biberacher Gefängnis. Doch der Arm der Justiz war lang: Merkle wurde gefasst und musste dreieinhalb Jahre ins Arbeitshaus. Die meisten Frauen der Räuberbande mussten für zwei bis drei Jahre ins Zuchthaus.

Damals wurde noch eine interessante Rechnung aufgemacht: Die Kosten für die Untersuchung und die Bewachung der Räuber sowie für die Suche beliefen sich auf etwa 20.000 Gulden. Zum Vergleich: Eine einfache Köchin erhielt damals ein Jahresgehalt von 25 bis 30 Gulden.

Geld oder Leben!

Im Wald, da sind die Räuber: Sie lauern dem Fußvolk auf, das manchmal gewarnt ist und Mut beweist.

Heute gilt der Wald als Erholungsort. Doch früher barg er Gefahren: Wölfe, Wilderer oder Räuber hatten dort ihren Lebensraum. Wer ihnen über den Weg lief, der hatte Pech: Oft machten Räuber kurzen Prozess, wie Anton Lutzenberger im November 1910 schmerzlich zu spüren bekam. Er war von Schnerzhofen nach Markt Wald unterwegs, als ihn plötzlich ein Stockhieb niederstreckte. Als er wieder zu sich kam, brummte ihm der Schädel. Lutzenberger hatte das Unheil am Wegesrand gar nicht kommen sehen. Anders war es bei Johann Müller aus Markt Wald.
Er begleitete seine Tochter im Februar 1909 nach Mattsies, wo sie nach Lichtmess eine neue Anstellung hatte. Dann machte er sich auf den Heimweg. Oberhalb des Tussenhauser Adlerkellers kam Müller in der Dunkelheit gegen 21 Uhr ein Unbekannter entgegen. Er fragte nach Feuer für eine Zigarre. Im Schein des Feuers erkannte Müller, dass sich in einigen Metern Entfernung drei Männer

Nur schnell weg: Räuber und Gendarm bei der wilden Jagd auf dem Fahrrad.

postiert hatten. Laut Zeitung hatten sie „mächtige Knüppel" dabei. Was die drei Gauner wohl im Schilde führten? Müller ahnte es.
Statt dem Weg weiter in den dunklen Wald zu folgen, kehrte er sofort um und übernachtete in Tussenhausen. Von dem abendlichen Vorfall berichtete Müller dann der Gendarmerie. In der Zeitung wurde daraufhin berichtet: „Es darf aber immerhin eine Warnung für verspätete Fußgänger sein, denn dem massenhaft umherstreifenden Gesindel ist eben alles zuzutrauen."

Die Gefahren im Wald waren Johann Mögele aus Siebnach sehr wohl bewusst, als er im Januar 1911 von Ettringen nach Hause lief. Ihm stellte sich plötzlich ein unbekannter Mann in den Weg und forderte Geld. Mögele reagierte geistesgegenwärtig und schlug den Gauner mit seinem Knotenstock in die Flucht.

War der Überfall nur ein schlechter Scherz?

Nicht wehren konnte sich dagegen Anton Lutzenberger aus Schwabeich. Ihm lauerte ein gewisser Guntram Zendath aus Gennach im März 1911 auf dem Weg zwischen Gennach und Schwabmühlhausen auf. Der als rabiat bekannte Mann, der schon mehrfach wegen Betrug, Diebstahl, groben Unfug und Körperverletzung bestraft worden war, packte sein Opfer an Rock und Weste. Um seiner Forderung nach Geld Nachdruck zu verleihen, soll er auch mit seinem Stock gedroht haben. Lutzenberger kam mit dem Leben davon und zeigte Zendath an. Es kam schließlich zu einer Gerichtsverhandlung. Zendath behauptete, dass er nur einen schlechten Scherz im Sinn hatte. Er habe den Stock zwar erhoben, wollte Lutzenberger aber nicht gepackt haben. Die Geschworenen verurteilten ihn zu fünf Monaten Gefängnis.
Während es Räuber auf Wertsachen abgesehen hatten, ging es Wilderern einzig um Fleisch. Der Hunger trieb sie

im 19. Jahrhundert in die Wälder. Tragödien und schwere Verbrechen prägten die heimliche Jagd in der Dämmerung, die heute oft verklärt wird. Wilderer wurden oft zu Volkshelden – die einfachen Menschen unterstützten die Rebellen aus den Wäldern, weil sie gegen die Obrigkeit aufbegehrten. Zur Legendenbildung trugen auch die tausendfach verkauften Romane des Weldener Heimatdichters Ludwig Ganghofer bei. Der „Jäger von Fall" gehört zu den bekanntesten Romanen aus der Feder des Schriftstellers, der einen Großteil seiner Jugend im Holzwinkel im heutigen Landkreis Augsburg verbracht hat. Der „Jäger von Fall" geht übrigens auf eine Erinnerung von Ludwig Thoma zurück, die im Isarwinkel spielt. Thomas Kurzgeschichte „Die Seeschlacht auf der Isar" handelt von einem Kampf zwischen Jägern und Wilderern, die ihre Beute auf einem Floß transportieren wollen.

Solch eine Auseinandersetzung hätte im September 1910 bei Tussenhausen beinahe ein Todesopfer gefordert. Frühmorgens bemerkte der Forstgehilfe Anton Martin auf seinem Reviergang im Wald einen Mann, der ein Gewehr geschultert hatte. Martin dachte sofort an einen Wilderer. Der Jäger gab sich zu erkennen, woraufhin der Wilderer Reißaus nahm und über die Felder nach Tussenhausen rannte. Martin folgte ihm in sicherem Abstand. Als der Wilderer in der Nähe des Dorfes in einer Hecke Deckung fand, zielte er auf den Jäger und schoss. Martin hörte, wie das Schrot an ihm vorbei pfiff. Daraufhin gab auch der Jäger einen Schuss ab. Das Blei verfehlte ebenfalls sein Ziel.

Der unbekannte Wilderer kam zunächst unbescholten davon. Doch Tage später geriet der ledige Maurer Peter Schweier aus Tussenhausen ins Visier der Gesetzeshüter – vermutlich, weil er schon einiges auf dem Kerbholz hatte. Ein Gastwirt hatte ihn verpfiffen. Schweier bestritt, der gesuchte Wilderer zu sein. Bei einer Hausdurchsuchung wurden schließlich Waffen gefunden.

Zwei Monate später stand Schweier vor Gericht. Wegen eines „Vergehens der gewerbsmäßigen unberechtigten Jagdausübung" und eines „Vergehens des Widerstandes" wurde er zu einer Gesamtstrafe von zwei Jahren und drei Monaten verurteilt.

Eine echte Räuberpistole: Sie funktionierte mit einem massiven Bolzen, der eine Schwarzpulverladung entzündete.

Stillgestanden: So machte der Mindelheimer Fahrradhändler Max Seitler auf seine Angebote aufmerksam. Wer bei ihm ein Rad kaufte, war vermutlich schneller als die Polizei.

Film über Wilddiebe

Im Mindelheimer Zentraltheater wurde 1911 der kolorierte Film „Die Belehrung des Wilddiebs" gezeigt. Die Zeitung berichtete: „Man hat hier eine durchaus wahrscheinliche Gegebenheit zu einer wirkungsvollen Handlung gestaltet, die schon durch ihr Abspielen im Hochwald der landschaftlichen Reize wegen sich vorteilhaft als farbenkinematographische Wiedergabe repräsentierte." Nach dem pädagogisch wertvollen Streifen waren damals „weitere Nummern von gewohnter Gediegenheit" zu sehen. Beispielsweise Aufnahmen eines mit Röntgenstrahlen durchleuchteten Magens. Die Kinobesucher lernten, wie im Magen die Verkleinerung der Speisen vor sich geht. Tage später stand eine „Extravorstellung" auf dem Programm: Ein „Riesenfilm von 1000 Meter Länge", betitelt „Die Liebe des gnädigen Fräuleins".

Begehrtes Rehfleisch

Die Gendarmerie hatte schnell einen Verdächtigen ausgemacht, nachdem in der Karwoche 1901 gewildert worden war: Im April 1901 suchten die Beamten in Obergessertshausen den Söldner Leonhard Kissauer auf, der schon mehrere Strafen wegen „Wilddiebstahls" abgesessen hatte. Zusammen mit gräflichen Forstbeamten und mit dem Jagdpächter Linder wurde bei dem Mann ein Waschkorb voll mit Rehfleisch gefunden. Innereien des Wilds lagen im Misthaufen versteckt. Auch bei anderen Männern im Ort wurde nach Rehfleisch gesucht – und teilweise gefunden. Sämtliche Beweisstücke kamen zur Gendarmerie nach Kirchheim.

KAPITEL 03

Heile Welt im Wirtshaus?

Erst Sticheleien, dann gefährliche Stiche

Immer wieder werden Gäste im Wirtshaus mit dem Messer schwer verletzt. Der Alkohol spielt eine wesentliche Rolle.

Wenn Worte keine Wirkung zeigten, wurde früher oft zum Messer gegriffen. Die Folgen waren verheerend. In Babenhausen wurden beispielsweise sieben Kinder zu Halbwaisen: Sie hatten ihren Vater verloren, dem ein Messer in den Unterleib gerammt worden war. Der Mann war Anfang Oktober 1908 in der Ammanschen Brauerei in Kettershausen mit einem Straßenwärter in Streit geraten. Offenbar wurde es lauter: Denn der Brauereibesitzer setzte die beiden Streithansel an die frische Luft. Doch in ihrem angetrunkenen Zustand setzten sie die Auseinandersetzung auf der Straße fort. Dann passierte es: Der Straßenwärter zog sein Taschen-

messer aus dem Hosensack und stach zu. Offenbar war die Verletzung so schwer, dass laut Zeitung „die Gedärme hervortraten".

Noch mit dem Leben davongekommen war ein Taglöhner aus Mörgen, der im Dezember 1905 mit einem Maurer in einer Kirchheimer Wirtschaft stritt. Letzterer stach ihm mit einem Messer in den Fuß. Offenbar traf er eine Schlagader, denn der Taglöhner schwebte kurzzeitig in Lebensgefahr.

Einen Messerstich in den Oberschenkel bekam auch ein Schuhmachergeselle ab: Er hatte mit Kollegen im Hartkeller in Türkheim gezecht. Und gefeiert. Und gestritten. Nach der Attacke musste der Verletzte ins Distriktskrankenhaus. Der Messerstecher Georg Meister, der bei Schuhmachermeister Gustav Walter arbeitete, wurde verhaftet und ins Amtsgerichtsgefängnis Türkheim gebracht.

Vergleichsweise glimpflich ging eine Keilerei in der Faist'schen Wirtschaft in Pfaffenhausen im März 1910 aus: Mehrere Burschen rauften mit Eisenbahnarbeitern. Die Bilanz: Einer aus der Gruppe der Eisenbahner musste ins Krankenhaus, ein Braubursche hatte zwei Messerstiche abbekommen. Fraglos waren die Beteiligten betrunken. Hätten die Burschen besser die Zeitung gelesen. Denn dort wurde im Jahr zuvor eine Warnung veröffentlicht. Wörtlich hieß es über den Alkohol und die Folgen: „Mit Betrübnis ist mitanzusehen, welche unermesslichen Schäden Trunk-

Vermutlich arbeitete ein Braubursche, der 1910 nachts bei einer Schlägerei mit Eisenbahnarbeitern verletzt wurde, in der Brauerei von Josef Sohr. Das Bild mit den Angestellten entstand um 1900 und zeigt die markante Fassade des Brauerei-Gasthofs. Der Schweifgiebel des Gebäudes in der Kirchheimer Hauptstraße wurde wieder rekonstruiert.

sucht und Unmäßigkeit im deutschen Volk anrichten. 1300 stürzen jährlich im Rausch in plötzlichen Tod, 30.000 Personen verfallen Blödsinn und Wahnsinn und bevölkern die Irrenhäuser, 300.000 Personen im Rausch füllen die Gefängnisse, 1600 treibt der Alkohol zum Selbstmord. Und dies sind nur die Endstationen auf den verschiedenen Unglückswegen, auf die der Alkohol seine Opfer führt. Zudem kostet der Alkohol dem deutschen Volke jährlich 3 Milliarden, also viermal so viel wie Heer und Marine kosten, achtmal so viel als die öffentlichen Volksschulen."

Starke Männer schleppen ein Bierfass weg

Damit sie nachts nicht auf dem Trockenen sitzen, kommen Burschen auf eine ungewöhnliche Idee.

MINDELHEIM. HAUPTSTRASSE

Diese Männer müssen Muckis gehabt haben: Wie die Mindelheimer Neuesten Nachrichten am 6. Januar 1909 berichteten, waren mehrere Unbekannte in den Mindelheimer Glockenkeller eingebrochen und hatten dort ein Fass Bier mit 110 Litern Inhalt gestohlen. Drei der Täter wurden verhaftet, der vierte ging der Polizei dann Tage später in Kempten ins Netz. Es handelte sich um den 25 Jahre alten Tagelöhner Josef Hofmann aus Baisweil. Im Keller der „Glocke" ließ es sich einige Wochen später auch ein anderer Dieb gut gehen. Er brach ein und steckte dann Lebensmittel und Bier im Wert von 18 Mark ein.

Auf der Postkarte ist oben rechts das Gasthaus zur Glocke zu erkennen. Die Ansicht wurde im März 1918 als „Soldaten-Brief" verschickt. Der Absender Josef Baur war in der 4. Kompanie stationiert und schickte die Zeilen an „Hubsl".
Die untere Aufnahme zeigt die Mitarbeiter der „Glocke", ganz rechts der kräftige Gastwirt in der weißen Schürze.

Schlagende Argumente

Alkohol enthemmt: Wer zuviel davon trinkt, riecht, hört und spürt weniger. Und rastet schneller aus – so wie ein Holzhändler aus Bedernau.

Wieder einmal kam der Bedernauer Holzhändler Nikolaus Leichtle betrunken nach Hause. Er legte sich ins Bett. Doch nachdem ihm seine Frau die Leviten gelesen hatte, suchte er das Weite. Leichtle zog sich wieder an und ging nochmals aus dem Haus. Und wohin? Wo es lustiger war als zu Hause: im Wirtshaus. Dort traf er in der Nacht des 15. August 1891 auf den Schuhmachermeister Benedict Immerz. Zunächst lachten die beiden noch gemeinsam. Dann entwickelte sich ein Streit. Leichtle wurde wütend und wollte den Schuhmachermeister in den Schwitzkasten nehmen. Andere Gäste gingen dazwischen. Doch damit war die Auseinandersetzung nicht beendet. Als Immerz nach Hause ging, verfolgte ihn Leichtle. Keine 100 Schritte war der Schuhmacher gegangen, da zog ihm der 40-jährige Leichtle unvermittelt einen Stock über den Schädel. Laut Zeitungsbericht mit solch einer Wucht, dass der Griff aus Hirschhorn absprang. Immerz blutete zu-

nächst nur. Am 4. September begann sich sein Zustand zu verschlechtern und am 6. September war er tot. Die Leichenschau ergab: Immerz hatte einen Schädelbruch. Weil die Wunde verunreinigt worden war, entstand ein eitriger Abszess, der schließlich zum Tod führte. Immerz hätte einfach besser aufpassen müssen, meinten die Gelehrten. Denn: „Die Verletzung an sich war, wie die Sachverständigen Landge-

Statt zu seiner Frau ins Bett zog es den Bedernauer Holzhändler Nikolaus Leichtle nachts noch einmal die Wirtschaft. Der Ausflug hatte Folgen.

richtsarzt Dr. Huber aus Memmingen und praktischer Arzt Dr. Eberlein aus Pfaffenhausen begutachten, zwar unter allen Umständen eine äußerst gefährliche, es könnte aber sein, dass Immerz noch lebte, wenn er sich besser gehalten hätte, denn es ist bekannt geworden, dass er nach der Verwundung eine äußerst unzweckmäßige Diät geführt, auch die Verletzung jedem gezeigt hat, der sie hat sehen wollen." Leichtle, der wegen groben Unfugs schon einmal vor Gericht gestanden war

und sich nach dem Vorfall der Polizei gestellt hatte, wollte dem Schuhmachermeister ein Schmerzensgeld von 20 Mark zahlen. Doch das war hinfällig geworden. Am Landgericht wurde er zu neun Monaten Gefängnis verurteilt. Eigentlich wollte er Immerz gar nicht am Kopf treffen, sondern ihm „nur einen Hieb über den Rücken geben", sagte er vor Gericht. Doch genau in dem Augenblick, als er ausgeholt hatte, habe sich Immerz umgedreht und so den Schlag auf den Kopf abbekommen.

Seltenheitswert haben die gestellten Szenen des Mindelheimer Fotografen Krumm. Sie sollen bayerisch-schwäbische Ausgelassenheit zeigen: Einmal stoßen festliche gekleidete Herrschaften an. Auf dem anderen Bild prosten sich Damen mit Hut zu – allerdings nur im Fotoatelier. Im Wirtshaus war eine Damenrunde um 1900 kaum denkbar gewesen.

Nach der Wahl kommt die Qual

Im Wirtshaus in Bronnen fliegen nach einem Streit die Fetzen. Ein Maßkrug trifft einen Landwirt am Kopf.

Heute sind sie eine Seltenheit: Wirtshäuser in der Dorfmitte. In Bayern um 1900 waren sie der soziale Mittelpunkt jeder Gemeinde, ein Treffpunkt für Jung und Alt, ein Ort der Geselligkeit, ein Umschlagplatz für Neuigkeiten. Am Stammtisch konnte jeder seinen Gedanken freien Lauf lassen, politisieren oder in philosophische Ansichten abschweifen. Mal lauter, mal leiser: In der geselligen Runde ist schließlich alles erlaubt, auch kräftige Worte über die Obrigkeit. Das Wirtshaus war außerdem meistens der einzige Flecken, an dem es ein gekühltes Bier gab. Doch zu viel davon, und es war geschehen um die so oft beschworene Bierseligkeit: Die Gemüter erhitzten sich, Streithansel gingen sich an den Kragen, es wurde gerauft und dann flogen die Fäuste. Immer wieder forderte das bunte Treiben in und um die Gaststube ihre Opfer. So wie 1905 in Bronnen.

In der Gemeinde war gerade die Kommunalwahl ausgezählt. Die Stimmkönige gaben Freibier aus, die Maßkrüge kreisten. Der Ökonom Xaver Schwegele reichte sein Trinkgefäß dem Arbeitskollegen Matthäus Götzfried. Doch der lehnte ab – er wäre gerne „Beigeordneter" geworden, hatte aber nicht genügend Stimmen bekommen. Die Stimmung kippte. Es entstand ein Streit. Götzfried nahm einen Maßkrug in die Hand schlug ihn Schwegele mit solcher Wucht an den

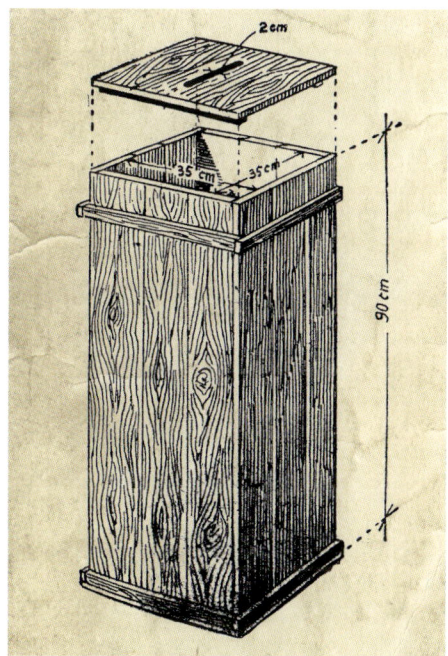

Was heute selbstverständlich ist, musste damals erst eingeführt werden: In der Zeitung wurden 1910 neue Wahlurnen aus Holz vorgestellt. Sie sollten das Wahlgeheimnis garantieren.

Kopf, dass er zerbrach. Schwegele hatte eine stark blutende Wunde. Die Verletzung hatte ein juristisches Nachspiel. Götzfried wurde vom Schöffengericht am Amtsgericht Mindelheim im Januar 1906 zu zehn Tagen Gefängnis verurteilt. Götzfried legte jedoch Berufung ein und musste am Ende nicht mehr hinter Gitter. Stattdessen hatte der Landwirt 50 Mark zu zahlen.

Sonderbarer Handel mit einem „Foxel"

Für eine Maß Bier wurde in der Gastwirtschaft zum Hafen in Mindelheim im Juli 1909 ein „Foxel" verkauft. Das Geschäft wollte der Besitzer wieder rückgängig machen. Der Käufer ging darauf ein, machte jedoch einen „Rückkauf nach Gewicht" zur Bedingung. Er verlangte 50 Mark pro Zentner. Zu dumm nur: Der Käufer und frühere Besitzer rechnete falsch. Er dachte nämlich, dass ein Zentner 1000 Pfund hat. Bei einem Gewicht von 13 Pfund, die der Foxterrier auf die Käswaage brachte, musste der gute Mann 65 Pfennig bezahlen – so viel kosteten damals ungefähr zwei Maß Bier. Unter dem Strich hatte er zwar den Hund wiedergewonnen. Dafür aber er zwei Bier verloren.

Im Wirtshaus geht's rund

Dorfmittelpunkt, sozialer Treff und Inbegriff der bayerischen Gemütlichkeit: Das sind Wirtshäuser. Mancher Gast übertreibt es jedoch – dann geht's rund.

Eine gesellige Runde mit einem Fass Bier: Die gestellte Aufnahme zeigt die Vielfalt der Bierkrüge im überdachten Vorgarten des Wörishofer Gasthofs Rössle.

Seltsame Blüten trieb ein Abend in der Wirtschaft in Pfaffenhausen im Februar 1898. Zwei Spaßvögel unterhielten mit turnerischen Einlagen die Gäste. In der Zeitung wurde das Geschehen so beschrieben: „Einer der beiden stand in gebückter, etwas nach vorn geneigter Stellung, während der andere über ihn hinwegspringen sollte. Nach vollendetem Sprung wankte der Stehengebliebene, noch einige Schritte machend, nach beiden Seiten, fiel aber alsbald verletzt zu Boden." Wie sich herausstellte, war eine Sehne gerissen. Außerdem hatte sich eine Kniescheibe verzogen. Der Spaß hatte seinen Preis: Die Kosten für die Therapie in einer Klinik in München wurden auf rund 400 Mark geschätzt.

Rund ging es auch in der Wirtschaft in Obergessertshausen. Dort klopfte ein Jäger im Juli 1901 ziemlich Sprüche. Andere Gäste wollten ihn daraufhin wieder auf den Boden der Tatsachen bringen.

Sie holten ein eineinhalb Meter langes Ofenblasrohr, befestigten daran den Riemen eines alten Kuhgeschirrs. Nach reichlich Bier konnte die Konstruktion wie ein Gewehr aussehen. Der Jäger ging auch tatsächlich davon aus, dass er sich das richtige Gewehr umgehängt hatte, als er nachts die Wirtschaft wieder verließ. In der Zeitung wurde berichtet: „Erst ein anwesender Gast machte ihn auf seinen patentwürdigen Drilling aufmerksam."

Dieb bedient sich im Wirtshaus

Die einen frönten im Wirtshaus dem Bier. Ein anderer nutzte die Bierseligkeit, um sich zu bereichern. Der Dienstknecht Josef Dax aus Tussenhausen hatte dem Heuarbeiter Benedikt Ottilinger einen Dengelstock im Wert von 1,50 Mark abgenommen. Den besonderen Schleifstein wollte er dann verkaufen. Der Plan ging nicht auf: Dax wurde am Landgericht Memmingen wegen eines Verbrechens des einfachen Diebstahls zu einer Gefängnisstrafe von drei Monaten und 15 Tagen verurteilt.

Bier trinken, aber richtig

Diese zehn Regeln für Biertrinker wurden 1848 in den „Bayerischen Annalen" veröffentlicht.

1. Man hüte sich vor Bier, welches, ohne seine Gärung vollendet zu haben, in Flaschen abgezogen wird; denn es verursacht Blähungen und nicht selten gefährliche Kolik.

2. Bier, welches heiß gegoren hat, wird zwar sehr fein, klar und stark, und behält den Schaum länger im Becher; allein es verursacht Sodbrennen und Kopfschmerzen.

3. Kaltgegorenes Bier wird nie recht klar, weil die Gärung nicht vollständig vor sich geht. In warmen Zimmern beginnt es zu gären und stößt Luftblasen aus. Es verursacht weniger Kopfweh als das erste; aber die noch zurückgebliebenen Hefen schaden dem Magen.

4. Laugegorenes Bier ist (bei hinreichendem Gehalte an Malz und Hopfe) das beste und gesündeste.

5. Personen, welche an Podagra und Stein leiden, haben sich vorzüglich vor nicht ausgegorenem Biere zu hüten.

6. Sehr bitteres Bier trocknet den Körper aus, macht ihn mager und gibt die erste Ursache zu Wassersucht.

7. Zu starkes Bier macht fett, und verursacht am Ende schweren Athem.

8. Fette Personen, oder solche, welche an Skorbute leiden, sollen nicht viel, noch weniger starkes Bier trinken.

9. Wer schwere Arbeiten verrichtet, mag starkes Bier trinken, jedoch nicht nach, sondern während der Arbeit.

10. Man trinke lieber öfters in kleinen Zwischenräumen weniger, als durch einen gewaltigen Zug eine bedeutende Quantität auf einmal und höre namentlich zu dem Zeitpunkte das Trinken auf, wenn man keinen Durst mehr fühlt.

Eine besondere Facette des bayerischen Volksgetränks gibt es in Pfaffenhausen zu sehen: Die Storchenbrauerei hat eine einzigartige Zapfsäulen-Sammlung (oben). Für ein sonderbares Pulver gegen die „Trunksucht" wurde früher in der Zeitung geworben. „COZA" hatte angeblich tausende Männer gerettet (unten).

Zwei Jahre Zuchthaus für 18 Würstchen

Seine kriminelle Karriere krönt Rasso Städele mit 18 Würstchen: Die lässt er in einer Wirtschaft mitgehen und wandert dafür fast drei Jahre ins Gefängnis.

Rasso Städele war kein einfacher Mensch. Mit der Ehrlichkeit hatte er es auch nicht wirklich. Der Schuhmacher aus Weiler in der Gemeinde Eppishausen hatte einiges auf dem Kerbholz und saß deshalb schon 25 Jahre im Zuchthaus, unter anderem wegen Diebstahls. Die lange Strafe hatte ihn aber nicht geläutert. Denn im September 1897 bekam er in der Wirtschaft zur Laute in Mindelheim wieder lange Finger. Städele hatte zunächst gezecht und war dann der letzte Gast, der in der Stube gesehen wurde. Er verließ die „Laute" und versteckte sich im Bräuhaus oder in der Stallung. Aber nicht, um dort zu schlafen. Er wartete, bis alle Bewohner im Bett waren. Dann begab er sich in die Gaststube, nahm dort ein Kästchen Zigarren und versuchte ein Wandkästchen aufzubrechen, was ihm aber nicht gelang.

Ein Maßkrug, in den weniger hineinpasst

Der Gastwirt Johann Pfister aus Unterkammlach hatte in seiner Wirtschaft einen Humpen, der nicht geeicht war. Die Sache kam auf und Pfister erhielt einen Strafbefehl, weil er gegen die Maß- und Gewichtsordnung verstoßen hatte. Am Ende wurde er zu einer Geldstrafe von einer Mark verurteilt. Gegen diesen Strafbefehl legte Pfister Einspruch ein. Und siehe da: Pfister wurde vom Schöffengericht in Mindelheim freigesprochen. Doch das passte dem Amtsanwalt am Königlichen Amtsgericht Mindelheim nicht. Er legte Berufung ein. Die wurde schließlich verworfen. Das Gericht urteilte, dass der Humpen nicht zu den Schankgefäßen gehört, welche der Maß- und Gewichtszuordnung unterliegen, da er nicht zum regelmäßigen Ausschank der Getränke verwendet worden war.

Aus dem Küchenschrank nahm er dann noch 18 Würstchen mit. Die Gendarmerie kam ihm auf die Schliche. Am Landgericht Memmingen stritt Städele alles ab. Doch mehrere Zeugen belasteten ihn. Städele wurde schließlich wegen schweren Diebstahls und eines Versuchs zum schweren Diebstahl zu zwei Jahren und neun Monaten Gefängnis verurteilt.

Vor 100 Jahren gab es sogar einen Verband gegen das „betrügerische Einschenken", wie die Darstellung in der Heimatzeitung zeigte.

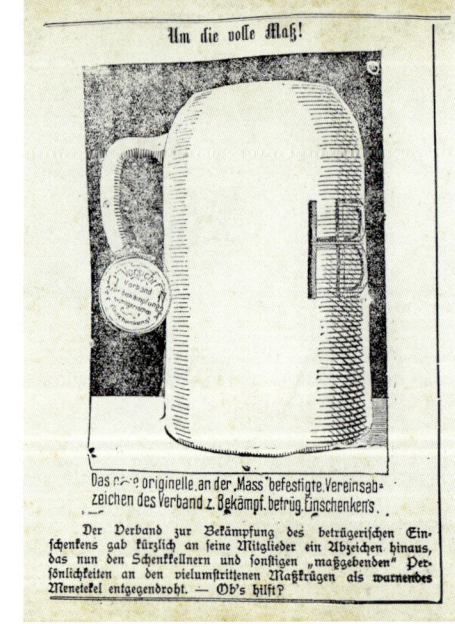

Um die volle Maß!

Das neue originelle, an der Mass befestigte Vereinsabzeichen des Verband z. Bekämpf. betrüg. Einschenkens.

Der Verband zur Bekämpfung des betrügerischen Einschenkens gab kürzlich an seine Mitglieder ein Abzeichen hinaus, das nun den Schenkfellnern und sonstigen „maßgebenden" Persönlichkeiten an den vielumstrittenen Maßkrügen als warnendes Menetekel entgegendroht. — Ob's hilft?

KAPITEL 04

Krumme Hunde, schwarze Schafe und schräge Vögel

Knecht erpresst seinen Dienstherrn

Nach einem Brandunglück will ein Knecht abkassieren. Doch der Plan geht nicht auf.

Auch im Gasthof Weiherhaus in Buxheim ging der Knecht Roman Blum ein und aus.

Roman Blum hatte einen perfiden Plan: Der Knecht von Gastwirt Wilhelm Mair in Siebnach wollte sein pikantes Wissen über ein Brandunglück vergolden. Deshalb erpresste er seinen Dienstherrn und forderte von ihm 1000 Mark. Aber was wusste der Mann aus Buxheim wirklich?

Blum bekam im November 1895 angeblich als Erster mit, dass der Stadel von Mair in Flammen stand. Sofort packte er mit an, um das Vieh zu retten. Trotzdem verendeten 36 Schweine. Auch Stroh und der Getreidevorrat verbrannten. Roman Blum behauptete nach dem Unglück, dass er einen neuen Anzug, 100 Mark Bargeld, eine Uhr, eine Hose, zwei Hemden und ein Messer in den Flammen verloren hatte. Er verlangte einen Schadenersatz von 150 Mark. Und noch mehr: Insgesamt nämlich 1000 Mark. Die Summe forderte nämlich der Vater von

Roman Blum, ein Pferdehändler in Dirlewang, in mehreren Briefen. Lorenz Blum drohte: Ohne die Zahlung werde er eine Anzeige machen und Mair auffliegen lassen, weil er angeblich zu viel Schadenersatz von der Versicherung verlangt hatte. Schließlich seien ja nur 30 Stück Schweine und altes Heu verbrannt. Weil Mair nicht reagierte, ging Lorenz Blum zur Gendarmerie. Und Mair übergab

gleichzeitig die Erpresserbriefe der Polizei, verbunden mit einer Anzeige wegen Erpressung und falscher Anschuldigung. Tatsächlich kam es im Juni 1896 zur Verhandlung am Landgericht in Memmingen. Verantworten mussten sich Roman Blum und sein Vater Lorenz. Der Sohn gab zu, dass er nur eine Hose, etwa sieben Mark, eine Uhr, ein Messer und einige Hemden bei dem Brand verloren hatte. Von Mair hatte er dafür 50 Mark erhalten. Zeugen bestätigten, dass wirklich 36 Schweine verbrannt waren. Lorenz Blum wollte dem Gericht Glauben machen, dass er das Geld nur verlangt habe, um den Betrug beweisen zu können. Er hätte das Geld dann dem Gericht übergeben wollen. Wirklich glauben wollte dem Pferdehändler aus Dirlewang aber niemand: Schließlich war er schon einmal wegen Diebstahl und Betrug bestraft worden.

Das vermeintliche Opfer ist der Täter

Während der Verhandlung kam dann die ganze Wahrheit ans Licht: Roman Blum hatte das Feuer selbst gelegt. Er wurde zu einer Gefängnisstrafe von sechs Monaten wegen versuchten Betrugs, versuchter Erpressung und der falschen Anschuldigung verurteilt. Wegen der Brandstiftung sollte er sich dann noch vor dem Schwurgericht in Augsburg verantworten müssen. Sein Vater erhielt eine Gesamtgefängnisstrafe von einem Jahr.

Nicht vor Gericht, sondern auf der Straße zwischen Ottobeuren und Memmingen klärte sich im Januar 1909 ein anderer Erpressungsversuch. Ein Geschäftsmann aus Ottobeuren sollte auf freiem Feld 5000 Mark an einen Unbekannten übergeben. Der hatte ihm Tage vorher einen Brief zukommen lassen. Darin hieß es: Der Spartakusbund habe den Geschäftsmann zum Tode verurteilt. Er könne sein Leben nur noch retten, wenn er die hohe Geldsumme aufbringe und diese mit einem Fuhrwerk am 10. Januar um 10 Uhr auf der Straße zwischen Ottobeuren und Memmingen übergebe.

Der Geschäftsmann machte sich tatsächlich auf den Weg. Und der Erpresser kam ihm mit einem Revolver in der Hand entgegen. Doch statt der 5000 Mark brachte der Geschäftsmann auf dem Fuhrwerk geschickt versteckt einen Gendarmen mit. Dieser gab wie vereinbart einen Warnschuss ab, während der Geschäftsmann den Räuber mit einem Peitschenstiel bearbeitete. Schnell kamen weitere Polizisten hinzu, die sich in der Nähe versteckt hatten. Der Spartakusbruder war übrigens der bereits vorbestrafte Fabrikarbeiter Michael Schur aus Memmingen.

Um viel Geld ging es bei einem ungewöhnlichen Erpressungsversuch im Januar 1909 zwischen Ottobeuren und Memmingen. Die Übergabe scheiterte jedoch, der Täter wurde gefasst.

Schauspielerin muss hausieren

Weil sie Steuern hinterzieht, bekommt eine Mindelheimerin eine hohe Geldstrafe.

Heute sind sie oft millionenschwere Stars, früher waren sie arm: So lässt sich erklären, dass eine Mindelheimer Schauspielerin um 1910 mit Blusen und

Kleiderstoffen hausieren gehen musste. Gertrud Schulze hatte noch ein anderes Problem. Sie wurde angezeigt, weil sie keine „Steuerlegitimationspapiere" hatte. Das Rentamt Mindelheim brummte ihre eine Strafe von 72 Mark auf. Dagegen legte sie Einspruch ein – der Fall landete schließlich vor Gericht. Der Einspruch wurde am Landgericht Memmingen verworfen – Schulze musste zahlen.

Innung warnt vor „umherziehenden Verkäufern"

Hausierer waren vor über 100 Jahren nicht gerade beliebt. Die „Schneider Zwangs-Innung Mindelheim" warnte 1919 vor den umherziehenden Verkäufern in einer Zeitungsanzeige: „Zur jetzigen Zeit kommt es soviel mal vor, dass Hausierer und arbeitsscheue Personen mit Herrenstoffen Handel treiben. Da alle diese Leute die Redegewandtheit haben, bringen sie es fertig, ihre Ware zu fabelhaft hohen Preisen an den Mann zu bringen. Da es fast ausnahmslos ganz minderwertige Qualitäten, ja oft sogar Papierware ist, ist es im eigenen Interesse des laufenden Publikums gelegen, sich von diesen nicht überreden

zu lassen, denn der Schwindel namentlich mit Herrenstoffen steht heute in voller Blüte. Bitte wenden Sie sich wie auch früher an ihren Schneidermeister, welcher ihnen über die Güte der Ware Aufklärung geben kann und wird, denn in den meisten Geschäften ist Warenlager vorhanden und wo nicht, kann mit Muster beigestanden werden." Nicht nur Hausierer hatten damals einen schlechten Ruf, sondern auch das fahrende Volk. So wurden die Umherreisenden bezeichnet, die meistens mit Pferd und

Schwer beladen zogen viele Frauen um die Jahrhundertwende von Haus zu Haus, um – wie diese Frau aus Thannhausen – Stoffe zu verkaufen. Auch die Schauspielerin Gertrud Schulze versuchte so etwas Geld zu verdienen.

Ist die Mindelheimer Schauspielerin Gertrud Schulze auf dem Foto abgebildet, das aus dem Mindelheimer Atelier Krumm stammt?

Wagen von Ort zu Ort zogen. So wie der Pferdehändler Martin Gira aus Scherting, Karl Krüger aus Ungarn und ein Mann namens Sztoikovits, der ursprünglich aus Wien stammte. Auf der Straße zwischen Pfaffenhausen und Breitenbrunn begann das Trio im Juni 1900 zu streiten. Laut Zeitungsbericht schlugen Gira und Krüger den Sztoikovits halb tot und nahmen ihm noch 600 Mark ab. Die beiden Täter sollen hauptsächlich Pferdemärkte besucht haben. Krüger hatte angeblich falsche Papiere bei sich und soll in Österreich desertiert sein. Die Spur der beiden Täter führte die Polizei nach Ottobeuren. Denn dort gaben die Männer freizügig viel Geld in einer Wirtschaft aus. In der Zeitung wurde berichtet: „Durch ihr verschwenderisches Auftreten erweckten sie Verdacht. Als sie Lunte rochen, entfernten sie sich mit ihren Wagen in der Richtung gegen Kempten. Jedenfalls wird es der Polizei gelingen, die Verbrecher gerechter Sühne zuführen zu können, da besonders einer derselben eine ziemlich bekannte Persönlichkeit in unserer Gegend ist."

Streit um einen Doktortitel

„Dr. Luise Appel, als Ärztin auf der Universität London promoviert", stand auf dem Türschild der gebürtigen Engländerin, die sich in Wörishofen niederlassen wollte, um dort in der Heilkunde nach Kneipp zu arbeiten. Doch das gefiel der Konkurrenz nicht: Sie zeigte Appel wegen des angeblich nicht rechtmäßigen Titels und damit eines Vergehens wider die Gewerbeordnung an. Der Fall landete 1911 vor dem Gericht.

Luise Appel erklärte, dass sie in London studiert, dort ihre Examen gemacht und den Doktortitel rechtmäßig erworben hatte. Das Schöffengericht sprach die Angeklagte frei. Gegen dieses Urteil legte aber der Amtsanwalt Berufung ein. Diese wurde verworfen. Denn: Die Führung des im Ausland erworbenen Titels sei nicht strafbar, sobald aus der Bekanntmachung des Titels für jedermann ersichtlich ist, dass er im Ausland erworben wurde. Die Führung des Prädikats „Dr." sei im vorliegenden Falle aber nicht statthaft. Luise Appel habe zwar nicht „beim Staatsministerium nachgesucht", den Doktortitel in Bayern führen zu dürfen. Aber sie hatte sich beim zuständigen Bezirksamt erkundigt – und dort war niemand eingeschritten.

Ein unbelehrbarer Wörishofer

Hütchen wechsel Dich: Eine vermeintliche Verwechslung bringt einen Mann aus Wörishofen 1908 ins Gefängnis. Er ist nicht der einzige Gauner, der großen Ärger bekommt.

Wegen einer „Verwechslung" musste ein Wörishofer für 14 Tage ins Gefängnis: Er wollte sich einen fremden Hut aufsetzen und diesen mitnehmen. Und das ausgerechnet vor den Augen eines Wachtmeisters. So ist's passiert: Der 31 Mal vorbestrafte Tagelöhner Xaver Losch aus Wörishofen, geboren 1848 in Arlisberg, saß im September 1908 in der Wirtschaft Zur Wies in Mindelheim. Am späten Nachmittag wollte er das Lokal verlassen – mit dem neuen, schwarzen Hut. Kaum zu glauben: Er fragte den am selben Tisch sitzenden Polizeiwachtmeister Adolf Stoppel, ob er ihm den Hut reichen könne. Der Ordnungshüter machte Losch darauf aufmerksam, dass er ja schon einen Hut auf dem Kopf habe. Losch machte sich daraufhin aus dem Staub. In der Wirtschaft Zur Sonne verwechselte er dann noch einmal den Hut. Das brachte ihn schließlich vor Gericht.

Losch sagte dem Richter, dass er betrunken gewesen sei und niemals die Absicht gehabt hatte, einen Hut zu stehlen. Es komme schließlich auch immer wieder vor, dass Menschen Hüte verwechseln – selbst bei besseren Herrschaften. Wachtmeister Stoppel sagte als Zeuge, dass der Angeklagte keinen guten Leumund habe. Er stehe allgemein im Ruf, sehr gerne Hüte zu verwechseln. Der Staatsanwalt beantragte, Losch „wegen eines Verbrechens des einfachen Diebstahls im Rückfall" zu fünf Monaten Gefängnis zu verurteilen. Das Gericht nahm an, dass es sich um ein Vergehen der Unterschlagung handelte und verurteilte ihn zu einer Gefängnisstrafe von 14 Tagen.

Deutlich länger musste Johann Gerum einsitzen. Er war Dienstknecht in Unterrammingen und hatte sich wie Losch schon mehrfach wegen Diebstählen Ärger mit der Justiz eingehandelt. Im Juni 1906 verurteilte ihn das Landgericht Memmingen zu sieben Monaten Gefängnis. Was war passiert? Gerum hatte in Amendingen ein Fahrrad gestohlen und war damit nach Mooshausen gefahren. Dort stoppte ihn ein Landjäger – damals keine Wurst, sondern ein auf dem Land eingesetzter Polizist. Gerum erkannte, dass die Luft dünn wird und bot dem Gendarmen an, ihm sein ganzes Bargeld in Höhe von 3,50 Mark zu geben. Der Landjäger ging nicht darauf ein, sondern zeigte den Knecht an.

Ein Wortspiel, das für Dauerhaftigkeit werben sollte: So brachte der Mindelheimer Händler Zimmermann die besten Nähmaschinen an Mann und Frau.

Auf des Messers Schneide

Immer wieder kommt es zu gefährlichen Auseinandersetzungen. In Kettershausen stirbt ein 18-Jähriger qualvoll.

Kaum eine Erfindung hat die Menschheitsgeschichte so sehr geprägt wie das Messer. Es entwickelte sich zu einem nicht wegzudenkenden Universalwerkzeug – doch als Waffe kann es tödlich sein. Wird ein Gefäß getroffen, dann verblutet der Mensch. So wie der Dienstknecht Josef Wolf im August 1897. Der Sohn des Nachtwächters Franz Josef Wolf aus Kettershausen wurde in der Dunkelheit in Winterrieden von Jakob Lang auf offener Straße angegriffen. Offenbar war es zu einem Streit gekommen. Daraufhin zog der Taglöhner ein Messer und rammte es dem 18-jährigen Wolf in den Unterleib. Laut dem Krumbacher Boten „drangen die Gedärme aus der Bauchhöhle heraus". Lang wurde am Morgen von der Gendarmerie festgenommen und ins Amtsgericht gebracht. Glimpflich ging dagegen drei Jahre darauf eine Messerstecherei in Kettershausen ab. Der Dienstknecht Cyprian Lederer und der 18 Jahre alte Schreinergeselle Xaver Kern waren sich kurz nach Mitternacht vor der Schreiegg'schen Wirtschaft in die Haare geraten. Da stach Kern zu und verletzte Lederer am linken Arm und an der rechten Brustseite unterhalb der achten Rippe. Insgesamt sieben Stich- und Schnittverletzungen wurden gezählt. Lederer konnte längere Zeit nicht zur Arbeit.

Glück im Unglück hatte auch der Landwirt Karl Fischer aus Westernach. Er wurde im November 1911 nach einem Streit von einem Schirmflicker durch einen Stich in die linke Kopfseite schwer verletzt. Die Zeitung berichtete: „Während der unter den vielen Anwesenden eingetretenen allgemeinen Verwirrung konnte der Täter ungehindert die Flucht ergreifen." Was der Auslöser für den Streit war, wurde nicht bekannt.

Dem südländischen Temperament schrieb die Zeitung eine andere Messerstecherei zu. In der Ziegelei auf dem Ludwigsberg in Türkheim hatte im August 1910 der Ziegelarbeiter Florenzo einen Lohnvorschuss gefordert. Irgendwie muss die Situation aus dem Ruder geraten sein: Jedenfalls stach Florenzo seinem Arbeitskollegen Ganzitti mit einem Messer in den Oberarm. Anschließend ergriff er die Flucht. Die Gendarmerie verfolgte und verhaftete ihn. Auch einen anderen Arbeiter konnte die Polizei nach einer Straftat festnehmen: Ein „Partieführer der italienischen Arbeiter" hatte in der Ziegelei Pfaffenhausen das Geld für seine Kollegen genommen und war dann damit durchgebrannt. Er erschwindelte sich laut Zeitungsbericht ein Fahrrad von einem Händler und fuhr damit nach Mindelheim, wo er mit dem Zug flüchten wollte. Doch noch auf den Schienen wurde er verhaftet.

Dieses Abzeichen trugen die Mitglieder der Bahnpolizei im Königreich Bayern. Sie mussten unter anderem überwachen, dass der Schienenverkehr reibungslos verlief und konnten Zwangsmittel wie Geld- und Arreststrafen verhängen.

Zu viel Geld macht schwach

Ein Post- und Eisenbahnmitarbeiter aus Sontheim entwickelt einen sonderbaren Finanzkreislauf.

Dem Lockruf des schnellen Geldes verfallen die Menschen seit jeher. Mitunter sind sie auch äußerst kreativ, um unbemerkt an große Summen zu kommen. Einer von ihnen war ein Finanzmakler aus Oberbayern, der vor Jahren für den größten finanzpolitischen Skandal der Nachkriegszeit sorgte. So jedenfalls bezeichnete der Bund der Steuerzahler das Geschäftsmodell und dessen Folgen. Der Finanzmakler hatte seit 1984 Milliarden durch die Republik gelotst. Er brachte Kommunen, die Geld brauchten, mit Kommunen zusammen, die Geld anlegen wollten. Es entwickelte sich ein florierender Geldkreislauf. Das Problem: Als das System mit über 300 Kreisen, Städten und Gemeinden nicht mehr überschaubar war, zweigte der Berater über 30 Millionen Euro ab. Und verschwand in Namibia.

Dorthin konnte sich Johann Pöllmann, der ehemalige Post- und Eisenbahnmitarbeiter aus Sontheim, freilich nicht absetzen. Er musste vielmehr elf Monate im Gefängnis absitzen, nachdem sein kleines Finanzgeflecht aufgeflogen war. Der 31-Jährige hatte 1888 mehrfach Postanweisungen unterschlagen. Einmal hatte er 328 Mark erhalten. Davon steckte er 300 Mark ein und legte den Rest in die Postkasse. Verbucht hatte er aber nur 28 Mark. Die 300 Mark gab er aus. Damit der Schwindel nicht aufflog, trug er unter einer anderen Ziffer die fehlenden 300 Mark wieder ins Kassenbuch ein, nachdem er eine neue Anweisung erhalten hatte. Immerhin hatte er das Geld – es wurden ihm drei weitere Fälle von 100, 149 und 144 Mark nachgewiesen – fast restlos wieder zurückerstattet. Das letzte Finanzloch blieb allerdings offen, nachdem Pöhlmann vom Dienst suspendiert worden war. Das Motiv für die Trickserei erklärte der Post- und Eisenbahnmitarbeiter vor Gericht: Er habe jemandem aus Gefälligkeit mit einem Darlehen von 300 Mark aushelfen wollen.

Sekretär sucht das Weite

Viel einfacher machte es sich im August 1911 der Marktsekretär von Babenhausen. Er unterschlug eine größere Summe aus der Gemeindekasse und suchte dann das Weite. Wie viel Geld er mitgenommen hatte und was aus ihm geworden ist, wurde nicht mehr in der Zeitung berichtet.

Sage und schreibe 150.000 bis 200.000 Mark soll im Januar 1907 ein „Postadjunkt" aus Schwabmünchen eingesteckt

Lange ist's her: 1946 erinnerte Norbert Schmalholz in historischer Kleidung als Postillon an ein Kapitel Mindelheimer Geschichte. Die Post-Mitarbeiter waren früher auch für Geldgeschäfte zuständig.

haben. Mit einem Teil des Geldes wollte er sich offenbar im Ausland ein schönes Leben machen. Er setzte sich in den Zug, wurde dann aber von Polizeiwachtmeister Stoppel und dessen Mannschaften am Bahnhof in Mindelheim festgenommen.

Vögel bringen eine Frau ins Gefängnis

Die Deutschen gelten als Prozesshansel: Dafür spricht die notorische Überlastung der Gerichte, die oft mit Kleinigkeiten bemüht werden. Das war früher nicht anders.

Heute kaum vorstellbar: Für zwei Wochen musste Kreszenz Wörle aus Mindelheim ins Gefängnis, weil sie der Frau

eines Bräuknechts falsche Kanarienvögel verkauft hatte. Sie behauptete 1894, dass es sich um „Hahnen", also Männchen, handelt. Hernach stellte sich heraus, dass die Vögel Weibchen waren. Zwei Jahre später wurde im Mindelheimer Anzeiger über einen ähnlich skurrilen Fall berichtet. Es ging um ein Angebot, das im Anzeigenteil verschiedener Zeitungen erschienen war: ein Papagei für drei Mark. Ein Mann aus Berlin-Charlottenburg schickte wie gefordert das Geld an die angegebene Adresse und erhielt dafür ein sauberes, hölzernes Kistchen. Da dasselbe völlig hermetisch verschlossen und nicht mit Luftlöchern versehen war, öffnete der Käufer rasch das Kistchen, um das Tier vor dem Erstickungstod retten zu können. Zu seinem Erstaunen stieß er zunächst auf eine Lage Papier, darunter saß unversehrt der Papagei und rief klar und deutlich abwechselnd „Papa, Mama" – wenn man nämlich an der Schnur zog, die einen Apparat im Inneren des Vogels bewegte. Federn besaß er nicht, dafür war er bunt-grün bemalt.

> In aller Kürze wurde früher aus dem Gericht berichtet. Die Überführten – wie Kreszenz Wörle – wurden mit vollem Namen und Wohnort aufgeführt.

Kuhhandel mit Folgen

Nicht um Kanarienvögel oder einen Papagei ging es 1911 vor Gericht, sondern um eine Kuh. Angeklagt waren Fidel Hoegg, ein Metzger und Viehhändler in Oberrieden, sowie Georg Kleber, ebenfalls Viehhändler aus Pfaffenhausen, und Markus Pfister, der als Gastwirt und Viehhändler in Oberrieden arbeitete. Vorgeworfen wurde ihnen ein Vergehen wider das Nahrungsmittelgesetz. Was war passiert? Kleber hatte in Hohenreuten eine kranke Kuh gekauft. Er veräußerte sie an Pfister, der sie dann an Hoegg abgab. Letzterer schlachtete die Kuh und verkaufte das Fleisch für 50 Pfennig pro Pfund. Am Ende kamen Kleber und Pfister ohne Strafe davon, einzig Hoegg wurde zu einer Geldstrafe von 50 Mark verurteilt, weil er sich nicht an die so genannte Fleischbeschau-Ordnung gehalten hatte.

Knechte schlagen Kurgast

Ein nächtlicher Vorfall in Wörishofen bringt zwei Burschen für über ein Jahr ins Gefängnis.

Alles andere als erholsam war der Kuraufenthalt im Februar 1910 für eine ältere Dame: Die russische Witwe eines Militäroberst namens Savorostschenko wurde nachts in Wörishofen überfallen und verletzt. Auch ihr Begleiter, der Dienstmann Berninger, trug Blessuren davon.

Drei Wochen später schnappte Wachtmeister Weppelmann die Täter. Die Neuesten Nachrichten berichteten: „Die Rohlinge, welche kürzlich zur Nachtzeit zwei bejahrte Personen angriffen und verletzten, sind entdeckt worden. Am vergangenen Sonntag fand eine Konfrontation statt, und die Angegriffenen erkannten in den beiden Burschen sofort die Täter. Es sind dies zwei Knechte namens Albert Paul und Xaver Kraus. Beide leugnen, was ihnen aber nichts nützen wird. Alles Weitere wird die gerichtliche Verhandlung ergeben." Der Prozess fand im April statt. Nach den Ermittlungen des Gendarms waren die Knechte Albert Paul

und Xaver Kraus, die beide in Wörishofen arbeiteten, betrunken nach Hause gewankt. Auf dem Weg trafen sie die Witwe und den Dienstmann, der die Seniorin sicher in ihre Unterkunft bringen sollte. Die Knechte, die ihren Übermut singend für jedermann hörbar machten, glaubten beim Vorbeigehen von der Witwe beleidigt worden zu sein. Also steuerten sie die feine Dame an. Doch die soll ihnen genauso wie ihr Dienstmann mit Gehstöcken den Weg gezeigt haben. Die beiden Knechte wollten ihnen daraufhin die Stöcke abgenommen haben. So jedenfalls die Schilderung der Burschen. Tatsächlich fiel der Dienstmann bewusstlos zu Boden und die Witwe erlitt am Kopf mehrere stark blutende Wunden. Der Staatsanwalt beantragte für die Knechte Gefängnisstrafen von zwei Jahren und sechs Monaten sowie zwei Jahren und drei Monaten. Am Ende wurden Albert Paul und Xaver Kraus zu einer Gefängnisstrafe von je einem Jahr und drei Monaten verurteilt.

Nur auf Geld abgesehen hatte es Jahre vorher der Knecht Johann Maurer aus Pfaffenhausen. Er lauerte im April 1897 nachts unweit von Salgen Anton Huber auf, schlug ihn nieder und knöpfte ihm 74 Mark ab.

Übeltäter gesteht den Überfall

Das 63-jährige Opfer betrieb die gleichnamige Ölmühle. Der Übeltäter Maurer war gerade von der Musterung in Mindelheim gekommen – doch statt nach Hause ging es wieder zurück nach Mindelheim, nämlich ins Amtsgerichtsgefängnis. Einige Wochen später musste der 20-Jährige zum Schwurgericht am Königlichen Landgericht Augsburg. Der Knecht, der zuletzt in Schöneberg bei Mindelheim arbeitete, räumte den Über-

> Ein Knecht, der 1897 den Betreiber einer Ölmühle überfallen hatte, musste ins Gefängnis im Königlich-Bayerischen Bezirksamt in Mindelheim.

fall ein. Allerdings sei er betrunken gewesen. Das kauften ihm die Geschworenen ab und verurteilten ihn zu zwei Jahren Gefängnis.

Noch länger einsitzen mussten ein Bursche, der im Januar 1911 mit einem Komplizen zunächst eine ältere Frau mit einem Revolver bedroht und dann einen 17-Jährigen ausgeraubt hatte. Die „Frechlinge" – so wurden die beiden Kriminellen in der Zeitung damals bezeichnet – hatten ihre beiden Opfer abends zwischen 18 und 18.30 Uhr auf der Straße zwischen Babenhausen und Kirchhaslach abgepasst. Der Witwe Maria Wagner hielten sie einen Revolver unter die Nase und drohten: „Geld her, oder ihr seid in zwei Minuten tot." Die Frau entgegnete, dass sie gerade von der Arbeit komme und kein Geld bei sich habe. Daraufhin nahmen sie sich Adam Doracher aus Kirchhaslach vor. Der Sohn eines Landwirts rückte seine Uhr nebst Nickelkette heraus. Daraufhin suchten die Burschen das Weite und verschwanden in Richtung Babenhausen. Anfang Februar wurden die Burschen gefasst. In der Zeitung war zu lesen: „Die Täter, die auf Wanderschaft zu sein scheinen, flohen in der Richtung Kellmünz nach Württemberg. Letzten Sonntag gelang es der Münchener Polizei, den einen der beiden Burschen in der Person des siebzehnjährigen Brauers Anton Frey von München in der Elvirastraße zu verhaften. Er ist geständig." Vermutlich verpfiff er seinen Komplizen – es handelte sich um den 23-jährigen Kaufmann Georg Grünbauer aus

Eine illustre Gesellschaft: Kurgäste zogen in Wörishofen auch immer wieder Kriminelle an.

Penting in der Oberpfalz. Beide Burschen standen im Mai 1910 vor Gericht. Wie sich am Landgericht Augsburg herausstellte, arbeitete Anton Frey als Taglöhner. Er war bereits wegen Schulversäumnis, Bettelns und Diebstahls vorbestraft. Grünbauer, den die Zeitung als „grundverdorbenes Bürschchen" bezeichnete, hatte ebenfalls schon Bekanntschaft mit Justitia gemacht: Er hatte zwölf Vorstrafen auf dem Kerbholz, zuletzt wegen schwerer Diebstähle, die ihm zweieinhalb Jahre Zuchthaus einbrachten. Am 18. Dezember wurde er aus dem Zuchthaus Straubing entlassen. Bereits am 4. Januar stahl er in Günzburg und zwei Wochen später in Rieden. Am 20. Januar wurde er verhaftet. Zunächst stritt er alles ab. Nachdem sein Komplize ein Geständnis abgelegt hatte, gab auch er den Raubüberfall zu. Grünbauer erhielt fünfeinhalb Jahre Zuchthaus, Frey musste für sechs Monate ins Gefängnis. In die hohe Strafe floss auch ein Urteil ein, das das Landgericht Kempten bereits am 4. März gegen Grünbaum ausgesprochen hatte.

Kurgast wird von Gendarmerie abgeführt

Die Mindelheimer Neuesten Nachrichten berichteten am 18. Juli 1913: „Am Freitagabend wurde ein hiesiger Kurgast in Stockheim verhaftet. Derselbe ging abends in den Stall eines Ökonomiegebäudes und belästigte die dort anwesende Frau mit unsittlichen Anträgen. Der hinzugekommene Mann sperrte den aufdringlichen Menschen so lange in einen Raum ein, bis die hiesige Gendarmerie erschienen war, die sodann den Kurgast abführte."

Wenn Liebe Leiden schafft

Zwei Männer wollen Kammerfensterln. Doch das geht gründlich schief.

„Auf der Alm, da gibt's koa Sünd": Was im Volkslied besungen wird, übertrugen liebestolle Kerle früher auf das Kammerfensterln – manchmal mit schmerzhaften Folgen.

Nach einigen Bier wollten der Knecht Knittl und der Schankkellner Emeran Gerstner eine laue Augustnacht 1902 nutzen, um der Magd des Schwabmünchner Bauern Peter Trommer ihre Aufwartung zu machen. Natürlich nicht per SMS oder Whatsapp, sondern traditionell beim Kammerfensterln. Allerdings – und das lässt sich auf den alkoholisierten Zustand der beiden Männer zurückführen – waren sie so laut, dass der Hausherr aufwachte. Er wollte nach dem Rechten schauen. Auch die beiden Nachtschwärmer mussten mitbekommen haben, dass ihnen Ärger droht. Doch anstatt das Weite zu suchen, gingen der Knecht aus Oberneufnach und der Kellner Gerstner, der schon einmal als Gendarm gearbeitet hatte, auf den Landwirt los.

Gerstner soll Trommer ein Messer in den Rücken gerammt haben. Dabei wurde offenbar die Lunge des sechsfachen Vaters verletzt. Er starb. Knittl wurde sofort von der Gendarmerie Türkheim verhaftet, der Messerheld flüchtete und konnte am nächsten Tag in Schwabmünchen gefasst werden, wo er in einer Wirtschaft fröhlich zechte. Gerstner wurde Montagnachmittag laut Schwabmünchner Tagblatt ins Amtsgerichtgefängnis Türkheim überführt. Wie der Messerstecher bestraft wurde, ist nicht bekannt.

Wohl aus Eifersucht kam es 1908 zu einem blutigen Beziehungsstreit. In Babenhausen erstach ein 29-jähriger Schuhmacher Tage vor dem Jahreswechsel mit einem Küchenmesser seine Frau. Laut Memminger Zeitung war eine „Eifersuchtsszene" vorausgegangen. Der Mann, der ursprünglich aus dem Odenwald stammte, stellte sich der Polizei. Eifersucht gilt heute übrigens als Sprengstoff unter den Gefühlen: Sie ist beim Großteil aller Verbrechen mit Todesfolge die treibende Kraft.

Was man vor der Ehe von der Ehe wissen muß!

Von Dr. Kühner-Eisenach. — Das beste und einwandfreie Buch ärztlicher Belehrungen über alle Fragen des Liebes- u. Ehelebens, sexuelle Hygiene vor der Ehe, über Gattenwahl, Brautzeit, Hochzeit u. Flitterwochen, die Wunder der Zeugung, Knabe od. Mädchen, glückliche u. unglückliche Ehen und ihre Ursachen, Hygiene der Schwangerschaft und des Wochenbettes, Gesundheit u. Krankheiten, Verhalten in der Ehe, Psychologie des Weibes, Vorbedingungen zum ehelichen Glück usw. Ueber 300 S. m. Abb. in 2 Bdn. M. 4.20 portofrei.

W.A. Schwarze's Verlag, Dresden-N 6 464

Was man vor der Ehe von der Ehe wissen muss: Ein Ratgeber, der vielleicht auch so manchen Ärger beim Kammerfensterln verhindert hätte.

170 Mark, eine Uhr und ein Überzieher

Heute haben es Diebe vor allem auf Bargeld abgesehen. Früher nahmen Langfinger alles mit, was ihnen in die Hände fiel.

Oft kannten die Gendarmen auf dem Land ihre Pappenheimer. Denn immer wieder gelang es ihnen, den Langfingern auf die Finger zu klopfen. Im Dezember 1897 überführte die Polizei den Steinmetz Peter Hauber. Er hatte beim Bäckermeister Simnacher in Haselbach 170 Mark, eine Uhr samt Kette und einen Überzieher gestohlen.

Beim Blumenhändler Adolf Schneider fielen einem Einbrecher im September 1909 insgesamt 900 Mark, Sparkassenbücher und Zinsscheine in die Hände. Einige Wochen später wurde in Ehingen an der Donau der 20-jährige Magnus Reisler festgenommen. Er war Hausdiener bei den Schneiders. Einen Teil des Bargelds hatte er bei seiner Schwester in Pfersee in Augsburg versteckt. Die Zinsscheine wurden bei der Festnahme gefunden, von den Sparkassenbüchern fehlte jede Spur.

Jung und wie Magnus Reisler schon kriminell war auch der Dienstknecht Silvest Stahler: Mit 17 Jahren stieg er im März 1911 in den Krämerladen des Schneidermeisters Wendelin Ettenhofer ein und stahl sechs Mark. Davon hatte er dann im Amtsgerichtgefängnis Mindelheim nichts mehr. So erging es auch dem zwei Jahre älteren Dienstknecht Matthias Schwab aus Ettringen. Er hatte 1909 laut Zeitung eine besondere Neugierde für eine Kammer seines Dienstherren entwickelt.

Ein Zettel mit Adressen wird ihm zum Verhängnis

Er brach die Tür mit einem schweren Eisen auf, schnappte sich aus einem Kasten einen Geldbeutel mit sechs bis acht Mark Inhalt. In der Börse befand sich auch ein Zettel mit Adressen. Der wurde dem Burschen dann zum Verhängnis. Als nämlich sein Koffer durchsucht wurde, fanden die Polizisten zwar kein Geld, dafür aber den Zettel mit den Adressen. Schwab wurde wegen schweren Diebstahls und einer weiteren noch zu verbüßenden Strafe zu einer Gesamtstrafe von vier Monaten und drei Tagen verurteilt.

Genauso lange musste der ledige Hafnergeselle Franz Zahner aus Dürrwangen einsitzen. Er hatte 1909 in der „Bahnhofrestauration" in Ettringen dem Hausierer Kämpfle aus Hochingen eine Zigarrenkiste mit altem Zinn abgenommen. Der schon vielfach vorbestrafte Mann

wurde vom Landgericht Memmingen zu vier Monaten Gefängnis verurteilt. Bahnhöfe zogen Kriminelle regelmäßig magisch an: Sei es, weil sie dort Geld vermuteten, oder weil sie von dort besser flüchten konnten. Im Mai 1909 wurde frühmorgens im Bahnhof Türkheim eingebrochen und 7,20 Mark aus der Kasse genommen. Als die Bahnagentin, ein gewisses Fräulein Singer, um 7 Uhr in den Bahnhof kam, fand sie das Schalterfenster aufgebrochen und die Schalterlade geöffnet. Der Dieb hatte offenbar die einfachen Schlösser geöffnet.

Im Schrank des Bahnmitarbeiters befanden sich die Fahrkarten und andere wichtige Unterlagen.

KAPITEL 05

Lug und Trug

Bittere Wahrheit statt großer Gefühle

Zwei notorische Schwindler führen immer wieder Menschen hinters Licht. Einmal ist eine junge Frau das Opfer.

Mit der Ehrlichkeit hatte es Josef Albrecht aus Unterkammlach nicht. Der Metzgergehilfe mogelte sich durchs Leben – in der Regel mehr schlecht als recht. Deshalb saß er auch schon einmal ein. Nachdem er im Februar 1910 aus der Haft entlassen wurde, landete er zunächst in Fürstenfeldbruck. Dort unterhielt er sich mit einem Stationsdiener namens Nieberle. Er gab sich als Sohn des Mindelheimer Brauereibesitzers Zinth aus. Nieberle gaukelte er vor: Er habe in München beim Übernachten seine Geldbörse mit 70 Mark Inhalt verloren. Deshalb bat er Nieberle um zehn Mark. Der Stationsdiener gab ihm das Geld und bat darum, das kleine Darlehen zu quittieren. Albrecht unterschrieb mit „Zinth". Diesen Namen benutzte er wenige Tage später auch im Hotel drei Raben in München. Dort schwindelte er dem Portier vor, dass er einige Schafe gekauft habe und ihm sein Bruder mit 3000 Mark in der Tasche unterstützen werde. Für eine Anzahlung fehlten ihm angeblich nur noch 20 Mark. Ob sie ihm der Portier vielleicht leihen können? Der Mann fiel auf die Geschichte herein.

Das nächste Lügenmärchen tischte Albrecht dem Kommissionär Koch im städtischen Vieh- und Schlachthof auf. Albrecht stellte sich als Hermann Maier aus Pfaffenhausen vor. Sein Vater sei Brauer. Doch er wolle nicht mit Bier, sondern mit Tieren handeln. Er sei in Ebersberg gewesen und habe dort Schafe gekauft, die nach Stuttgart sollten. Die Tiere habe er sofort bezahlen müssen und nun sei ihm das Geld ausgegangen. Albrecht bat Koch, ihm bitte 20 Mark zu leihen – das Geld erhalte er dann wieder in Form von Kälbern zurück.

In München zog Albrecht außerdem eine Köchin über den Tisch. Er gab vor, ein Vermögen von 54.000 Mark zu besitzen und Aktionär der Lammbrauerei in Kaufbeuren zu sein. Die Frau, die ihn einmal heirate, müsse nicht mehr aufs Geld schauen. Die Köchin machte sich wohl Hoffnungen. Und pumpte dem Unterkammlacher 15 Mark – so viel fehlte ihm angeblich, um einem Baron 1400 Mark auszuzahlen.

Sämtliche Schwindeleien kamen ans Licht und Albrecht wurde 1910 am Landgericht in Kempten zu zwei Jahren und drei Monaten Gefängnis verurteilt.

Eine kriminelle Karriere hatte auch der Knecht Johann Biedermann aus Neuburg an der Kammel hinter sich. Wegen Diebstahls saß er bereits im Zuchthaus. Im Juni 1891 musste er sich abermals vor Gericht verantworten. Diesmal wurden ihm am Landgericht Augsburg Urkundenfälschung und Betrug vorgeworfen. Was war passiert?

Ganz in Schwarz mit einem Blumenstrauß: So ließ sich um 1900 dieses Ehepaar im Atelier Weber in Mindelheim ablichten. Geheiratet wurde damals übrigens grundsätzlich in Schwarz.

Der 32-Jährige hatte sich beim Schuhmacher Theodor Hörmann in Eisenburg als Bauernsohn Johann Wiedemann ausgegeben. Er wolle das Anwesen seines Vaters verkaufen. Der Schuhmacher hatte Interesse. Beide wurden sich einig – für 10.700 Mark sollte die Immobilie den Eigentümer wechseln. In Memmingen wurde der notarielle Kaufvertrag geschlossen. Die Notariatsgebühren in Höhe von 216 Mark musste Schuhmacher bezahlen – und Biedermann zur Sicherheit 2000 Mark in bar vorstrecken. Aus dem Geschäft wurde nie etwas.

Biedermann legte auch Anna Stöpfel, die Tochter des Gemeindedieners aus Seifertshofen, herein. Er machte ihr einen Heiratsantrag. Um genau zu sein: Er schlüpfte in die Rolle des Johann Wiedemann und gab sich als Sohn des wohlhabenden und bekannten „Ungerbauern" aus Neuburg aus. Angeblich verfüge er über ein Vermögen von 5000 Mark. Aus der Heirat wurde nichts – dafür hatte sich Biedermann gut aushalten lassen. Hinters Licht führte Biedermann auch den Schuhmachermeister Josef Harder aus Krumbach, die Kaufmannswitwe Mina Eichele aus Mindelheim und den Landwirt Paul Bertele, der ebenfalls aus Mindelheim stammte. Nicht zu vergessen Creszens Maier: Biedermann wollte das Anwesen der Mindelheimer Witwe kaufen. Biedermann ließ sich von der Seniorin einige Halbe zahlen und setzte nie seine Unterschrift unter einen Kaufvertrag.

Am Landgericht in Augsburg dauerte es lange, bis alle Missetaten von Johann Biedermann vorgetragen waren. Die Geschworenen schlossen mildernde Umstände aus und verurteilten den notorischen Schwindler zu zwei Jahren Zuchthaus.

Die Hochzeit versprochen hatte ein notorischer Betrüger aus Neuburg – allerdings nicht per Zeitungsannonce. Der Mann schwor Anna Stöpfel aus Seifertshofen die ewige Liebe. Tatsächlich wollte er aber nur an das Geld ihres Vaters.

Mit den Kurgästen kam früher auch viel Geld nach Wörishofen. Das nutzte Viktor Lewez, um ein Wäschereigeschäft aufzubauen. Doch hinter den Kulissen gab es kriminelle Machenschaften.

Heiratsgesuch.

Ein älterer Herr, fleißig und strebsam, Handelsmann, sucht mit einer größeren Dame zwecks Heirat in Verbindung zu treten. Kind oder unliebsame Familienangelegenheit sind kein Hinderniß. Wünscht etwas Französischsprechen. — Adresse: Postlagernd P. H., Kaufbeuren (Schwaben.)

Einbrecher: Hatte er auch in Wörishofen zugeschlagen?

Der frühere Kaufman Viktor Lewez aus Laibach im damaligen Österreich hielt sich im Jahr 1908 kurze Zeit in Wörishofen auf. Er baute dort ein Wäscherei- und Bügelgeschäft auf. Mitte Oktober 1909 wurde er verhaftet. Er stand unter dringendem Verdacht, eine Reihe von „verwegenen Einbrüchen verübt zu haben, wobei ihm etwa 1000 Mark bar und Pretiosen weit höheren Wertes" in die Hände fielen. Im Laufe der Untersuchung wurde bekannt, dass er wegen ähnlicher Verbrechen in Österreich schon drei Jahren eingesessen war. Lewez stritt vor Gericht alle Vorwürfe ab, wurde aber von der Strafkammer für schuldig erklärt und zu zwei Jahren Zuchthaus verurteilt.

Die spanischen Schwindler

In Briefen und Anzeigen gaukeln Kriminelle das große Geld vor. Wer es will, muss erst einmal investieren.

Heute ist es der Enkeltrick, mit dem Kriminelle unbedarfte Senioren erleichtern. Früher waren es die sogenannten spanischen Schatzschwindler, die es auf das Vermögen von Leichtgläubigen abgesehen hatten. Ihre Masche: Sie verschickten Briefe und stellten darin ein Vermögen in Aussicht. Dafür musste aber eine kleine Verwaltungsgebühr beglichen werden. Aus dem „Schatz" wurde dann nie etwas.

Im Februar 1909 hatten die „Schatzschwindler" eine neue Masche ausgetüftelt. Im Mindelheimer Anzeigeblatt wurde so gewarnt: „Ein neuer Trick der spanischen Schatzschwindler. Die spanischen Schatzgräber, die nun schon seit Jahren das Ausland in ihren Schwindelbriefen überschwemmen, haben eingesehen, daß sie mit ihrem alten Trick nichts mehr erreichen und so haben sie sich denn jetzt ein neues Betrugsmanöver ausgedacht. Ein spanischer Gefangener, der in einem spanischen Militär-

gefängnis auf dem Sterbelager liegt, hat den sehnlichen Wunsch, noch vor seinem Tode seine einzige Tochter, an die er mit großer Liebe hängt, versorgt zu sehen. Er besitzt ein großes Vermögen, das jedoch nicht in seinen Händen, sondern in England deponiert ist. Die Gefangene verspricht nun in dem Brief für den Empfänger die Nutznießung des enormen Vermögens bis zu dem Tage der Großjährigkeitserklärung seiner Tochter. Der Adressat muss die Bedingung eingehen, sich der Tochter anzunehmen und sie gut zu erziehen. Und dann kommt noch eine kleine Bedingung. 2500 Francs soll der

Hochstapler tauscht Hotel gegen Gefängnis ein

Gut gehen ließ es sich der Buch- und Kunsthändler Siegmund Grund, als er in verschiedenen Hotels in Wörishofen logierte. Dafür bezahlen wollte er allerdings nicht. „Doktor von Grund", wie er sich nannte, erfand windige Ausreden, um nicht zahlen zu müssen. Dann verduftete er und beglückte andere Hoteliers mit seiner Gegenwart. Dem Amtsgericht Türkheim wollte der Hochstapler weiß machen, dass ihm jede betrügerische Absicht gefehlt habe. Das Gericht schenkte ihm aber keinen Glauben, sondern verurteilte ihn zu zwei Monaten Gefängnis und einer Geldstrafe von 200 Mark.

Achtung vor falschen Fotografen: Sie zogen früher von Haustür zu Haustür und boten ihre Arbeit günstig an. Doch der Preis hatte einen Haken.

Interessent in Banknoten an die angegebene Adresse des Gefängniskaplans einzahlen. Eine Anzahl von Dokumenten liegt dem Schwindel bei. Die Papiere sind natürlich gefälscht. Seitens der Behörden wird vor den Schatzschwindlern gewarnt."

Im selben Jahr sollten sich die Mindelheimer auch vor fremden Fotografen in Acht nehmen. Die reisten damals durch die Lande. Angeblich versprachen sie eine „reelle Lieferung" gegen eine Anzahlung. Das Problem: Das Geschäft war einseitig. Denn die versprochenen Bilder gab es nicht. In der Zeitung stand: „Um unsere Leser von Schaden und Aerger zu bewahren, seien sie ermahnt, vor solchen Leuten auf der Hut zu sein."

Im November 1921 warnten die Lech-Elektrizitätswerke vor falschen Handwerkern. Es handelte sich um Monteure, die im Namen des Stromlieferanten angeblich Anlagen kontrollierten. Und dann abkassierten. Die LEW schaltete in der Zeitung eine Anzeige:

„Bei dem Besitzer eines an unser Netz angeschlossenen Elektromotors erschien vor einiger Zeit ein gewisser Karl Maurer, welcher sich als Monteur der Lechwerke vorstellte und vorgab, beauftragt zu sein, den Motor zu untersuchen, und erforderlichenfalls in Ordnung zu bringen. Nach vorgenommener Untersuchung erklärte Maurer, dass der Motor umgewickelt werden müsse. Mit Einverständnis des Besitzers nahm Maurer den Motor in eine benachbarte Schmiede mit, brachte ihn nach einigen Stunden zurück und forderte für die Entwicklung 1600 Mark, welche ihm auch ausgezahlt wurden. Dieser geradezu unglaubliche Vorfall gibt uns Veranlassung zu nachstehender Erklärung:

- Ein Monteur Karl Maurer steht nicht in unseren Diensten.
- Wir haben keinen außer in unserer Firma Stehenden, weder einen Monteur, noch einen Ingenieur noch eine Installationsfirma, damit beauftragt, bei den Besitzern von Motoren Kontrollen vorzunehmen, ob der Motor richtig imstande ist, oder Verträge über Instandhaltungen von Motoren abzuschließen. Jedes gegenteilige Vorbringen beruht auf Unwahrheit.

Auch heute noch fallen Menschen darauf herein: Ihnen wird ein großes Erbe versprochen. Um es antreten zu können, sind jedoch gewisse Vorleistungen nötig.

Erben gesucht!

Am 3. Mai 1920 verstarb in Wien, XIII., Linzerstraße Nr. 117, die Hausbesitzerin Frau Auguste Gatterbauer, Tochter des Franz Karl Sirch und der Franziska Sirch, geborenen Prandl, ohne Testament unter Hinterlassung eines Reinvermögens von beläufig 200 000.— Kronen.

Die gepflogenen Erhebungen weisen auf Erben in der Pfarre Münzbach, Oberösterreich und Kirchheim, bayerisch Schwaben, Bayern.

Allfällige Erbansprecher wollen sich beim gerichtlich bestellten Kurator der Verlassenschaft Herrn Dr. Oswald Glasauer, Rechtsanwalt, Wien, XIII., Trautmannsdorfgasse 16, unter Einsendung ihrer Standesurkunden, aus welchen ihre Verwandtschaft zur Erblasserin ersichtlich ist, melden.

- Auf Grund der verschiedenen Vorkommnisse empfehlen wir jedem Motorbesitzer, sich erst an uns zu wenden, wenn jemand, der sich nicht als Angestellter von uns ausweisen kann, an ihn herantritt, um ihn zum Abschluss eines Instandhaltungsvertrages zu bewegen oder von ihm die Erlaubnis zu einer Untersuchung des Motors zu erhalten.
- Im Zusammenhang damit machen wir erneut darauf aufmerksam, daß Anschlussanlagen, Erweiterungen von solchen, Umänderungen an solchen, Arbeite an Motoren und dergleichen nur von uns und von Firmen ausgeführt werden dürfen, welche zur Ausführung von Installationen im Anschluss an unser Netz aufgrund unserer technischen Vorschriften zugelassen sind. Anlagen und Lieferungen, welche nicht von uns oder von zugelassenen Firmen ausgeführt sind, werden von der Stromversorgung unnachsichtlich ausgeschlossen. Das gleiche trifft auch zu für elektrische Anlagen, welche widerrechtlich in Betrieb gesetzt wurden. Gegebenenfalls wird Strafanzeige wegen Stromhinterziehung erstattet.“

Mitarbeiter der Bahn verjubelt Geld

Daheim steht der Haussegen schief, deshalb sucht Ludwig Beße das Vergnügen bei leichten Damen.

Seit 1896 fahren die Züge nach Wörishofen und bringen die Kurgäste in die Kneippstadt. Der ehemalige Betriebsleiter der Lokalbahn Türkheim - Wörishofen wurde 1906 wegen Unterschlagung angeklagt.

Er wollte ein Lebemann sein und kein nüchterner Bahnmitarbeiter mehr: Ludwig Beße hatte die Arbeit satt. Und deshalb begann der Betriebsleiter der Lokalbahn Türkheim - Wörishofen um 1910, in die eigene Tasche zu wirtschaften. Er steckte Gelder für Postulationen, Pachtschillinge, Fahrkartengelder, Gepäckgebühren, Frachten, Postmiete, Plakatmiete und Brandentschädigung in der Höhe von rund 7000 Mark ein. Als ihm die Betrügereien zu heiß wurden, suchte er das Weite. Weit kam Beße allerdings nicht. Er wurde festgenommen und kam dann in Untersuchungshaft. Nach zwei Monaten wurde ihm am Landgericht Memmingen der Prozess gemacht. Vorgeworfen wurde ihm, dass er insgesamt 8114 Mark unterschlagen hatte. Beße gestand unumwunden, dass er Geld eingesteckt hatte. Allerdings nur 7100 Mark.
Seine kriminellen Machenschaften wollte er aus Not begangen haben. Er hatte Schulden, an denen auch seine Frau

Unzüchtige Plakate

Der verheiratete Landwirt Matthias Lutz aus Mörgen wurde zu einer Strafe von 50 Mark verurteilt, weil er am Fastnachtmontag 1909 Plakate „unzüchtigen Inhalts" an mehreren Stellen anschlagen ließ. Gemalt hatte sie sein Bruder Franz Xaver, der Sergeant im Reiterregiment in München war. Was die Plakate zeigten, wurde in der Zeitung nicht beschrieben.   Tagesgespräch dürften sie allerdings so oder so gewesen sein.

Schlechtes Geschäft

Einem Schwindel aufgesessen ist im März 1910 der Gastwirt Leonhard Bank aus Berg. Bei ihm hatte am Ostersonntag ein gut gekleideter, jüngerer Herr gezecht. Der Unbekannte bot Leonhard Bank schließlich ein Fahrrad für 40 Mark an. Mit dem Geld wolle er verschiedene Einkäufe erledigen. Der Gastwirt kaufte das Rad. Bald stellte sich jedoch heraus, dass das Rad in Ettringen gestohlen worden war.

„Milchpantscherin" muss vor Gericht

Das Schöffengericht Mindelheim verurteilte 1910 eine „Milchpantscherin" aus Oberkammlach zu einer Geldstrafe von 100 Mark. Sie hatte mehrfach Milch gestreckt: Ein Liter Wasser kam auf acht Liter Milch. 1910 kostete der Liter Milch in den Sennereien 17 Pfennig, der halbe Liter wurde für neun Pfennig abgegeben. In der Zeitung wurde das Urteil so kommentiert: „Solche gewissenlosen Verfälschungen von Lebensmittel, die ohnedies gewiss teuer genug sind, können gar nicht hoch genug gestraft werden. Zu der Geldbuße würde noch ganz gut eine entsprechende Freiheitsstrafe passen."

Schuld war. Denn sie habe es nicht recht verstanden, den Haushalt zu führen. „Häusliche Zwistigkeiten" waren dann angeblich der Grund dafür, dass sich Beße Zeit außer Haus und in weiblicher Gesellschaft vertrieb. Beße musste schließlich für ein Jahr und sechs Monate ins Gefängnis – die schwierige Situation im Haus von Beße wurde übrigens in der Urteilsverkündung erwähnt. Sie hatte das Strafmaß gemildert.

Zwei Monate Haft für Ekelfleisch

Deutlich besser kamen damals zwei Gastronomen davon. 1910 hatten der Wirtschaftspächter Franz Xaver Müller aus Waltenhausen und Franz Graf aus Loppenhausen mit Tuberkeln durchsetztes Fleisch zu Wurstbrät verarbeitet und verkauft. Das Ekelfleisch wurde entdeckt und die beiden Männer am Landgericht in Memmingen verurteilt. Müller und Graf erhielten jeweils eine Gefängnisstrafe von zwei Monaten.

Urteile wurden in den königlichen Amtsgerichten wie in Mindelheim durch Anschlag bekannt gemacht.

Ein scheinheiliger Bischof

Ein Schwindler zieht durch Schwaben und sammelt für ein Waisenhaus in Nazareth.

Die Leichtgläubigkeit von Gutgläubigen nutzte vor über 100 Jahren ein Mann aus, der sich als Bischof von Nazareth vorstellte. Er wies sich mit verschiedenen Papieren aus. Aber welchen Wert hatten die Dokumente, wenn niemand im Stande war, sie zu überprüfen? So zog der falsche Bischof von Pfarrei zu Pfarrei und freute sich, dass sein Geldsäckel immer dicker wurde. Der Mann nannte sich Melek Benjamin Verdal, Archimandrit von Nazareth-Zirini in Asien. Auch in Ottobeuren und Mindelheim machte der Schwindler Station, ehe er einige Wochen später in Monheim im heutigen Landkreis Donau-Ries festgenommen wurde.

Er hat 1900 Mark bei sich

In seiner Zelle soll er immer wieder ein kleines syrisches Gebetbuch zur Hand genommen haben, um den Schein zu erwecken, dass er betet. In der Zeitung wurde berichtet: „Bei der Untersuchung ergab sich, dass er eine Reihe Kleider übereinander angezogen hatte, ferner im Besitze von 1900 Mark und einer Karte von Schwaben und Neuburg war, worauf alle Orte, die er durch seine Gunst beehrte, angemerkt waren." Als er nach seiner Haftentlassung vom Bahnhof Monheim nach Donauwörth fahren wollte, forderte er die Zaungäste auf, sich hinzuknien – so könnten sie seinen Segen empfangen. In der Zeitung wurde das als „trotziges, freches Benehmen" kommentiert.

Als er in Donauwörth angekommen war, stellte sich heraus, dass der Bischof nicht nur französisch, sondern auch deutsch sprechen konnte. Kurzerhand wurde er wieder ins Gefängnis gebracht. Der Archimandrit von Nazareth-Zirini verlangte daraufhin, dass man ihn ins Krankenhaus bringen möge. Er blieb aber in polizeilichem Gewahrsam. Und die Beamten nahmen die Habseligkeiten des angeblichen Bischofs genauer unter die Lupe. Sie fanden heraus, dass er etwa 6000 Mark bei sich hatte. Versteckt war das Geld im Einband seines Messbuchs. Dort fanden sich auch Überweisungsscheine mit der Adresse eines Bankhauses in Paris.

In der Zeitung schlug der Fall hohe Wellen. Wörtlich war im Juli 1911 zu lesen: „Der asiatische Bischof-Schwindler hinterlässt in allen Orten, die er in seiner Eigenschaft beglückte, immer mehr den Eindruck eines gerissenen Fälschers und Bettelkünstlers. Wenn auch Archimandrit Verdal eines fortgesetzten Betruges nicht überwiesen werden kann, so wird man ihm doch die unerlaubte Vornahme seiner Sammlerei gerichtlich anzukreiden wissen. Es wäre gewiss hohe Zeit, dem abgefeimten Dunkelspieler einmal tiefer ins Nest zu gucken, damit wir von seinen Siedlungen in Zukunft verschont bleiben, denn das Treiben des orientalischen Archimandrit reimt sich mit abendländischer Bischofswürde ganz und gar nicht."

Nicht nur zwischen den Zeilen kam Empörung zum Ausdruck: „Über die Natur des Bischofs wird niemand klar. Was er aber auch sei, ein Jude, ein Christ oder

Im Einband eines Gebetsbuchs hatte der falsche Bischof Geld versteckt.

So sah ein Haftbefehl früher aus – abgebildet ist das Muster im Gendarmerie-Handbuch von Karl Leins aus Obergünzburg.

— 125 —

Im Namen Seiner Majestät des Königs von Bayern.

Haftbefehl.

Der unterfertigte Amtsrichter verordnet auf Grund des §
der Reichsprozeßordnung, daß

beschuldigt,

Wo ist der falsche Bischof?

So suchte damals die Staatsanwaltschaft Eichstätt nach dem falschen Bischof: „Verdal Melek Benjamin Jean, 57 Jahre, angeblich Archimandrit, geboren in Nazareth Zirini, katholisch, wusste sich in Wemding durch das Vorbringen, für das katholische Waisenhaus in Nazareth, Almosen zu sammeln, Geld zu verschaffen. Derselbe besaß 1150 Mark, sprach französisch, dagegen weder deutsch noch lateinisch und zelebrierte eine Messe. Seine Kleidung entspricht nicht der eines Priesters. Er trägt zwei lange Mäntel, einen Pelz, eine Joppe, eine Ober- und zwei Unterhosen, alles in unreinlichem Zustand. Mitteilung über die Persönlichkeit erbeten."

Mameluk, das ändert nicht die Sache. Doch wenn er der geriebene Betrüger und Fälscher ist, wie sich aus seinen Streichen erweist, so wollen wir nicht an den Begriffen Christen und Juden deuteln; dann ist der Herr Bischof kurz und gut und bayerisch ein Gauner und ein Bazi."

Wie viel der „Bazi" in Mindelheim und Ottobeuren abgestaubt hatte, wurde übrigens nicht bekannt. Allerdings wurde in der Mindelheimer Zeitung schon vor der großen Enthüllung über gewisse Zweifel am Bischof berichtet, nachdem er Ottobeuren besucht hatte. Doch zunächst hieß es, dass „es an den Papieren des Bischofs nichts zu zweifeln gab". Die Redaktion habe von der Gendarmerie erfahren, dass von einer Verhaftung des Bischofs von Nazareth nicht die Rede sein könne und die Gerüchte nur „Gerede" seien. Es sei so viel Unwahres verbreitet worden, dass sich die Zeitung

dazu entschieden habe, weitere Einsendungen zu ignorieren. Dann kam es anders.

Ein süddeutsches Ordinariat holte in Rom Erkundigungen über den Bischof ein. Aus der ewigen Stadt kam die Antwort: Einen Archimandrit von Nazareth kenne die höchste päpstliche Behörde nicht, wohl aber einen Bischof von Nazareth. Der heiße Paolo Aonad. Er sei zwar auf Reisen, aber nicht in Deutschland. Dort wurde übrigens auch der Begleiter und Sekretär des falschen Bischofs verhaftet – ein gewisser Diakon Baselli, auch Baseley genannt, wie die Augsburger Abendzeitung herausfand. Der Komplize wurde in einem Lindauer Gasthof festgenommen. Zur „Requisition des Untersuchungsrichters" musste der Helfer des falschen Bischofs samt seinem Gepäck nach Neuburg. Vor der juristischen Instanz konnte er dann die Beichte ablegen.

Schneller, besser, billiger

Unter den Fahrradhändlern zwischen Iller und Lech tobt vor über 100 Jahren ein erbitterter Streit.

„Besorg' Dir ein Fahrrad. Wenn Du lebst, wirst Du es nicht bereuen", schwärmte einst Schriftsteller Mark Twain. Er hatte Recht: Das Rad fand vor über 100 Jahren viele Liebhaber und eroberte nach und nach alle Gesellschaftsschichten. Es ermöglichte erstmals eine individuelle Mobilität jenseits von Pferd und Kutsche. Industriell gefertigte Räder fanden um 1900 reißenden Absatz, der mitunter Auswüchse hatte. Im Unterallgäu führte der Verkauf nämlich zu einem Streit unter Händlern.

Wilhelm Seitler aus Mindelheim pries im Jahr 1900 seine Räder für 140 Mark an, was damals ungefähr drei Monatslöhnen eines Arbeiters entsprach. Damit war er um 20 bis 40 Mark günstiger als die Händler, die ihre Waren der „Landbevölkerung aufdrängen". In einer Zeitungsanzeige gab er zu bedenken, dass „reisende Händler" Fahrräder nicht reparieren könnten. Das wiederum stieß dem Kollegen Max Fletzinger übel auf,

der gerade ein Geschäft in der Mindelheimer Kornstraße eröffnet hatte. Er warf Seitler vor, keine Mechanikerprüfung abgelegt zu haben. Fletzinger ließ in einer Anzeige veröffentlichen, dass sich niemand vorschreiben lasse, wo er sein Velociped zu kaufen habe. Seitler schaltete daraufhin eine weitere Anzeige, in der er Fletzinger ans Herz legte, „sich etwas mehr in der lieben Stilistik zu üben, um wirklich sprachlich Richtiges dem Drucke zu übergeben". Wortklauberisch fragte er: „Wo stand in meinem Artikel geschrieben, dass ich kein Rad

um 160 bis 180 Mark verkaufe? Es heißt ja nur, dieselben Velocipede liefere ich um 140 Mark." Anschließend griff er Fletzinger persönlich an. „Dass ein Mensch, der zeitlebens die Hauptbeschäftigung der alten Deutschen – außer Krieg und Jagd – in ganz vollendeter Weise sich zu eigen machte, sich von der weichen Bärenhaut aufrafft, nur um einen seit Jahren erprobten und gesuchten Handwerker einen Namen zu geben, den jeder Billigdenkende als ordinär bezeichnen muss, dürfte doch unter das Kapitel Unverschämtheit gehören." Seitler schoss scharf mit Worten: „Das Höchste aber leistet er doch, wenn er mich einer Mechanikerprüfung unterziehen möchte, er, der ja keinen wirklichen Beruf hat und seine ungeprüfte Thätigkeit bald diesem jenen Geschäft leiht. Ganz treffend richtet er sich selbst, wenn er schreibt, dass der Radhandel nicht sein Haupterwerbszweig ist, da er ja einen solchen nicht hat, es müßt' denn der erste Meister ungelernt vom Himmel gefallen sein." Seitler wünschte Fletzinger, dass seine Räder weniger gebrechlich sein mögen als seine andere Ware. Die jedenfalls scheine nicht mehr genügend Absatz zu finden, so Seitler.

Mit solchen Anzeigen warben die Fahrradhändler in der Region.

Interessant ist, dass Seitler und Fletzinger vier Jahre vorher wohl noch miteinander auskamen. Denn damals führte Seitler seinen späteren Mitbewerber als zufriedenen Kunden auf. Seitler hatte in einer „Erklärung" klargestellt, dass auch er Wanderer-Fahrräder verkauft.

Unter den Händlern bricht ein Streit aus

Ein Fahrradhändler aus Zaisertshofen hatte damals behauptet, dass es in Mindelheim nur einen Besitzer dieser Marke geben würde. Seitler bat alle „werthen Geschäftsgönner", ihm alle „geschäftsnachtheiligen Aeußerungen von Fahr-

radhändlern mitzutheilen", damit er gegen diese gerichtlich vorgehen könne. Der geschäftstüchtige und streitbare Seitler steckte auch hinter einer anderen Anzeige – ein „Attest", das angeblich ein Mann namens Thaddäus Würstle ausgestellt hatte. Ihm war ein Rad gestohlen und dann demoliert worden. „Unglücklicherweise fuhr derselbe derart mit einem ihm entgegenkommenden Fuhrwerke zusammen, dass das Rad, welchem bis dahin nicht das geringste fehlte, gänzlich unkenntlich war." Wilhelm Seitler nahm dann die Reparatur vor und siehe da: Innerhalb eines Tages hatte Würstle sein Velociped zurück.

„Tatsachen soll man nicht auf den Kopf stellen": Carl Faist gewann mit kreativer Werbung Aufmerksamkeit und neue Kunden.

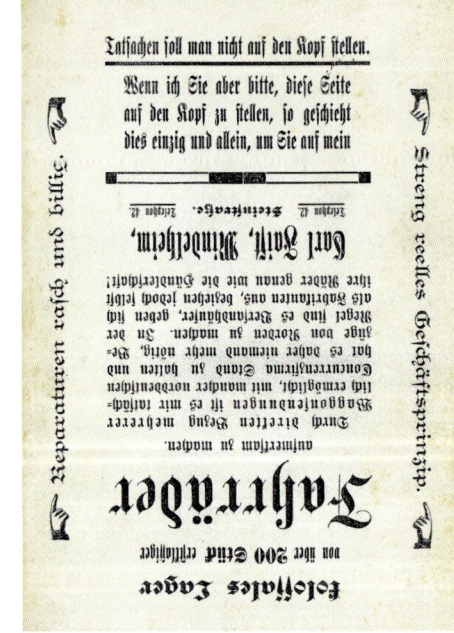

Attest.

Dem Unterzeichneten passierte jüngst das Unglück, daß ihm von einem anderen, hier nicht zu nennenden Herrn, sein Rad ohne Anfrage fortgenommen und darauf gefahren wurde. Unglücklicher Weise fuhr derselbe derart mit einem ihm entgegenkommenden Fuhrwerke zusammen, daß das Rad, welchem bis dahin nicht das geringste fehlte, gänzlich unkenntlich war. Insbesonders war es das Vorderrad, welches am weitgehendsten repariert werden mußte. Durch Herrn W. Seitler, bei welchem ich mein Rad kaufte, ließ ich obige, höchst schwierige Reparatur vornehmen und erhielt innerhalb eines Tages das Velociped wieder zurückgestellt, ohne daß man eine Spur von den gehabten Schäden entdecken kann, wovon sich jedermann selbst überzeugen kann.

Auf Grund dieses fühle ich mich Herrn Seitler nicht allein zu meinem besten Danke verpflichtet, sondern habe erfahren, welche Vorteile es hat, das Rad bei einem Fachmanne zu kaufen.

Möge dieses jeder beachten, der sich ein Velociped erstehen will. **Thaddäus Würstle.**

Auf einer Brücke wird's eng

Glimpflich endete Anfang Juni 1910 ein Zusammenstoß auf der Mindelbrücke in Mindelheim. Ein Radfahrer namens Miller aus Oberkammlach wollte im selben Augenblick wie ein Fuhrwerk über die Brücke. Laut Zeitungsbericht „karambolierte" er und stürzte. Miller kam den Rädern des schweren Wagens gefährlich nahe. Er wurde aber zum Glück nicht überrollt. Dafür war sein Fahrrad nur noch Schrott: Es wurde vollständig zerdrückt.

Und er frohlockte: „Ich fühle mich Herrn Seitler nicht allein zu meinem besten Dank verpflichtet, sondern habe erfahren, welche Vorteile es hat, das Rad bei einem Fachmanne zu kaufen."

Ein anderer Fachmann war Carl Faist. Er warb damals mit einem „kolossalen Lager" von über 200 Rädern. Er hatte mehrere „Waggonsendungen" erhalten und könne mit mancher norddeutschen Konkurrenzfirma Stand halten. Er warnte außerdem vor Versandhäusern, die sich als Fabrikanten ausgeben. Sie würden ihre Räder aber genauso beziehen wie der Mindelheimer Händler, der sein Geschäft in der Steinstraße hatte. Faist verkaufte außerdem noch Nähmaschinen und „Motorfahrzeuge". Der Mindelheimer warnte damals in einer Zeitungsanzeige: „Kaufen Sie Ihr Fahrrad nicht beim Hausierer. Kaufen Sie Ihr Rad nur beim Händler, der da und dort ein Wanderlager von zwei oder drei Stück unterhält, sonst ist Ihnen niemals Gelegenheit geboten, zu wählen, in der Regel ist der Rahmen zu hoch, zu nieder oder sonst irgend welcher Mangel. Kaufen Sie Ihre Maschine nun direkt im Geschäfte, wo Sie beabsichtigt haben, diese zu kaufen, so ersparen Sie sich Aerger und Verdruss."

KAPITEL 06

Das Schicksal lauert um die Ecke

Der Tod kommt schnell und unerwartet

Oft reicht eine Sekunde Sorglosigkeit: Schwere Unglücke ereignen sich vor allem während der Arbeit.

Schnullerketten-Verordnung, Verordnung zum Schutz vor Gefährdungen durch künstliche optische Strahlung, Bildschirmarbeitsverordnung, Baustellenverordnung oder EU-Norm für Waldhonig: Über den Sinn und Unsinn der Berliner und Brüsseler Verordnungs- und Regulierungswut lässt sich trefflich streiten. Dabei hat der deutsche Arbeits- und Gesundheitsschutz einen ernsten Hintergrund: Er geht auf die oft katastrophalen Bedingungen während der Industrialisierung im 19. Jahrhundert zurück. Fabrikarbeiter wurden damals ausgebeutet. Unfälle häuften sich. Wer bei der Arbeit verletzt wurde, war nicht abgesichert und stand plötzlich ohne einen Groschen in der Tasche auf der Straße. Während es zunächst um die Arbeitszeiten, den Kinderschutz und die Absicherung nach einem Unfall ging, richteten später Berufsgenossenschaf-

ten immer mehr den Fokus auf den technischen Schutz. Zum Glück. Denn die Unfallzahlen waren immer noch hoch. Gerade auf dem Land, wo sich die Menschen im täglichen Kampf ums Überleben nur wenig um die eigene Sicherheit kümmern konnten.

Zaun spießt Lehrling auf

Babenhausen im Juli 1894. Das mag sich niemand vorstellen: Der 16 Jahre alte Maurerlehrling Bainger aus Babenhausen arbeitete bei der Fabrikantenwitwe Karolina Müller an der Hausfassade, als er plötzlich den Halt verlor und in die Tiefe stürzte. Er landete genau auf einem Gartenzaun aus Eisen. Für den Burschen gab es keine Rettung: Nach wenigen Stunden erlag er seinen schwersten Verletzungen.

Pferd stürzt in Güllegrube

Wörishofen im September 1910. Ein Übernachtungsgast hatte sein Pferd im Stall eines Bauern untergestellt. Als der Mann kurze Zeit später nach dem Tier schauen wollte, war es wie vom Erdboden verschluckt. Des Rätsels Lösung: Das Pferd war durch eine morsch gewordene Überdeckung einer Güllegrube gebrochen. Außer einigen leichten Abschürfungen trug das Tier keine Verletzungen durch den Sturz davon.

Der Fortschritt in der Landwirtschaft (im Bild der fahrbare Getreidemäher Virginia Reaper von McCormick) brachte auch viele Unfälle.

Zu Tode geschleift

Apfeltrach im August 1909. Für die beiden Pferde war die Cormick-Mähmaschine neu: Deshalb scheuten sie, als sie das Geräusch des Fortschritts hörten. Der 67 Jahre alte Landwirt Anton Specht wurde von den Tieren ein Stück mitgeschleift und zog sich einen Rippenbruch und andere schwere Verletzungen zu. Sein Sohn hatte Glück: Er saß zwar auf der Maschine, wurde aber nur rückwärts vom Sitz geschleudert.

Vom Eis fast erdrückt

Tussenhausen im September 1911. Unter schwerem Eis begraben wurde frühmorgens eine 22-jährige Dienstmagd aus Markt Wald. Sie wollte im Keller des Gasthofs zur Krone Eis holen. Sie hakte die untere Stolle heraus, als plötzlich die

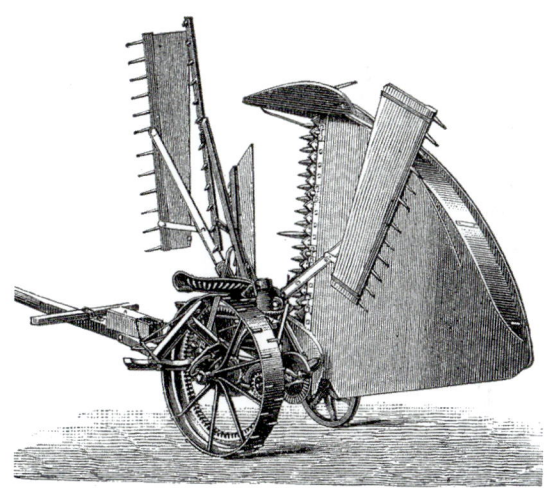

Von einer Glocke erschlagen

Einer der ältesten bekannten Unglücksfälle im Unterallgäu spielte sich in großer Höhe ab: Der „Jüngling" Johannes Feyerabendt wollte am 14. August 1710 die große Glocke von Breitenbrunn beim Begräbnis der Christina Thaiserin läuten. Er wurde von dem tonnenschweren Friedensboten getroffen. Wenig später starb Feyerabendt im Turm. Kaum 20 Jahre später wiederholte sich der Unfall. Diesmal traf es den Sohn des Tafernwirtes Maier, der von der 16 Zentner schweren Glocke erschlagen wurde. Die Glocke wurde 1610 gegossen und war ein Geschenk von Christoph Fugger, Freiherr von Kirchberg und Weißenhorn, Herr zu Mindelheim, und seiner Gemahlin Maria, geborene Gräfin zu Schwarzenberg und Freifrau zu Hohenlandsperg.

Gefährliches Geläut: Von der großen Glocke von Breitenbrunn wurden zwei Männer getroffen und tödlich verletzt.

gesamte Eisschicht auf sie stürzte. Das Gewicht erdrückte die junge Frau fast – deshalb wurde sie sofort mit den Sterbesakramenten versehen.

Unglück an den Bahngleisen

Mindelheim im Juni 1909. Die 83-jährige Therese Böck hatte schon längere Zeit Probleme mit den Ohren. Im Juni 1909 wurde ihr die Schwerhörigkeit zum Verhängnis: Als die ledige Pfründerin das Bahngleis zwischen Weiche 16 und 17 in Mindelheim auf dem Weg zur Eichetkapelle überquerte, kam ein Güterzug angerauscht. Dessen Lokführer gab noch „Warnsignale" ab – doch Therese Böck hörte sie nicht. Der Zug erfasste die arme Seniorin, die daraufhin starb.

Auffahrunfall mit Schlitten

Siebnach im Januar 1911. Ein Unfall, der sich heute tagtäglich wiederholt: Ein Autofahrer übersieht seinen Vordermann und schon ist's passiert. Im Januar 1911 war es etwas anders. Der Landwirt Fischer wollte mit seinem Schlittengespann den Hülleberg bei Siebnach hinab. Plötzlich tauchte an dem steilen Abhang ein anderes Fuhrwerk aus Langerringen auf. Die Pferde gingen durch und das Gespann krachte gegen den Schlitten. Durch den Zusammenstoß wurde der 13-jährige Sohn des Schuhmachermeisters Sattelmayr verletzt.

Stürmische Reparatur auf dem Dach

Obergessertshausen im Oktober 1901. Hätte er besser noch etwas abgewartet: Der Landwirt und Webermeister Anton Strobel stieg aufs Dach seines Anwesens, um das im Sturm beschädigte Dach zu reparieren. Dann kam eine Böe und fegte ihn hinunter.

Nicht der Sturm, sondern ein Fehltritt wurde einem Maurer im April 1910 in Oberschönegg zum Verhängnis. Er fiel von der Tenne eines Stadels ziemlich tief. Die Zeitung berichtete: „Leider besteht nur wenig Hoffnung, den bedauernswerten Mann, der sich allgemeiner Achtung erfreute, am Leben zu halten."

Tödliches Mahlwerk

Oberneufnach im August 1907. Zu Tode gerädert wurde ein Mühlenbesitzer aus Oberneufnach. Nach einem Zeitungsbericht war er ins Mahlwerk geraten. Tragisch: In der Mühle gab es in den Jahren zuvor schon zwei Todesopfer.

In die Transmission geraten

Lauchdorf im Dezember 1909. In der oberen Mühle sollte der Dienstbote namens Ambos aus Warmisried einen Riemen auf die Welle führen. Die Transmission erfasste die Schürze des Manns und riss ihn mit. Unaufhaltsam schlug es den armen Kerl in Kreisen, wobei ihm beide Füße gebrochen und die Kopfhaut samt Haar vom Kopf gerissen wurde. Arzt Dr. Buchmann leistete Erste Hilfe und ordnete die Überführung ins Krankenhaus nach Kaufbeuren an. In der Zeitung wurde berichtet: „Man hat wenig Hoffnung auf Erhalt des Lebens beziehungsweise Wiedererlangung der Gesundheit. Eine ernste Mahnung zur Vorsicht. Nichtbeschäftigte sollen zum Maschinenbetrieb nicht zugelassen werden."

Gefährliche Baustelle an der Iller

Legau im Dezember 1910. Das war keine gute Idee: Joseph Steinhauser aus Moos wollte mit einem Begleiter über die Iller-Brücke laufen. Das architektonische Meisterwerk wurde gerade gebaut. Doch dann stürzte der Käser ab und verschwand in den Fluten. Sein Begleiter rief um Hilfe – doch der 30-Jährige war längst untergegangen.

Schwer verletzt wurde auch Landwirt Matthäus Böck: Er hantierte im Oktober 1901 an einer laufenden Maschine, wurde von der Transmissionsstange an Joppe und Schurz erfasst und etwa 20 Mal herumgeschleudert.

Schwerer Unfall in der Collegbrauerei

Mindelheim im April 1910. Dem Oberbrauer der Collegbrauerei, Ernst Dill, fiel im Keller ein Fass auf den Arm. Der verständigte Dr. Fries legte ihm einen Notverband an. Anschließend musste Dill ins damalige Distriktskrankenhaus, wo ihm dann der Arm abgenommen wurde.

Schlafwandlerin fällt aus dem Fenster

Kirchheim im Februar 1904. Die Frau des Maurermeisters war eine Schlafwandlerin. Als ihr Mann nachts einmal nicht zu Hause war, stürzte sie aus dem geöffneten Fenster und zog sich mehrfache Beinbrüche zu. Die waren so schwer, dass sie starb.

Tod am Heiligen Abend

Pfaffenhausen im Dezember 1909. An Heiligabend ertrank in der Mindel der fünfjährige Sohn des Mühlbesitzer Hampp von Schöneberg. Nach der meh-

Vielleicht benutzte der Landwirt Josef Unwert eine Singer-Nähmaschine. Sie hatte einen deutschen Namen, kam aber aus Amerika. Deutsche Hersteller versuchten sich immer wieder gegen den Import zu wehren.

rere Tage dauernden Suche wurde das Kind tot im Mühlwehr gefunden.

Schmerzvolle Näharbeiten

Pfaffenhausen im Mai 1910. In Weilbach wollte sich der Landwirt Josef Unwert an einer neuen Nähmaschine versuchen. So ein Pech: Er schnitt sich bei der Handarbeit das Vorderglied des rechten Zeigefingers ab.

Tödliches Spiel in der Schulpause

Obergessertshausen im April 1912. Während der Schulpause versuchten mehrere Knaben einen Graben zu überspringen. Auch der zehn Jahre alte Knabe des Landwirts Holzmann aus Lutzenberg gab sein Bestes. Allerdings kam er nach dem waghalsigen Sprung nicht schnell genug wieder weg. Die Kameraden landeten auf ihm. Nach fünf Tagen erlag der Bub seinen inneren Verletzungen.

Landwirt wird zu Tode geschleift
Pfaffenhausen im Oktober 1906. Zu Tode geschleift wurde ein Landwirt, der beim Jauchefahren rücklings vom Wagen gestürzt war; die Zügel hatte er sich um die Hände gewickelt. Laut Zeitung waren in der Nachbarschaft innerhalb eines Jahres vier Menschen gestorben.

Sturz kostet Posthalter das Leben
Türkheim im Januar 1911. Ein verhängnisvoller Sturz: Der bekannte Posthalter Anton Wiedemann war zur Silvesterfeier der Frohsinn-Gesellschaft im Gasthaus zur Krone. Als der 77-Jährige nach Hause wollte und einige Stufen der Treppe hinabgestiegen war, geschah das Unglück. Wiedemann rutschte aus und überschlug sich. Blutüberströmt und bewusstlos wurde er nach Hause gebracht, wo er ärztlich versorgt wurde. Trotzdem starb er noch in der Nacht.

Junge Frau stirbt im Wald
Unterkammlach im Mai 1910. Die Landwirtstochter Justina Ziesel und ihr Bruder Joseph waren gerade mit Waldarbeiten beschäftigt, als eine Kette unter Spannung riss und ein Stück der jungen Frau gegen die Schläfe schlug. Justina Ziesel sank bewusstlos zusammen und starb wenig später an ihrer schweren Kopfverletzung.

Bildzeugnisse aus dem Alltagsleben

Die jahrhundertealten Votivtafeln aus der Wallfahrtskirche Maria Steinbach bei Legau zeigen, welche Schicksalsschläge Menschen in der Region ereilten. In ihrem Unglück riefen sie die Muttergottes an. Die über 100 erhaltenen Tafeln im Wallfahrtsmuseum und in der Kirche mit ihrem überschwänglichen oberschwäbischen Barock sind ein außerordentliches Zeugnis der Alltagsgeschichte. Im Gotteshaus gibt es acht Mirakelbilder. Sie beschreiben Vorkommnisse aus dem damaligen Leben der Pilger und der Gläubigen. Die detailreichen Fresken zeigen auch, dass der Maler mit dem bäuerlichen Leben der Gläubigen in der Region vertraut war. Maria Steinbach entwickelte sich – neben Altötting, Ettal, Maria Einsiedeln und der Wieskirche – zu einem der bedeutendsten Wallfahrtsorte im deutschsprachigen Süden. Die Wallfahrtskirche ist – als kunsthistorisches Juwel, mit ihren irdischen Schätzen und dem Museum – ein beliebtes Ausflugsziel, besitzt aber auch heute noch ein reiches liturgisches Leben.

Zug zertrümmert Automobil mit Zirkusartisten

Am Bahnübergang Türkheim kommt es 1911 zu einem schweren Unfall. Beinahe verliert der Burenzirkus eine Artistenfamilie.

Einen herannahenden Zug hatte Georg Bock vom Burenzirkus am Übergang Türkheim übersehen.

Es passiert heute wie damals: An Bahnübergängen kommt es zu schweren Unfällen. Im August 1911 stürzte fehlende Aufmerksamkeit eine Familie beinahe ins Unglück.

Georg Bock vom sogenannten Burenzirkus saß mit seiner Frau Luise und seinem Kind im Automobil. Er war auf dem Weg zum nächsten Auftritt, der in Mindelheim stattfinden sollte. Am Bahnhof Türkheim wollte er über die Schienen – in einem Sekundenbruchteil passierte es: Das Automobil wurde von der Bahn erfasst und vollständig zertrümmert. Luise Bock, die auf dem Beifahrersitz saß, war in einem weiten Bogen aus dem Wagen geschleudert worden. Georg Bock und der zwei Jahre alte Nachwuchs lagen unter dem Wagen, als die Ersthelfer kamen. Georg Bock hatte nach dem Unfall leichte Schmerzen im Magen, das

Kind blieb wie durch ein Wunder unverletzt. Bock behauptete später, dass er sehr langsam unterwegs gewesen sei – schon aus Rücksicht auf das Kind, um es vor dem Staub der Straße zu schützen. Ein Mindelheimer, der hinter dem Auto fuhr und den Unfall miterlebt hatte, bestätigte die Angaben. Bock sagte, dass er den fahrenden Güterzug nicht rechtzeitig gesehen habe. Der Lokführer bremste. Doch um den Stahlkoloss zum Stehen zu bringen, war es schon zu spät. Der Zug erfasste den hinteren Teil des Autos, das sich überschlug.

In der Zeitung wurde berichtet: „Fast möchte man meinen, dass eine kleine, unauffällige Warnungstafel etwas wenig ist für eine gefährliche Stelle, an der täglich mehrmals Züge vorbeifahren, die nur auf größere Entfernungen gebremst werden können."

Zwei Tage nach dem Unfall gab der Zirkus in Mindelheim Vorstellungen. Der verletzte Artist, der ursprünglich aus

Neubrandenburg stammte, zeigte laut Zeitung eine „kunstvolle Glanznummer mit einem Rad". Ein weiterer Teil war das Messer- und Beilwerfen. Auch das Lassowerfen wurde als „neue interessante Zirkusproduktion sehr beifällig aufgenommen". Auch Kritik wurde laut: „Nur ein ganz kleines Uebel hat der Burenzirkus noch zu bessern. Es ist dies kein Wilder oder Schwarzer, noch weniger sein harmloser Borstenwildling, sondern nur humorvoll sein sollender Zirkusclown. Seine seichten Witze und die Kratzfüßigkeit seiner Gebärden erregten mehr Mitleid als Heiterkeit, wieder überhaupt das dumme Element im Burenzirkus nicht recht blühen will. Dem schnurrigen Witzling ist nur zu raten, entweder mehr Witz aufzunehmen oder ganz bedeutend dümmer zu werden."

Der Fahrer Georg Bock musste sich im November 1911 wegen des Unfalls am Amtsgericht Türkheim verantworten Ihm wurde übermäßig schnelles Fahren vorgeworfen. In der Hauptverhandlung wurde er wegen eines Vergehens der „fahrlässigen Eisenbahntransportbeschädigung" zu einer Geldstrafe von 15 Mark verurteilt.

Eine Sensation: Der Burenzirkus aus Südafrika machte in Mindelheim Station. In den beiden Riesenzelten konnten die Gäste laut Ankündigung „16 Neger, Marokkaner, Indianer, Lasso- und Messerwerfer, Pferdebändiger und Kunstschützen" bewundern.

Vorläufige Anzeige.

Auf der Rückreise nach Transvaal!
Nur 3 Tage in Mindelheim.
Der große südafrikanische
Burenzirkus
trifft am Dienstag den 8. August auf der v. Dreerschen Wiese bei der Bahnhofrestauration ein und gibt abends 8 Uhr
die erste große Gala-Eröffnungsvorstellung.
Mittwoch den 9. August zwei große Vorstellungen
nachm. 4 Uhr Extra-Familien-, Kinder- u. Schülervorstellung
abends 8 Uhr Große Gala-Sportvorstellung
Donnerstag den 10. August abends 8 Uhr
Große Gala-Parforce-Vorstellung.

Zwei große Riesenzelte, eigene Konzertkapelle, eigene Lichtanlage sowie gutes Buffet im Zirkus.

16 Neger, Marokkaner, Indianer, Lasso- und Messerwerfer, Pferdebändiger, Kunstschützen ꝛc.
Preise der Plätze:
Loge 3 Mark, Sperrsitz 2 Mark, Stuhlsitz 1.50 Mark, 1. Platz 1 Mark, 2. Platz 80 Pfg., 3. Platz 50 Pfg.
Kinder zahlen nachmittags halbe, abends volle Preise.

Dem werten Publikum einige interessante Stunden versprechend, ladet zu zahlreichem Besuche ein
Die Direktion: Fr. Leysek.

Haarkamm als Lebensretter

Glück im Unglück: Eine 23-Jährige wird von einer Kugel aus einem Revolver getroffen und überlebt.

Einen ganz besonderen Schutzengel hatte die 23-jährige Veronika aus Niederrieden. Sie traf im April 1906 eine Kugel in den Kopf. Sie stammte aus einem Revolver, den ein 16-jähriger in der Hand hielt: Er hatte aus Wut mehrere Schüsse abgefeuert, weil ihn seine Eltern nicht mit nach Babenhausen nehmen wollten.

Ein Schuss streifte den Kopf eines Pferdes. Ein weiterer traf die 23-jährige Veronika dicht hinter dem Ohr. Der Schutzengel lenkte die Kugel in den Haarkamm, der zwar durchschlagen wurde. Aber wenigstens hatte das Metall die Kugel so stark abgebremst, dass die junge Frau mit dem Leben davonkam.

Wie durch ein Wunder überlebte auch ein Schreinermeister in Zaiertshofen im April 1904. Er hatte eine neue Wasserleitung an den Brunnen angeschlossen. Anschließend wollte er das tiefe Loch wieder verfüllen. Doch plötzlich gab das Erdreich nach und verschüttete ihn vollständig. Sofort begannen die Zaiertshofer nach dem Schreiner zu graben. Nach fast zwei Stunden waren sie zu dem Verschütteten vorgedrungen – er lebte! Er hatte nur einige Quetschungen.

Frau wird unter einstürzendem Gewölbe verschüttet

Lebend kam auch die Dienstmagd Hohlmaier im August 1896 wieder ans Licht. Sie arbeitete in Zaisertshofen beim Ziegeleibesitzer Wenger und trug Mörtel. Plötzlich stürzte das Gewölbe ein und begrub die Frau unter einem drei Fuß hohen Steinhaufen. Nahezu eine Stunde

Ein Haarkamm rettete einer Magd aus Niederrieden das Leben.

dauerte es, bis die fleißige Magd wieder befreit worden war. Sie hatte Verletzungen am ganzen Körper.

Verletzungen waren nicht das Problem von Anton Wörz, der im Februar 1901 hilflos in der Kälte umherirrte: Der 71-Jährige wäre beinahe zwischen Ebershausen und Zaiertshofen erfroren, wenn ihn nicht drei Krumbacher entdeckt hätten. Sie nahmen ihn auf ihrem Schlitten mit und brachten ihn nach Hause. Der Krumbacher Bote berichtete: „Aus Dankbarkeit für diese gute christliche Tat wurde den wackeren Bürgern von Seite des vor sicherem Tode Erretteten eine reichliche Belohnung zuteil."

Aus Wut hatte ein 16-Jähriger wahllos Schüsse abgefeuert: Sie trafen eine junge Frau, die einen Schutzengel hatte.

Der Tod kommt in den Schulferien

Ein fleißiger Lateinschüler packt im Sägewerk seiner Tante an und wird von einem Treibriemen erfasst. Für den 16-Jährigen gibt es keine Rettung.

Was für eine Tragödie: Ausgerechnet in den Schulferien kam der jüngste Spross der Familie Baur ums Leben. Der Schüler, der bereits beide Eltern verloren hatte, war ein schlauer Kopf. Der 16-Jährige besuchte die dritte Klasse des humanistischen Gymnasiums in Kempten und wollte sich in den Ferien bei seiner Tante im Sägewerk bei Kirchheim nützlich machen.

Der Jugendliche war gerade dabei, den zweiten Gang einer großen Maschine einzulegen, als ihn die mit einem Riemen überspannte Welle an der Kleidung erwischte. Ein gellender Hilfeschrei, ein dumpfer Schlag, dann Totenstille. Mit ungeheurer Wucht hatte das Rad den Burschen zu Boden gestreckt. Er hatte sich das Genick gebrochen und war auf der Stelle tot. Für die Familie war es ein neuer Schicksalsschlag, der Schmerz und Leid mit sich brachte.

Ein Transmissionsriemen erfasste einen 16-jährigen Schüler in Kirchheim, als er in seinen Ferien im Betrieb seiner Tante anpackte. Für ihn kam jede Hilfe zu spät.

Mutter stürzt in Brunnen

Obergessertshausen im Oktober 1895. Josepha Jörg, die Frau des Wagners aus Obergessertshausen, wollte Wasser aus einem Schöpfbrunnen holen. Sie neigte sich zu weit vor, bekam Übergewicht und stürzte in den Brunnen. Ein Kind war Augenzeuge und meldete es sofort den Angehörigen. Bis die an der Unglücksstätte waren, war die Frau ertrunken.

Mädchen gerät unter einen Pflug

Kirchheim im September 1910. In Derndorf wollte die älteste Tochter des Bauern Schmid, genannt zum „Feuer", mit einem Ochsengespann samt Pflug nach Hause fahren. Plötzlich scheuten die Tiere. Das Mädchen geriet unter den Pflugkörper und wurde von den Ochsen „in rasendem Tempo" mitgeschleift. Wie durch ein Wunder zog sich das Mädchen nur einige Hautabschürfungen zu.

Einstürzende Mauer begräbt Lehrling

Pfusch am Bau kostet Menschenleben. In Lauben fällt ein kompletter Dachstuhl zusammen.

Großer Dachstuhl: Die Giebelmauer der Adlerwirtschaft in Kirchheim fiel 1908 ein.

Ein Sturm drückte beim Aufrichten des Dachstuhls der Gräflich-Fugger'schen-Adlerwirtschaft in Kirchheim im Juni 1908 die südliche Giebelmauer ein. Unter die Trümmer geriet ein 15-jähriger Zimmermannslehrling aus Derndorf. Die anderen Handwerker benötigten eine Dreiviertelstunde, um den Burschen zu befreien. Auch ein Zimmermann zog sich einen schweren Beinbruch zu. Die übrigen circa 15 Arbeiter, meist Familienväter, blieben wie durch ein Wunder ohne Blessuren. Pfusch am Bau forderte auch in Lauben Menschenleben: Dort sollte im Juli 1900 am Wohngebäude des Landwirts Blumenthaler der Dachstuhl aufgerichtet werden. Verantwortlich dafür waren der Zimmermann Tobias Rößle, der Geselle Josef Striebel sowie der Zimmermann Karl Deininger. Wie auf dem Lande üblich, halfen alle Männer aus dem Ort mit. Es wurden auf der Südseite drei Sparren hinaufgezogen, auf der Nordseite keiner. Für den nötigen Halt sollten vier Haftbretter sorgen,

die an den Pfetten befestigt waren. Als ein vierter Sparren an sein Ziel gelangen sollte, passierte es: Das Gebälk knickte auf die Nordseite ein. 13 Männer verunglückten. Ein Helfer war auf der Stelle tot, ein zweiter starb am Abend. Tobias Rößle, Josef Striebel und Karl Deininger wurden wegen fahrlässiger Tötung und Körperverletzung angeklagt. Angeblich habe Rößle den Gesellen Striebel angewiesen, eines der Haftbretter unten zu lösen. Gleichzeitig soll Deininger ein Brett entfernt haben, obwohl keine Sicherung mehr bestand. Rößle und Deininger wurden zu einer Gefängnisstrafe von je drei Monaten, Striebel zu 14 Tagen Haft am Landgericht in Memmingen verurteilt. Mit Geldstrafen endete dagegen ein Prozess am Landgericht Memmingen, bei dem es 1911 um ein eingestürztes Gerüst

ging. Der verheiratete Bauunternehmer Josef Schöner aus Wiedergeltingen hatte in Amberg bei Türkheim einen Wohnungsneubau auszuführen, die Maurer Daniel März und Narziß Stadler aus Wiedergeltingen waren bei ihm beschäftigt. Am 11. Mai waren die Handwerker gerade mit einer Innenmauer beschäftigt, als plötzlich das Gerüst nachgab, zwei Maurer in die Tiefe stürzten und sich verletzten. März und Stadler sollen das Gerüst fehlerhaft aufgebaut und noch dazu altes Material verwendet haben. Davon war am Ende auch das Gericht überzeugt – Schöner wurde zu einer Geldstrafe von 50 Mark verurteilt. März und Stadler mussten je 30 Mark bezahlen.

Aus dem Spiel wird bitterer Ernst

Waffen in Kinderhänden: Mit trauriger Regelmäßigkeit kommt es zu tödlichen Unfällen.

Heute ist es fast ausgeschlossen, dass Kinder an Waffen kommen. Früher war das anders: Die Flinte oder der Revolver gehörten zum Hausinventar. Entsprechend häufig kam es vor, dass Buben und Mädchen mit Waffen hantierten – oft mit tödlichen Folgen.

Im September 1904 starb der 13-jährige Sohn eines Vergolders aus Babenhausen. Alois hatte seinen gleichaltrigen Kameraden besucht. In der Stube wurde dann ein Stutzen gemeinsam begutachtet. Die Buben blödelten. „So jetzt erschieß ich mich", soll Alois gesagt und sich die vermeintlich nicht geladene Waffe an die Schläfe gesetzt haben. Dann drückte er ab.

Einem Buben aus Oberschönegg musste im Januar 1906 ein Arm abgenommen werden. Er hatte mit einem Freund im Heimgarten gespielt. Die beiden kamen wohl auf die Jagd zu sprechen. Der Krämerssohn German holte daraufhin ein Gewehr aus dem Hausflur und sagte: „Wenn der Bock kommt, muss man rasch anlegen." Gesagt, getan – plötzlich löste sich ein Schuss und traf Xaver in den Arm.

Tragisch war auch ein Unfall zwei Jahre später in Babenhausen. Ein Student nahm das Jagdgewehr seines Vaters in die Hand. In der Meinung, die Flinte sei nicht geladen, zielte er aus Spaß auf das Töchterchen eines Kaufmanns. Aus dem Scherz wurde bitterer Ernst: Ein Schuss krachte, das Kind stürzte tödlich verletzt zu Boden. Die Mutter brachte das Mädchen zum Arzt, in dessen Armen die Kleine starb.

Heute kaum zu glauben, damals ein wichtiges Thema, um weitere Unglücke zu verhindern: 1892 erließ das Reichsgericht ein Urteil, wonach „das Spielen mit einer Flinte in einem öffentlichen Schanklokal und das Anlegen desselben auf das daselbst befindliche Publikum als grober Unfug zu bestrafen ist, wenn auch der Thäter die ernstliche Absicht, zu schießen, gar nicht gehabt hat". Damit sollte Schluss sein mit der „einfältigen gemeingefährlichen Spielerei mit Schießgewehren".

Aus Spaß zielte ein Student aus Babenhausen 1908 mit dem Jagdgewehr seines Vaters auf ein Kind. Er wusste nicht, dass die Waffe geladen war (oben). Waffen waren früher frei käuflich, wie das Inserat vor über 120 Jahren in der Heimatzeitung beweist (unten).

An den Böllern scheiden sich die Geister

Immer wieder kommt es beim Böllerschießen zu schweren Unglücken. In Ollarzried bezahlt ein junger Mann den Brauch mit dem Leben.

So sieht gelebtes Brauchtum aus: Auch heute noch wird mit Böllern geschossen. Die Sicherheitsvorkehrungen sind aber weitaus höher als vor 100 Jahren.

Den Brauch gibt es heute immer noch: Die Braut wird vor der Hochzeit mit Böllerschüssen geweckt. Auch früher krachte das Schwarzpulver – die Folgen waren zum Teil heftig. In Hasberg forderte das Böllerschießen im Mai 1909 sogar ein Opfer. Bei der Fahnenweihe des damaligen Militär- und Veteranenvereins blieb ein Böller im Lauf stecken. Der Schütze wollte nach der Ursache schauen, als sich das Geschoss plötzlich doch noch entlud. Der Mann erlitt Brandwunden im Gesicht und am Hals sowie an den Händen. Die Zeitung berichtete: „Wann wird man endlich begreifen lernen, dass ein Vereinsfest, eine Hochzeit und dergleichen auch ohne die Schießerei keine verfehlte Unternehmung sind?" Bereits im September 1894 hatte es in Haselbach einen Schwerverletzten beim Gründungsfest des Veteranen- und Kriegervereins mit

Fahnenweihe gegeben. Morgens um 5 Uhr sollten die Festlichkeiten mit den Böllern beginnen. Dem Sohn des Schmieds, Alois Wimmer, wurde dabei durch einen frühzeitig gezündeten Schuss die rechte Hand zerfetzt. Laut Zeitung wurden „drei Finger vom Boden aufgelesen". Der kleine Finger und der Daumen hingen nur noch an einem Hautfetzen an der Hand. Bitter: Wimmer war zu der Zeit der einzige noch lebende Sohn, der für ein Auskommen der Familie sorgen konnte.

Noch schlimmer traf es die Familie des 31 Jahre alten Alexander Langegger aus Ollarzried. Er benutzte beim Böllern im Januar 1909 eine zu kurze Zündschnur. Weil der Böller nicht wie geplant los ging, schaute er nach. Doch im selben Moment explodierte das Geschoss und zertrümmerte ihm die Hirnschale. Langegger erlag am nächsten Tag seinen schwersten

Verletzungen. Kritik gab es daraufhin vom Redakteur der Heimatzeitung: „Gerade auf dem Lande herrscht der leidige Unsinn, während des Hochzeitladens von Brautpaaren stets nach der Schusswaffe zu greifen und ist man sich in den seltensten Fällen der großen Gefährlichkeit bewusst. Schon mancher musste sein Leben auf diese Weise lassen." Oder zumindest einen Finger. Passiert ist's auch beim Hochzeitsschießen in Bronnen. Ein 22-Jähriger hantierte im Juni 1909 mit einem Revolver, als sich ein Schuss löste und dem jungen Mann einen Finger abriss. Immerhin schritt der Gesetzgeber ein und verbot das Schießen zu Neujahr. Wer ohne distrikts- oder ortspolizeiliche Erlaubnis „an bewohnten oder von Menschen besuchten Orten oder in gefährdender Nähe zu Wohnhäusern schoss", musste mit Strafe rechnen.

Gericht: Hundebiss ist Betriebsunfall

Heute trägt die gesetzliche Unfallversicherung die Kosten von Behandlung, Reha oder Unfallrente. Vor über 100 Jahren war es das „Schiedsgericht für Arbeiterversichung", das entscheiden musste. Auch nach einem eigenartigen Betriebsunfall.

Mit einem etwas anderen Arbeitsunfall befasste sich das „Schiedsgericht für Arbeiterversicherung" im Jahr 1908: Franziska Braunmüller, die als Haushälterin beim Landwirt Anton Böck angestellt war, wurde vom Hofhund in die rechte Hand gebissen. Sie kam gerade vom Melken aus dem Stall und wollte sich ihre Schürze nehmen, die auf einer Sitzbank lag. Doch das passte dem Hofhund nicht, der gerade Milch schleckte, die eigentlich für die Katze bestimmt war. Der Hund dachte wohl, dass ihm die Milch weggenommen wird. Und deshalb schnappte er zu. Die Haushälterin lag vier Monate im Krankenhaus und litt noch länger unter einer Versteifung der Sehnen. Fünf Monate später kam der Vorfall zur Sprache – der Dienstherr der Verletzten glaubte, dass die Haftpflichtversicherung zuständig sei. Die Land- und forstwirtschaftliche Berufsgenossenschaft lehnte eine Unfallrente aber ab. Denn: Das Wegnehmen einer Schürze stellt weder eine haus- noch eine landwirtschaftliche Tätigkeit dar. Braunmüller legte Einspruch ein. Denn: Sie wurde ja während ihres Dienstes gebissen – vom Hund, der den Hof bewacht. Das Gericht hob den Bescheid der Berufsgenossenschaft auf und verpflichtet diese, der Haushälterin von Mai bis Juni 1908 eine Rente von 100 Prozent und danach ein Drittel des letzten Lohns auszuzahlen. Außerdem sollte die Genossenschaft die Kosten der Heilbehandlung erstatten und sonstige erwachsene außergerichtliche Kosten tragen. Das Gericht war überzeugt, dass tatsächlich ein landwirtschaftlicher Betriebsunfall vorlag.

Zu Tode gequält

werden unzählige Fliegen durch Fliegenfänger u. -Leim. Tagelang hängen die armen Tiere an den Beinen gefesselt, bis sie verhungern. Wer diese Tiere schnell und schmerzlos töten will, verwende Lahr's **Dalma**, das unter Garantie alle Fliegen, Schnacken, Schwaben, Russen usw. in Zimmern, Küchen, Ställen binnen 5 Minuten tötet. Alleiniger Fabrikant: Apotheker E. Lahr, Würzburg. Aecht zu haben in grünen versiegelten Paketen zu 30 und 50 Pfg. in **Mindelheim** in den beiden Apotheken.

Diese Qual hatte nur Folgen für Fliegen: Sie sollten den speziellen Fängern buchstäblich auf den Leim gehen, wie die Anzeige beweist.

KAPITEL 07

Menschenskinder – wenn Eltern ihre Kinder aus den Augen lassen

Kinder allein daheim: Katastrophen mit Ansage

Kinder ziehen sich schlimmste Verletzungen zu, wenn die Eltern nur einen Augenblick nicht hinschauen.

Es ist fraglos eine Kunst: Eltern müssen heute einen gesunden Weg finden, wie sie die Selbstständigkeit ihres Nachwuchses fördern und gleichzeitig ihrer Aufsichtspflicht nachkommen. Wenn Eltern ihre Aufsichtspflicht nachweislich verletzen und jemand zu Schaden kommt, müssen sie dafür gerade stehen. Aber was hilft's, wenn Kinder selbst Schaden nehmen? Oder im schlimmsten Fall verunglücken? Um 1900 gab es eine Reihe von schweren Unfällen, die Eltern teuer bezahlten. Nämlich mit dem lebenslangen Vorwurf, dass sie besser auf ihre Sprösslinge hätten aufpassen müssen.

Im Oktober 1898 ließ der Mühlbesitzer Martin Klaus aus Oberneufnach seinen achtjährigen Sohn kurz aus den Augen – er geriet ins Räderwerk der Mühle und wurde tödlich verletzt.

Ebenfalls keine Überlebenschance hatte die kleine Kreszens. So hieß die Tochter des Bauern Kaspar Konrad aus Haselbach. Die Dreijährige kletterte im September 1912 von der Bank aufs Sofa, auf dem gerade der Vater lag und vermutlich schlief. Das Mädchen rutschte aus, wollte sich festhalten und griff nach dem Topf auf dem Fenstersims. Darin befand sich die heiße Abendsuppe. Das Mädchen wurde kopfüber verbrüht und starb später.

Einen Kessel mit siedendem Wasser riss auch ein vier Jahre alter Bub im August 1909 in Obergessertshausen um. Die Mutter war gerade mit dem Kochen beschäftigt.

Ebenfalls aus den Augen gelassen hatte eine Mutter im Juli 1909 ihre beiden Kinder. Und schon war es passiert. Die Müllerin aus Dorschhausen hatte mittags Küchle gebacken. Als sie damit fertig war, goss sie das übrig gebliebene Schmalz in einen Blechtopf und stellte ihn in der Speisekammer auf eine Bank. Kurz darauf gingen das fünfjährige Mädchen Viktoria und dessen eineinhalb Jahre älterer Bruder Adolf an den Topf. Der Bub schüttete ihn um, das heiße Schmalz ergoss sich über seinen Körper und verletzte auch das Mädchen an den Füßen. Viktoria lief sofort zum Bach, um ihre Beine zu kühlen. Der kleine Adolf schrie und fiel hin, bis die Mutter herbeigeeilt kam. In der Zeitung wurde berichtet: „Das arme Büblein hat derartige Brandwunden am ganzen Körper, das

nach Aussage des sofort herbeigerufenen Arztes an seinem Aufkommen gezweifelt wird."

Qualvoll muss auch der Tod des Söhnchens von Landwirt Mayer aus Oberegg gewesen sein: Während die Eltern außer Haus waren, kletterte der Bub 1913 auf eine mit Molke gefüllte Wanne, rutschte hinein und ertrank.

In Kirchheim stürzte 1911 der eineinhalb Jahre alte Nachwuchs des Kauf-

Der Nachwuchs von Kaufmann Johann Schontner stürzte 1911 aus einem Kinderwagen.

manns Johann Schontner aus dem Kinderwagen. Die Eltern hatten einen Augenblick nicht nach ihm geschaut. Trotz der sofort herbei gerufenen ärztlichen Hilfe starb das Kind „unter qualvollen Schmerzen", so die Zeitung. Keine Chance hatten diese Kinder, die 1909 und 1910 aus dem Blickwinkel der Eltern geraten waren: In Grönenbach krabbelte der erst wenige Monate alte Sohn von Dr. Munter zu einer in die Erde eingegrabenen Tonne – das

Wasser darin war zu verlockend. Und tödlich. Auch in Bedernau ertrank ein Kind. Der eineinhalb Jahre alte Bub des Landwirts Kaspar Ziesel fiel beim Spielen in einen Wassertümpel und ertrank. In seiner Hand hielt das Kind eine Geflügelfeder, die es anscheinend im Wasser erhaschen wollte. In Weiler bei Katzbrui brachte ein 14 Monate altes Baby im September 1911 das Köpfchen ins Gitter der Bettstatt und erstickte.

Die beiden süßen Töchter wurden vom Mindelheimer Fotografenmeister Krumm abgelichtet. Er hatte sein Atelier neben dem Stadtsaal und wurde vom Deutschen Photographen-Verein für seine Porträts prämiert. Sein Kollege Weber hatte das Mädchen und den Buben bei der Hausmusik abgelichtet. Die Szene war freilich gestellt – anders ließen sich in dieser Zeit Fotos nicht bewerkstelligen. Bewegung festzuhalten erzeugte damals Unschärfe, wie der Knabe auf dem Dreirad zeigt.

Mädchen brennt lichterloh

Die zwölf Jahre alte Tochter des Mindelheimer Braumeisters Forster wollte den Ofen anheizen. Doch dabei muss ein Funke auf die Kleider des Mädchens gesprungen sein. Plötzlich standen sie in Flammen. Helfen konnte der Zwölfjährigen so schnell niemand: Sie hatte nämlich die Zimmertüre geschlossen und abgesperrt, damit ihr die jüngere Schwester nicht folgte. Erst durchs Fenster gelang es einem Helfer, in das Zimmer zu kommen. Das Mädchen war bereits übel zugerichtet. Wenige Tage später wurde die traurige Nachricht veröffentlicht: „Das Mädchen wurde durch den Tod erlöst. Die Leiden des armen Kindes waren schwer."

Erst nach einem Schaden ging vielen Menschen damals ein Licht auf. Lampen, die mit Spiritus oder Petroleum funktionierten, waren höchst gefährlich.

Wie viele Gefahren auf einem Bauernhof lauern, zeigen die folgenden Unglücksfälle. Auf dem Anwesen von Bürgermeister Hörmann in Schlegelsberg bei Ottobeuren zog sich die zwölfjährige Anne Hebel einen Schädelbruch zu, als sie mit einem Dienstbuben im Juni 1909 den Taubenschlag säuberte. Der Dienstbub war auf den etwa zwölf Meter hohen Verschlag geklettert und schaufelte den Taubenkot in Säcke. Die warf der Bursche dann durch eine Öffnung nach unten. Dann passierte es: Das Mädchen wollte selbst hinauf – genau in diesem Augenblick warf der Dienstjunge die Schaufel hinunter und traf Anne Hebel.

Ebenfalls schwer am Kopf verletzt wurde im September 1909 der achtjährige Sohn des Bauern Josef Schweizer aus Mattsies. Der Bub stürzte laut Zeitungsbericht, als er auf der Leiter zum Heuboden klettern wollte. Er knallte auf den Betonboden. Ähnlich endete ein Kletterversuch im Oktober 1909 in Oberkammlach: Der sechsjährige Sohn des Landwirts Sebastian Wolf war auf einen Baum gestiegen und dann etwa sieben Meter in die Tiefe gefallen. Er erlitt einen komplizierten Beinbruch sowie schwere innere Verletzungen.

Mit dem Leben davongekommen ist im selben Jahr der Sohn des Türkheimer Ökonomen Michael Fischer. Er begleitete seinen Vater beim Sprengen von Wurzelstöcken. Zu dumm: Michael Fischer ließ seinen Sohn das Sprengpulver entzünden. Dabei gab es offenbar eine Stichflamme, die dem Knaben das Gesicht verbrannte. Er hätte auch leicht sein Augenlicht einbüßen können.

Buchstäblich ins Auge gegangen ist das Spiel von Kindern 1911 auf dem Weg von der Schule nach Hause. Ein Knabe hatte Pfeil und Bogen dabei und zielte ab und an aus Spaß auf die anderen. Dann soll er zwischen Greimeltshofen und Kirchhaslach laut Zeitungsbericht den Bogen über die Schulter gelegt haben, hantierte aber nach einigen Minuten in Gedanken daran herum – und das Unglück war perfekt. Der Pfeil nahm seinen Weg in das Auge eines ihm folgenden Schülers und verletzte es derart, dass es alle Sehkraft verlor. Die unglücklichen Eltern wollten nicht glauben, dass ihr Sohn schwer verletzt war. Sie warteten ab. Nach einigen Tagen, als die Schmerzen des Kindes immer größer wurden, riefen sie den Arzt. Der entfernte das verletzte Auge sofort. Im selben Jahr bekam auch in Dirlewang ein Bub einen Pfeil ins Auge. Die Eltern waren ebenfalls unschlüssig über die anfangs stark schmerzende Verletzung und ließen wertvolle Zeit verstreichen.

Lebensretter in letzter Minute

Wasser zieht Kinder magisch an. Vor allem die Kleinsten, die nicht schwimmen können.

Viele Schwimmvereine schlagen heute Alarm: In den Schwimmbädern fehlt es an Platz für Schwimmkurse. Und immer mehr Kinder in Deutschland sind Nichtschwimmer. So kann laut einer aktuellen Forsa-Umfrage der Deutschen-Lebensrettung-Gesellschaft mehr als die Hälfte der Zehnjährigen nicht mehr richtig schwimmen. Ein sicherer Schwimmer ist, wer mindestens eine Strecke von 200 Metern alleine zurücklegen kann. Daran war vor 100 Jahren gar nicht zu denken: Denn für die meisten Buben und Mädchen gab es keinen Schwimmunterricht. Entsprechend viele Kinder gingen in den Fluten unter.

Wie durch ein Wunder blieb ein Vierjähriger am Leben, der im Oktober 1910 in Mindelheim am Wasser gespielt hatte. Der Sohn des Weizenbierbrauerei-Besitzers Wiedemann rutschte nahe der ehemaligen Bumannschen Gerberei in die Mindel und wurde von der Strömung mitgerissen. Zufällig kam der „Präparandenschüler" Karl Zick, der Sohn des Buchhändlers Zick, vorbei. Er erkannte die lebensbedrohliche Situation und sprang dem Kind nach.

Zum Lebensretter wurde auch der Schmiedgeselle Joseph Bauer, der sich im Mai 1911 im Müller'schen Weiher in Tiefental bei Unterrammingen abkühlte. Auch einige Buben badeten dort – trotz des Verbots an der Stelle, die für gefährliche Tiefen bekannt war. Der Landwirtssohn Stephan Müller, der nicht schwimmen konnte, geriet plötzlich in die Untiefe und verschwand nach mehrmaligem Auf- und Abtauchen lautlos vor den Augen seiner Kameraden. Auf ihre Hilferufe schwamm der Geselle Joseph Bauer an die Stelle und zog den bereits bewusstlosen Buben heraus.

Einen besonderen Schutzengel hatte auch ein Mädchen in Bedernau: Es brach im Februar 1910 durch das Eis eines Weihers. Die Hilfeschreie hörte der Schuhmachermeister Nikolaus Schorer, der sofort los sprintete. Als er dem Mädchen bereits nahe war, gab das Eis nach und brach. Schorer verschwand kurzzeitig im Wasser. Dann tauchte er wieder auf und bekam mit einer Hand festes Eis zu greifen. In der anderen Hand hielt er das Mädchen. Den Überlebenskampf beobachtete die Witwe Anna Eschenlohr – zum Glück. Sie rannte zum Weiher und konnte schließlich den Schuhmacher und das Mädchen aus den eisigen Fluten ziehen.

Karl Zick, der Sohn des gleichnamigen Mindelheimer Buchhändlers, wurde 1910 zum Lebensretter. Wasser war damals für viele Menschen ein fremdes Element. Erst später gab es Bäder zu Hause, wie die Anzeige beweist (unten).

Junge Frau überlebt wie durch ein Wunder

Eine 19-Jährige verschluckt eine Sicherheitsnadel. Was noch alles im Verdauungstrakt landet.

Kaum zu glauben: Im August 1909 verschluckte ein 19-jähriges Mädchen aus Obergünzburg eine Sicherheitsnadel. Sie wurde daraufhin sicherheitshalber ins Krankenhaus gebracht. Denn was wäre wohl, wenn sich die Nadel im Darm öffnet? Für die junge Frau brach eine

Eine Münze verschluckte 1890 ein Mädchen aus Salgen: Sie kam Tage später wieder zum Vorschein.

bange Zeit des Wartens an. Nach acht Tagen sollte sie operiert werden. Doch in der Nacht vor dem Termin erschien die Nadel, eine gerippte große Messing-Sicherheitsnadel, wie sie zum Halten von Frauenröcken verwendet wird. Im Mindelheimer Anzeigeblatt wurde berichtet: „Den Schmerzen nach zu urteilen, meinte der junge Leichtsinn, sie könnte noch eine zweite verschluckt haben und wirklich, es erschien auch die zweite und beide große Nadeln waren nicht geklappt, sondern offen."

Kirschkerne besser nicht schlucken

Auch in Salgen nahm ein neunjähriges Mädchen etwas in den Mund, was nicht dorthin gehört. Die Tochter des Getreidehändlers Weser verschluckte im Februar 1890 ein Zwanzigmarkstück. Tage später kam es wieder zum Vorschein – ganz ohne Beschwerden.

Apropos Verschlucken: Im Mindelheimer Anzeigeblatt wurde 1911 eindringlich vor dem Kirschenessen gewarnt. „Wenn einmal ein Kern aus Versehen mit verschluckt wird, so wird das meist kaum einen Nachteil hervorrufen, wohl aber wird das sehr häufig der Fall sein, wenn die Kerne in größeren Quantitäten in den Magen gelangen. Sie quellen an, erzeugen Gase, wenn die Flüssigkeit genossen, haben sie schwere Erkrankungen, ja den Tod im Gefolge. In solchen Fällen sollte nie versäumt werden, den Arzt sofort beizuziehen." Der konnte leider nicht mehr

Vor allem Säuglinge und Kleinkinder nehmen alles in den Mund, was sie in die Hände bekommen. Die Folgen können dramatisch sein.

helfen, nachdem im Juli 1909 der Käser Johann Spengler in Unteregg beim Kirschenpflücken abstürzte. Er landete so unglücklich, dass er sich einen Schädelbruch zuzog und nach etwa zwei Stunden starb.

Die Angst vor der „Schande"

In Kettershausen wirft eine 22-Jährige ihr Baby in die Abortgrube. Warum töten Frauen ihr Neugeborenes?

Die kurzen Meldungen in der Zeitung ließen kaum erahnen, welche Dramatik zwischen den Zeilen steckte. Immer wieder passierte es, dass Frauen ihr eigenes Kind in den ersten 24 Stunden nach der Geburt töteten. Neonatizid nennen das die Kriminologen. Über Jahrhunderte war die Tötung für viele Frauen die einzige Möglichkeit, sich von der Bürde zu befreien, als die sie ihr Kind wahrnahmen. Oft kam es in einer Stress- und Panikreaktion zur Tötung des Neugeborenen oder auch zur Aussetzung direkt nach der Geburt. So wie im März 1904 in Kettershausen. Die Zeitungsleser waren regelrecht schockiert, nachdem sie die Meldung gelesen hatten: „Ein unheimlicher Fund wurde heute Morgen von der hiesigen Postagentur gemacht. Derselbe bestand in einem Blechkübel, welchem ein Zettel beigegeben war mit der Bitte, den Kübel samt Inhalt der Gendarmerie Babenhausen zu übergeben.

Der Inhalt bestand in der Leiche eines neugeborenen Kindes männlichen Geschlechts." Schnell war der Absender gefunden. Es handelte sich um eine 22-jährige Frau. Im Iller-, Roth und Günzboten wurde berichtet: „Sie hatte heimlich intimen Umgang mit einem Knechte ihres Vaters, über dessen Folgen sie sogar ihre Eltern hinwegtäuschte. In der Nacht auf 29. Februar gegen 11 Uhr gebar sie nun, wie dieselbe auch nach anfangs hartnäckigem Leugnen dem recherchierenden Gendarm Herrn Goßner eingestand, außerhalb des Bettes ein Kind, welches sie in der Verzweiflung und in der festen Meinung, dass es tot zur Welt kam, einige Minuten später in die Abortgrube warf. Der heute Nach-

mittag vorgenommene Sektionsbefund der kleinen Leiche hat jedoch ergeben, dass das kräftige Kind – ein Knabe – vollkommen gesund und lebensfähig war und durch Ersticken seinen Tod fand." Im Oktober 1904 kam der Fall vor Gericht. Die Tochter musste sich wegen Kindstötung und eines „Versuchs zu einem Verbrechen wider das Leben" verantworten. Angeklagt war auch der Dienstknecht. Er soll sich an dem Verbrechen beteiligt haben. Im Krumbacher Boten wurde be-

> Ob die Dose Japanpulver zum Preis von drei Mark wirklich gegen alle Probleme half?

Mutter stranguliert ihr Baby

In Worte ließ sich kaum fassen, was wohl in der 21 Jahre alten Bauerstochter Barbara H. aus Haselbach vorgegangen war. Sie brachte im März 1912 ein Kind zur Welt. Aber heimlich. Denn niemand sollte davon wissen. Damit das so bleibt, strangulierte sie den Säugling und versteckte ihn in der Scheune. Das Verbrechen kam trotzdem ans Licht: Die Königliche Gendarmerie-Mannschaft aus Kirchheim entdeckte die Leiche.

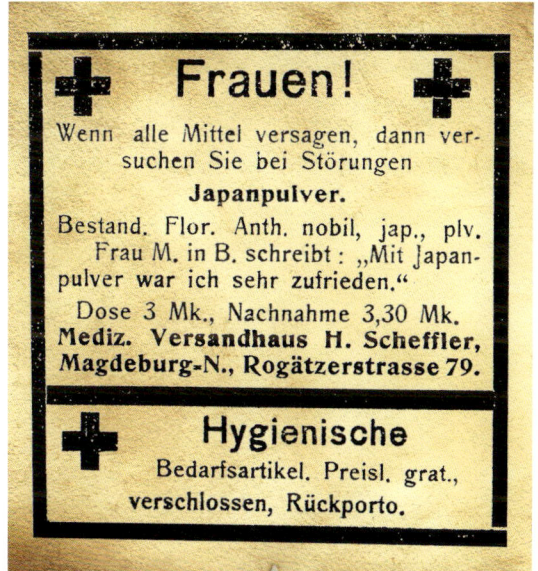

Warf eine Mutter ihr Baby aus dem Zug in die Wertach?

Es muss ein grausiger Anblick gewesen sein: Ein Bahnwärter entdeckte im September 1910 an der Wertachbrücke der Bahn zwischen Türkheim und Wiedergeltingen einen leblosen Säugling. Das Baby war aus dem Zug geworfen worden. Dafür sprach, dass an einem Brückenträger Blut klebte. Außerdem war am Kopf des Mädchens eine schwere Verletzung zu erkennen. Gefunden wurden außerdem Fetzen einer größeren mit Tapetenpapier überzogenen Zigarrenschachtel. Lag darin der Säugling? Bei der Sektion stellte sich dann heraus, dass das Baby etwa acht Tage alt und vermutlich tot zur Welt gekommen war. In der Zeitung stand: „Die Absicht der Tat geht offenbar dahin, die Folgen eines Verhältnisses gänzlich geheim zu halten. Die Strafbarkeit dieser unbedachten Handlung ist demnach nicht besonders groß, nachdem die Anklage wegen Kindesmordes hier nicht mehr infrage kommt."

richtet, dass die „reiche Müllerstochter" eigentlich mit einem „Zollaspiranten" verlobt war. Trotzdem hatte sie über einige Jahre ein Verhältnis mit dem Knecht der Eltern. Der Mann wurde als „sittlich defekter Mensch" beschrieben. Als die Beziehung Folgen hatte, wollte die junge Frau abtreiben. Der Knecht besorgte deshalb bei einem Frauenarzt in Ulm eine entsprechende Medizin. Doch die blieb ohne Wirkung. Einmal soll die 22-Jährige sogar Jauche getrunken haben. Doch alles half nichts. Die Müllerstochter brachte das Kind zur Welt. Laut Anklage tauchte sie den Buben sofort mit dem Kopf ins „gefüllte Nachtgeschirr" und

warf den Säugling anschließend in die Abortgrube. Ein Laufbursche des Müllers entdeckte die Leiche. In einem Kübel wurde das tote Kind schließlich vor die Postagentur in Kettershausen gestellt. Vor Gericht nannte die 22-Jährige das Motiv für die grausame Tat. Sie sei verzweifelt gewesen und hatte Angst vor der „Schande", die der Familie drohte. Die Geschworenen sprachen die 22-Jährige schuldig und verurteilten sie zu einem Jahr Gefängnis. Der Knecht musste für sechs Monate hinter Gitter.
Länger in Haft blieb eine 18-jährige Mutter aus Türkheim. Wie das Mindelheimer Anzeigeblatt im Dezember 1911 berich-

Stieg am Bahnhof Türkheim die Mutter ein, die später ihr Neugeborenes aus dem Zug warf? Es wurde 1910 an der Wertachbrücke gefunden.

tete, hatte die junge Frau in der Wohnung des Kaufmanns Straub in Schwabmünchen ihr außereheliches Kind sofort nach der Geburt erdrosselt. Sie wurde wegen Kindestötung mit zwei Jahren Gefängnis bestraft.

KAPITEL 08

Irren ist menschlich – streiten auch

Schmähbriefe zerstören eine Familie

Die Absender aus Pfaffenhausen müssen ins Gefängnis. Am Ende sind Schriftexperten gefragt.

Danach ist man meistens klüger: Das dürfte die Erkenntnis eines folgenschweren Streits sein, der viel Geld kostete und Menschen hinter Gitter brachte. Ob er es wirklich wert war? 1908 und 1909 verfasste die Frau des Malers Simon aus Pfaffenhausen Schmähbriefe, die dann im Ort und in Mindelheim an verschiedene Adressen geschickt wurden. Auch an Beamte und an die Gendarmerie gingen die Briefe. Die Frau wurde anschließend wegen Beleidigung zu einer Gefängnisstrafe von vier Monaten verurteilt.

Das Ehepaar Simon versuchte nachzuweisen, dass auch der Zuschneider Wilhelm Müller aus Pfaffenhausen Briefe geschrieben hatte. Das sollten die Nachbarn namens Steck bezeugen. Doch die ließen sich nicht dazu verleiten und blieben bei der Wahrheit. Anders war es beim 19-jährigen Schreinergehilfen Josef Böck, dem Freund der Tochter der Simons. Er ließ sich auf eine Falschaussage ein und behauptete, dass er gese-

hen habe, wie der Zuschneider Wilhelm Müller nachts in den Garten der Simons einen Schmähbrief geworfen hatte. Müller bestritt das. Die Simons wurden daraufhin wegen „Meineidsverleitung" zu einem Jahr Zuchthaus verurteilt. Dieses Urteil wurde rechtskräftig.

Damit ein Wiederaufnahmeverfahren angestrengt werden konnte, suchten die Simons nach weiteren Zeugen. In Mindelheim fand sich einer: Er hieß Hufnagel und war ein Kollege von Josef Böck. Die Simons trafen sich mit Hufnagel in einer Wirtschaft, um ihn genau zu instruieren. Sie ließen bei dem Gespräch auch durchblicken, dass Geld keine Rolle spiele – „auf 1000 Mark komme es nicht an", sagten sie. Doch Hufnagel kam das

Um was es bei den „Schmähbriefen" ging, wurde nie bekannt. Vermutlich handelte es sich um Beleidigungen.

Strafkammer des kgl. Landgerichts Memmingen.

Vom 28. Juni. Der ledige Maler Norbert Simon in Pfaffenhausen wurde von der Anklage wegen zweier Vergehen der Beleidigung freigesprochen, und die gegen ihn erwachsenen Kosten der Staatskasse überbürdet; dagegen wurde dessen Mutter, die Malersehefrau Franziska Simon in Pfaffenhausen, wegen Beleidigung des Gendarmeriewachtmeisters Karl Deffner und des Gendarmen Kaspar Roeßner, beide in Pfaffenhausen, sowie des Vorstandes des kgl. Amtsgerichtes Türkheim zur Gesamtgefängnisstrafe von 4 Monaten verurteilt und den Beleidigten die Befugnis zugesprochen, das Urteil in den Amtsblättern des kgl. Amtsgerichts Mindelheim und Türkheim sowie durch Anschlag an der Gemeindetafel in Pfaffenhausen öffentlich bekannt zu machen. Anschließend war die Verhandlung gegen die vorgenannte Malersehefrau Franziska Simon und deren Ehemann Leopold Simon, beide von Pfaffenhausen, wegen Meineid und endete auf Grund des Ergebnisses der umfangreichen Beweiserhebung mit der Verurteilung eines jeden der beiden Angeklagten zur gesetzlichen Mindeststrafe von einem Jahr Zuchthaus.

alles spanisch vor. Letztlich ließ er sich nicht darauf ein. Vielmehr soll er geplaudert haben. Er sagte Kollegen, dass er durch eine falsche Aussage vor Gericht viel Geld verdienen könnte. Als Wilhelm Müller davon erfuhr, ging er zur Gendarmerie und erstatte Anzeige.

„Meineidsverleitung" führt ins Zuchthaus

Es kam erneut zu einer Gerichtverhandlung. Angeklagt waren Leopold Simon, sein Sohn Norbert Simon sowie Josef Böck, der aus Konradshofen stammte. Sie gaben zu, mit Hufnagel gesprochen zu haben. Allerdings sei es nur darum gegangen, einen „gewandten Manne, einen Lehrer" zu finden, der ein Gnadengesuch formulieren sollte. Hufnagel schilderte seine Erinnerungen an das Gespräch ganz anders und belastete das Trio schwer. Deshalb wurden die Simons wegen der „unternommenen Meineidsverleitung" zu je einer Zuchthausstrafe von einem Jahr und sechs Monaten verurteilt.

Anfang 1911 wurde der Prozess gegen Franziska Simon erneut aufgerollt. Diesmal standen vier „Schriftexperten" im Fokus: Sie untersuchten die Schmähbriefe: Zwei Sachverständige ordneten das Schriftbild der Simon zu, die anderen beiden nicht. Die Folge: Die Frau wurde freigesprochen. Ihr Mann blieb in Straubing in Haft.

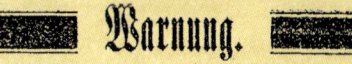

Veröffentlichung und Warnung.

Auf abscheuliche Aeußerungen müßiger Persönlichkeiten gebe ich solchen bekannt, daß mein Pferd auf ganz natürlichem Wege in Folge Darmkolik verendet ist. Ich warne darum solche für Unterhaltung sorgende Klatschmäuler bei Vermeidung **gerichtlicher Verfolgung** vor weiteren Aeußerungen jeder Art in dieser Sache, wie vor Weiterverbreitung derselben.

Bronnen, den 24. Juli 1900.
Mich. Greiner, Mühlbesitzer.

Warnung.

Das Begehen des Fußweges von meinem Anwesen hinter der Gottesackermauer bis zum Anwesen des Herrn Schuler ist von nun an verboten. Diejenigen, welche dieses Verbot nicht beachten, werden unnachsichtlich behufs Strafeinschreitung zur Anzeige gebracht.

Mindelheim, 13. Januar 1900.

Joseph Ziegler.

Oeffentlicher Widerruf.

Der Unterzeichnete nimmt die Beleidigungen, welche er am 29. Oktober l. Js. in der Wirthschaft zu Aspach gegen die Gemeinde-Verwaltung Eppishausen gemacht hat, wieder zurück und erklärt die Vertreter der Gemeinde als ehrenhafte Männer.

Weiler, den 3. November 1900.

Peter Rauch, Oekonom.

Warnungen und öffentliche Widerrufe wurden früher in der Heimatzeitung abgedruckt. Auch Gerichtsurteile erschienen – die Veröffentlichung war Teil der Strafe.

Sebastian Kneipp, ein Kurpfuscher?

Der Kaplan hatte zu Beginn seiner Heillehre einen steinigen Weg zu beschreiten. Er wurde mehrfach angezeigt.

1958 entstand der Film „Der Wasserdoktor". Es war die große Zeit des Kinos. Nur wenige hatten einen Fernseher zu Hause. Die unterhaltsame Filmbiografie erreichte ein Millionenpublikum.

Dieser Urteilsspruch ging in die Geschichte ein: „Kurieren Sie die, welche keine Hilfe bekommen oder kein Geld haben, um Hilfe zu suchen, und seien Sie ein Helfer in der Not." Das sagte Landrichter Bacherlein von Babenhausen, vor dem sich Kneipp wegen angeblicher Kurpfuscherei verantworten musste. Stein des Anstoßes war die erste „Kurvorschrift" des Kaplans, der aus Boos gekommen war. Kneipp hatte schriftlich festgehalten, wie der an Cholera erkrankten Dienstmagd Columba Haas aus Boos zu helfen ist.

Er riet ihr zu kurzen Ganzwaschungen, Wickel von viertelstündiger Dauer mit sechsfacher Auflage und Sitzbädern. Kneipp mahnte an, „kaltes Wasser nur bei vollkommen warmem Körper" anzuwenden. Die Therapie war angelegt für 22 Tage – die Frau wurde geheilt. Angezeigt hatten ihn im Jahr darauf der Apotheker Semmelbauer aus Babenhausen und Dr. Mannheimer aus Fellheim, die offenbar Geschäftseinbußen spürten und deshalb der Konkurrenz an den Kragen gehen wollten. Kneipps Gegner versuchten ihm den Tod von Anna Klaus anzulasten. Sie war schwer krank im Fe-

bruar 1854 im Alter von einem halben Jahr gestorben. Kneipp ging darauf in einer Verteidigungsschrift ein: „Was das Kind Jeremias (richtig: M. Anna) Klaus in Boos betrifft, dessen Tod mir zur Schuld gelegt wird, so kann ich, wie auffallend mir diese Anschuldigung vorkam, mit wenigen Worten alles sagen, was ich von diesem Kinde weiß. Das Kind wurde zur hl. Taufe gebracht, ganz schwarzblau, wie ich noch nie eines gesehen habe, mit einer solchen Farbe, es empfing auch die Nottaufe. Nach mehreren Wochen kam die Mutter des Kindes, wo ich die kranke, nun verstorbene, Magdalena Albrecht besuchte, bat mich weinend, ich möchte im Vorbeigehen ihr krankes Kind besuchen, es könne weder Speise, noch irgend ein Getränk zu sich nehmen, es werde sterben, wie schon sieben Kinder, somit alle bis auf eines, gestorben sind. Ich versprach der weinenden Mutter zu folgen, kam in das Haus, das Kind lag schlafend in der Wiege, ließ es aber nicht aus der Wiege nehmen, und auf die Frage, ob nichts versuchsweise zu tun sei, gab ich der Mutter zur Antwort, sie solle das Wasser nicht anwenden und verließ nach vier Minuten das Haus.

Kneipp wird angezeigt und musste sich vor Gericht erklären

Nach zwei oder drei Tagen wurde das Kind als gestorben im Pfarrhofe angezeigt. Dieses ist alles, was ich vom Kinde weiß. Sollte diese meine Erklärung zu schwach sein, so bitte ich ein Kgl. Landgericht, die Mutter dieses Kindes selbst zu vernehmen." Und weiter: „Was die medizinischen Pfuschereien betrifft, wie sie Herr Dr. Mannheimer in seinem etwas harten Schreiben bezeichnet, so habe ich mich offen am 23. Februar 1854 beim Kgl. Landgericht erklärt, dass die Kranken nur solche gewesen sind, die nach längerer oder jahrelanger Anwendung ärztlicher Mittel, wenig oder keine Hilfe gefunden, auch geradezu von Ärzten abgewiesen wurden, weil keine Hilfe mehr stattfinden werde, dass nicht Vorliebe oder Interesse, sondern Mitleiden für die Unglücklichen mich veranlasste,

den Versuch mit Wasser auf vieles Bitten zu raten. Ist ein mündlicher Rat erlaubt, so zweifelte ich auch nicht an einem schriftlichen, der Sicherheit wegen. Doch, wie ich beim Kgl. Landgerichte in Babenhausen erklärte, ich werde selbst solche Unglücklichen, die auch keine Hilfe gefunden, zurückweisen, so ist es bereits schon geschehen, um allen Zwist, den ich mir auf diese Weise im geringsten nicht vermutete, zu beseitigen." Kneipp bot auch einen Einblick in seine Heillehre an: „Wünscht ein Kgl. Landgericht auch nähere Kunde über die, denen ich auf vieles Bitten Wasser anzuwenden geraten habe, so bin ich bereit, nicht bloß die Namen und Krankheit zu nennen, sondern auch die Anwendung, und es wird sich klar herausstellen, daß ich beim Anraten nicht mordend, sondern auf die schonendste Weise, ja vielmehr unschuldigste und natürlichste verfahren bin." Der Richter soll auch gefragt haben, warum sich Kneipp denn so viel mit Menschen abgebe. Kneipp antworte-

Eine Gedenktafel am Amtsgericht in Babenhausen erinnert an Sebastian Kneipp.

Sebastian Kneipp in jungen Jahren

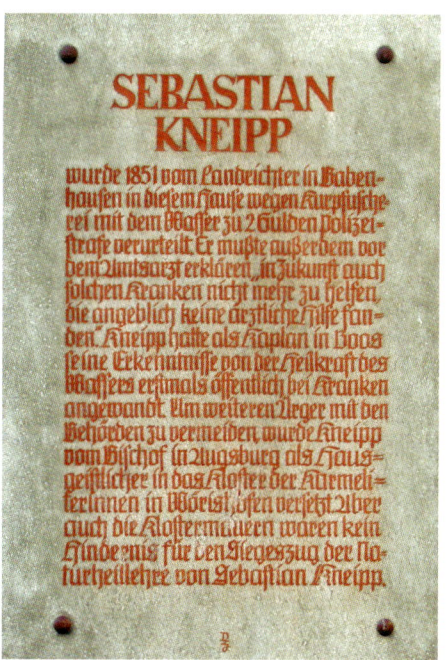

SEBASTIAN KNEIPP
wurde 1851 vom Landrichter in Babenhausen in diesem Hause wegen Kurpfuscherei mit dem Wasser zu 2 Gulden Polizeistrafe verurteilt. Er mußte außerdem vor dem Amtsarzt erklären, in Zukunft auch solchen Kranken nicht mehr zu helfen, die angeblich keine ärztliche Hilfe fanden. Kneipp hatte als Kaplan in Boos seine Erkenntnisse von der Heilkraft des Wassers erstmals öffentlich bei Kranken angewandt. Um weiteren Ärger mit den Behörden zu vermeiden, wurde Kneipp vom Bischof in Augsburg als Hausgeistlicher in das Kloster der Dominikanerinnen in Wörishofen versetzt. Aber auch die Klostermauern waren kein Hindernis für den Siegeszug der Naturheillehre von Sebastian Kneipp.

te wohl mit einer Gegenfrage: „Wenn jemand krank ist und findet keine Hilfe, soll man nicht helfen? Oder wenn jemand all sein Geld für Doktor und Apotheke ausgegeben hat, und die Ärzte erklären: Wir hören jetzt auf, weil Sie kein Geld mehr haben, helfen tut doch nichts – soll man diesem nicht helfen?"

Am Ende gab es keine Verurteilung. Gleichwohl musste sich Kneipp dem Gerichtsarzt Dr. Betzendorfer stellen. Dessen Gutachten lautete: „Ich bin gegen das Pfuschen und würde ihn erwischen. Aber so, wie er es betreibt, kann jeder kurieren; denn ein Hausmittel anraten darf zuletzt jedes alte Weib." Für das Dekanat Erkheim musste der junge Sebastian Kneipp die Erklärung abgeben, „fürderhin auch solchen Unglücklichen nicht mehr zu helfen, die keine ärztliche Hilfe finden." Kneipp hielt sich nicht an die Unterlassung. Zum Glück. Kneipp: „Ich habe die Medizin geflohen, aber entkommen konnte ich ihr nicht." Der Bischof versetzte ihn zunächst nach Augsburg und 1855 nach Wörishofen. Von hier aus trat seine Wasserheillehre ihren Siegeszug um die Welt an.

Immer gut besucht war die Sprechstunde von Pfarrer Kneipp. Obwohl ihm die Schulmedizin Hürden über Hürden in den Weg stellte, bekannte sich Kneipp entschlossen zu seiner Gesundheitslehre.

Weltberühmt durch die „Wasserkur"

Im Jahr 1886 erschien das Buch „Meine Wasserkur", das den Wörishofer Pfarrer Sebastian Kneipp schlagartig weltberühmt machte. Von da an strömten Heilungssuchende in das beschauliche schwäbische Dorf. Sebastian Kneipp hatte die Wasserkur im Laufe von fast drei Jahrzehnten erprobt und entwickelt, nachdem er sich als junger Mann 1849 mit kalten Bädern in der Donau selbst von einem Lungenleiden kurierte.

Ist der Mesner ein Zwiebel-Dieb?

Streiten ist menschlich, irren auch: In der Zeitung wurden früher regelmäßig Erklärungen abgegeben. Was die Anzeigen heute verraten.

Die Zeitungsanzeigen zeigen heute, über was sich Menschen früher aufregten, was sie betrübte oder tief traf – auch wenn es nur um Zwiebeln in einem Garten ging, wie die folgende Erklärung zeigt.

Der Mindelheimer Mesner Martin Schmid war ziemlich entrüstet, als er im Oktober 1916 folgende Zeilen formulierte: „Den Ehrabschneidern, welche über mich das Gerücht verbreiteten, ich hätte im Garten der Frau Amtsgerichtsdiener Fischer Zwiebeln entwendet, diene zur Nachricht, daß die betreffenden Persönlichkeiten den genauen Sachverhalt bei den Unterfertigten erfahren können." Betty Fischer bestätigte, „daß Herr Martin Schmid meinen Garten in uneigennütziger Weise angebaut und gepflegt hat und jederzeit das Recht hat, Gemüse zu entnehmen, was mir auch im Garten des Herrn Schmid schon seit langer Zeit in liebenswürdigster Weise gestattet wurde".

Damals standen viele junge Männer an den Fronten des Ersten Weltkriegs, dessen Schrecken sich immer mehr abzeichnete. Martin Schmid ging darauf indirekt ein: „Die jetzige schwere Zeit könnte zu etwas Besserem verwendet werden als zu Denunziationen, Verleumdungen, anonymem Briefeschreiben, deren solche Blüten Mindelheim zur Genüge hat. Alle aber, welche genannter Sorte von Menschen angehören und ich erwische, werde ich unnachsichtlich dem Gericht übergeben."

In Mindelheim gab es tatsächlich viele dieser „Blüten". 1919 ging beispielsweise das Gerücht um, die Behördenvertreter würden im Dienst schlafen. Die Folgen der Untätigkeit bekamen die Einwohner zu spüren: Weil nicht genügend Kohlen vorhanden waren, die damals die Verwaltung zuteilte, wurde es in den eigenen vier Wänden kalt. Dem Gerücht trat die „Bezirkskohlenstelle" entgegen und veröffentlichte folgende Erklärung: „In hiesiger Stadt wird zurzeit wieder das Gerücht verbreitet, Mindelheim hätte fünf Waggons Kohlen mehr erhalten können, wenn das Bezirksamt die erforderlichen Scheine hergegeben hätte.

Gegenüber diesem unverantwortlichen Gerede wird folgendes erklärt:

- Die Bezugsscheine werden von der Bezirkskohlenstelle nicht an die Kohlenhandlungen, sondern einem Stadtrat hinausgegeben, dem die Verteilung an die einzelnen Kohlenhandlungen übertragen ist.
- Der Bezirkskohlenstelle wird vom Reichskommissar allmonatlich nur eine beschränkte Anzahl von Bezugsscheinen zur Verfügung ge-

stellt. Sie ist nicht in der Lage, mehr zu verteilen als sie selber hat.

- Die Stadt Mindelheim ist gegenüber anderen Gemeinden in keiner Weise benachteiligt.
- Die bisher für die Stadt ausgegebenen Bezugsscheine sind tatsächlich nur zu einem geringen Teil geliefert worden. Es besteht daher zwar Mangel an Kohlen, nicht aber an Bezugsscheinen."

Der Mangel an Kohlen habe andere Ursachen, erklärte im August 1919 Dr. Steinbach. Ihm waren die Hände gebunden, denn er hatte mit seinem Amt, das eigentlich die Ernährung und Versorgung sicherstellen sollte, kaum Steuerungsmöglichkeiten. Den wachsenden Ärger und die Wut der Bevölkerung insbesondere über die ungenügende Versorgungslage auf dem Weg zur Inflation bekam das Amt trotzdem zu spüren.

Es gab auch direkte Aufrufe in der Zeitung. Zum Beispiel echauffierte sich der „Kälberführer" Ulrich Drexel 1919 in den Mindelheimer Neuesten Nachrichten: „Ich fordere die Gemeinden Oberegg und Unteregg auf, zu veröffentlichen, aus welchem Grund Schall und Fall ohne jede Rücksprache das Kälberfuhrwerk, welches ich jetzt 11 Jahre hatte, mir genommen wurde. Sollte es ohne Grund geschehen sein, so halte ich es für eine recht charakterlose Handlung." Der Vorfall wurde dann nicht mehr über die Zeitung aufgeklärt. Aber zumindest war er Tagesgespräch im Dorf.

Öffentlich entschuldigen musste sich Alois Ledermann aus Unterrammingen. Am 2. August 1888 ließ er im Mindelheimer Anzeigeblatt folgende Zeilen veröffentlichen: „Ich, Alois Ledermann, Privatier in Unterrammingen, widerrufe hiermit die am 28. Mai des Jahres in der Ritter'schen Gastwirtschaft zu Widergeltingen über die Gastwirtsehefrau Agnes Eberle von Oberrammingen gemachten Beleidigungen als vollständig unwahr, leiste derselben hiermit öffentlich Abbitte und bedaure, die genannte durch diese Ausdrücke beleidigt zu haben. Ich muss vielmehr erklären, daß ich derselben nicht im Ernstesten etwas Uebles nachzusagen im Stande bin und daß die Genannte in jeder Beziehung eine ehrenhafte Frau ist."

Manchmal ging es auch nur um Befindlichkeiten, wie eine Anzeige aus dem Februar 1893 zeigt. Darin hieß es: „Diejenige weibliche Person, welche über meine Tochter Creszenz die Aussage gebraucht hat, sie sei ein ausgeschämtes Mädchen – Grund: Mitwirken beim Theaterspielen und Reiten beim Zuge am Gumpigen Donnerstag – erkläre ich so lange als eine unverschämte, verläumderische Personen, bis sie mir von dieser nachweisen kann, was wirklich ausgeschämt oder sittenlos sein soll. Durch ihre weitere Aussage, daß meine Tochter früher, resp. so lange sie theilweise unter ihrer Aufsicht stand, so ordentlich war, fühle ich mich, als ihr Vater, auch getroffen, kein guter Erzieher zu sein. Kehre jeder vor seiner Thüre."

So ein Streit endete gerne oft in einer Gerichtsverhandlung. Im Namen Seiner Majestät wurden so Max Singele, Müllerssohn aus Dirlewang, Ludwig Degenhart, Sattlermeister aus Zaisertshofen, und Carl Möhrle, Hammerschmiedssohn aus Dirlewang, wegen Beleidigung verurteilt. Sie hatten den Unterförster Martin Fischer aus Seyfriedsberg (bei Ziemetshausen) im Visier, der daraufhin eine Privatklage anstrengte. Singele wurde zu 15 Mark, die beiden anderen Männer zu je neun Mark verurteilt. Auch der Streit zwischen dem Landwirt Albert Seitz aus Mindelheim und seinem

Aufforderung!

Ich Unterzeichneter fordere die Gemeinde von Oberegg und Unteregg auf, zu veröffentlichen, aus welchem Grund schnell und Fall ohne jede Rücksprache das Kälberfuhrwerk, welches ich jetzt 11 Jahre hatte, mir genommen wurde.

Sollte es ohne Grund geschehen sein, so halte ich es für eine recht charakterlose Handlung.

Unteregg, den 18. August 1919.

Ulrich Drexel, ehem. Kälberführer.

Kollegen Josef Bertelmann endete 1914 vor dem Amtsgericht. Vorausgegangen war eine Anzeige wegen Beleidigung. Nach dem Urteil gab Rechtsanwalt Otto Roth im Namen seines Mandanten Seitz in der Zeitung bekannt: „Josef Bertelmann, geboren am 20. Februar 1857 in Babenhausen, katholisch, verheirateter Oekonom in Mindelheim, ist schuldig dreier im sachlichen Zusammenhange stehender Vergehen der Beleidigung und wird hiewegen in eine Gefängnisstrafe von fünf Tagen sowie zur Tragung der Kosten und zur Erstattung der dem Privatkläger erwachsenen notwendigen Auslagen verurtheilt." Um was es bei der Beleidigung konkret ging, wurde nicht bekannt.

Die Richtigstellung in der Tagespresse war damals übrigens ein Teil der Strafe. Die Rechnung für eine entsprechende Anzeige musste dann der Verurteilte begleichen.

Um ein wiederholtes juristisches Nachspiel zu verhindern, ließ die frühere Käsereibesitzerin Josefa Maurer aus Mindelheim folgende Erklärung abdrucken: „Unterzeichnete warnt hiermit alle Personen, die gegen sie und ihre Kinder ehrenrührige Verleumdungen machen, vor einer fortgesetzten Verbreitung derselben, widrigenfalls sie gegen diese Verleumder gerichtlich vorgehen wird. Besonders sei diejenige Person gewarnt, die wegen grundloser Verleumdung gegen mich schon zu 300 Mark Geldstrafe verurteilt worden ist, da ihre Aussagen sich als Lügen herausgestellt hatten."

Erklärung.

In hiesiger Stadt wird z. Zt. wieder das Gerücht verbreitet, Mindelheim hätte 5 Waggons Kohlen mehr erhalten können, wenn das „Bezirksamt" die erforderlichen Bezugsscheine hergegeben hätte. Gegenüber diesem unverantwortlichen Gerede wird Folgendes erklärt:

1. Die Bezugscheine werden von der Bezirkskohlenstelle nicht an die Kohlenhandlungen, sondern an den Stadtrat hinausgegeben, dem die Verteilung an die einzelnen Kohlenhandlungen übertragen ist.
2. Der Bezirkskohlenstelle wird vom Reichskommissar allmonatlich nur eine beschränkte Anzahl von Bezugsscheinen zur Verfügung gestellt; sie ist nicht in der Lage, mehr zu verteilen als sie selber hat.
3. Die Stadt Mindelheim ist gegenüber anderen Gemeinden in keiner Weise benachteiligt.
4. Die bisher für die Stadt ausgegebenen Bezugsscheine sind tatsächlich nur zu einem geringen Teile beliefert worden; es besteht daher zwar Mangel an Kohlen, nicht aber an Bezugsscheinen.

Die Ursachen des Kohlenmangels sind in der Presse so eingehend besprochen worden, daß jedermann davon unterrichtet sein kann.

Mindelheim, den 16. August 1919.
Bezirkskohlenstelle:
Dr. Steinbach.

In der Tageszeitung wurden früher immer wieder öffentliche Erklärungen abgegeben: Sei es, um einen Sachverhalt klarzustellen, oder um eine nicht rechtmäßige Behauptung zu widerrufen.

Glaube schützt vor Einbruch nicht

Während des Gottesdienstes haben Diebe oft leichtes Spiel.

Die Rechnung ging meistens auf: Während die einen in der Kirche ihr Seelenheil suchten, sündigten die anderen. Einbrecher nutzten die Gunst der Stunde und stiegen in fremde Häuser ein. Beispielsweise wurden beim „Privatier" Melchior Habres an einem Sonntagvormittag im Januar 1903 rund 60 Mark und neue Bettwäsche entwendet. Das Geld benötigte der 20 Jahre alte Knecht Johann Birk aus Unterknöringen dringend, nachdem ihn die Gendarmerie Babenhausen geschnappt hatte: Denn damit konnte er die Fahrt zur Strafkammer nach Memmingen finanzieren. Der vorbestrafte Bursche musste für drei Monate und acht Tage ins Gefängnis.

Ob jemals der Einbrecher geschnappt wurde, der im Februar 1910 das Pfarrhaus in Mindelheim durchwühlt hatte? Der Täter stieg durch das „Abortfenster" ein. Er hatte dazu eine Eisenstange mit Gewalt aus der Verankerung gerissen. In der Küche schnappte er sich eine goldene Uhr und 30 Mark – das Haushaltsgeld der Pfarrhaushälterin, die genauso wie der Geistliche Rat Schuster gerade in der Kirche beim Beten war. Anschließend betrat der Unbekannte das Schlafzimmer des Geistlichen, wo er eine Geldbörse mit 13 Mark Inhalt entdeckte. Aus einem Sekretär entwendete er noch 170 Mark.

Keine Beute machte ein „Einschleicher", wie er im Krumbacher Boten genannt wurde, im Juli 1905 in Obergessertshausen. Während des Ulrichsfestes brach er beim Mesner und Schneidermeister Anton Schuster ein, der gerade beim Vormittagsgottesdienst war. Zum Glück hatte Schuster sein Geld, das er für eine größere Zahlung vorbereitet hatte, bei sich.

Es gab noch eine weitere Zeit, die sich Einbrecher häufig zu Nutze machten: Sie wurden aktiv, wenn Bauern und Knechte bei der Feldarbeit waren. In der Wohnung des Bürgermeisters und Landwirts Schindele in Unggenried hatte ein Unbekannter leichtes Spiel. Ihm fielen im Juli 1910 eine Damenuhr, zwei Ringe und 42 Mark in die Hände. In der Zeitung wurde gewarnt: „Eine neue Ver-

Das ehemalige Gefängnis der Herrschaft Schwabegg, erbaut 1513, wurde später zum Amtsgerichtsgefängnis Türkheim.

Ärger wegen versäumter Kirchenwache

Während die Dorfbewohner den Gottesdienst besuchten, mussten ausgewählte Männer „Kirchenwache" halten: Sie passten auf, dass in den Häusern nichts abhanden kam. Der Fürstlich Fugger'sche Waldaufseher Anton Wagner aus Steinekirch hatte diese Aufgabe 1908 einmal versäumt. Deshalb wurde er vom Schöffengericht am Amtsgericht Türkheim zu einer Geldstrafe von drei Mark verurteilt. Damit wollte sich der verheiratete Mann nicht abfinden – er legte Einspruch ein. Anton Wagner wurde schließlich freigesprochen.

Gelegenheit macht Diebe: Einbrecher nutzten früher gerne die Zeit, wenn Hausbewohner in der Kirche oder beispielsweise bei der Heuernte waren. Das geschnittene Gras wurde zum Trocknen auf Holzgestellen, sogenannten Heinzen, getürmt.

anlassung, beim Verlassen des Hauses Geld und Werthsachen sicher zu verwahren und das Haus abzuschließen." Der Aufruf zeigte keine Wirkung. Denn nur einige Tage später wurde in Sontheim eingebrochen. Diesmal traf es den Landwirt Leonhard Maier. Während er auf den Wiesen arbeitete, verschwanden 79 Mark Bargeld, eine Uhr und andere Wertgegenstände auf Nimmerwiedersehen. Vielleicht steckte der 17-jährige Johann Satzger von Kloster Rohr hinter den Einbrüchen? Er wurde am 27. Juli 1910 in Obergünzburg festgenommen und ins Gefängnis gebracht. Nachgewiesen wurden ihm Einbrüche in der Gegend von Blonhofen und Dirlewang.

Lange Finger und schnelle Beine

Als „kleine Köpenikiade" wurde ein versuchter Diebstahl im Mai 1911 in Mörgen bezeichnet. Ein fremder Mann kam damals in die Postdienststelle und sagte, er sei Postrevisor und wolle die Postkasse und die Markenvorräte kontrollieren. Als die Frau das Poststelleninhabers, die allein zuhause war, um einen Ausweis fragte, legte der Fremde als Drohung ein Messer auf den Tisch. Zufällig kam ein Kunde gerade herein – zum Glück, denn der vermeintliche Revisor bekam plötzlich schnelle Beine und verschwand.

KAPITEL 09

Feurio: Funkenflug und Feuerglocke

Tragödie löscht fast eine ganze Familie aus

Nach einem Gewitter kommt es 1901 in Zaisertshofen zu einem großen Unglück.

Eine Verkettung unglücklicher Umstände endete im August 1901 in Zaisertshofen in einer Katastrophe. Im brennenden Anwesen des Schmiedemeisters Britzelmeier kamen sieben Kinder und ihre schwangere Mutter ums Leben. Das war passiert: Wegen eines Gewitters holten die Eltern ihre Kinder im Alter von einem bis acht Jahren zu sich ins Schlafzimmer. Nach der Aufregung verfielen alle in einen tiefen Schlaf. Allerdings vergaß die

Mutter, die Flammen des Wachsstocks und einer Kerze zu löschen. Ein verhängnisvoller Fehler: Denn so fingen erst verschiedene Gegenstände und dann das Schlafzimmer Feuer.

Als gegen 4 Uhr die ersten Taglöhner zum Mähen auf die Wiese gingen, sahen sie in der vorderen Kammer das Feuer. Mehrere Männer warfen sich gegen die versperrte Eingangstüre, um sie aufzubrechen. Als diese nachgab, bot sich ihnen ein schreckliches Bild: Bis auf den unter Schock stehenden Hausherren, der im Stall geschlafen hatte, war die gesamte Familie tot. Gegen 8.45 Uhr wurde die letzte Leiche entdeckt. Alle Opfer der Brandkatastrophe sollen schrecklich entstellt gewesen sein. An der Beerdigung beteiligte sich das ganze Dorf. Der Leichenzug füllte die Ortstraße in ihrer ganzen Breite aus. Die Leichen befanden sich in drei Särgen – in zwei je zwei Knaben und zwei Mädchen, im dritten Sarg die Mutter und die beiden kleinsten Kinder. Auf dem Friedhof angekommen, wurden zuerst die sechs Kinder und dann die Mutter zur letzten

Eine vergessene, brennende Kerze war die Ursache für das Brandunglück von Zaisertshofen.

Ruhe gebettet. Wortwörtlich hieß es im Krumbacher Boten: „Pfarrer Weinmann leitete die Trauerrede mit Zitaten aus Schillers Glocke ein, das irdische Beisammensein und Trennen schildernd, tröstete dann den Gatten und den Großvater durch Anführung vieler Stellen aus der Heiligen Schrift, mit dem weiteren Hinweise, daß die Kinder in ihrer Unschuld aus diesem Leben zu unbeschränkter Gottesanschauung gelangt seien, daß die Gattin immer und überall im Rufe eines unschuldigen, braven Kindes, einer sittsamen Jungfrau und einer musterhaften Gattin und Mutter gestanden, also mitten in treuester Pflichterfüllung abgerufen worden sei." Im Mindelheimer Anzeigeblatt wurde berichtet: „Wie hier der Jammer und Schmerz des Gatten und Vaters, dann des Großvaters mütterlicherseits sich neuerdings in herzzerreißender Weise Ausbruch verschaffte, so wurde die ganze Begleitung mitgerissen zu lautem Schluchzen der Kundgabe ihres Mitleides."

Schreckliches Brandunglück in Zaisertshofen.

Zaisertshofen, 26. August. Ein schauerliches Brandunglück ereignete sich hier heute Früh. In dem Anwesen des Schmiedmeisters Britzelmeier brach Morgens 4 Uhr Feuer aus, welchem nicht nur das ganze Gebäude, sondern auch sieben Menschenleben, die Mutter und sechs Kinder im Alter von 1–8 Jahren, zum Opfer fielen. Eine Stunde früher war ein Gewitter über Zaisertshofen hingezogen. Die Kinder, welche in der sogen. Stallkammer schliefen, fürchteten sich, und der Vater

Wer hat den Brand gelegt?

Feuerteufel versetzen Menschen in Angst und Schrecken. Auf Schloss Mattsies brannte es an mehreren Stellen gleichzeitig.

Was geht in Menschen vor, die vorsätzlich Brände entfachen und so andere ins Unglück stürzen? Eine einfache Antwort auf die Frage gibt es nicht. Außer, dass Täter meistens eine seelische Störung haben. Sie leiden beispielsweise dauerhaft unter Frust. Um den zu kompensieren, schaffen sich Brandstifter positive Gefühle. Kriminologen, Forensiker und Psychologen wissen: Feuerteufel verspüren durch die Anspannung vor einem Feuer Vergnügen. Und sie genießen es, wenn die Flammen lodern, wenn es knistert, wenn die Feuerwehr anrückt und wenn die Zuschauer gaffen. Was sie mit einem Brand anrichten, ist ihnen egal. Die Folgen lassen sie emotional kalt: Brände können ganze Existenzen auslöschen. Entsprechend groß war seit jeher die Angst vor Brandstiftern.

In Kettershausen gab es um das Jahr 1895 eine Serie von Bränden. An Ostern wurde laut Zeitungsbericht im Stadel des Bauern Anton Ohmaier Feuer gelegt. Sechs Schweine und sämtliche landwirtschaftlichen Geräte und Fuhrwerke verbrannten. Das Wohngebäude konnten die Feuerwehren retten. Offenbar hatte der Brandstifter die weiblichen Dienstboten durch Steinwürfe ans Fenster geweckt und hatte sich dann aus dem Staub gemacht. In der Zeitung hieß es: „Möchte es bald gelingen, den ruchlosen

Auch auf Schloss Mattsies soll ein Feuerteufel sein Unwesen getrieben haben. Im Juli 1910 brannte es an mehreren Stellen gleichzeitig. Wie groß der Gutshof einmal war, ist heute noch aus der Luft zu erkennen.

dige sein?" Die Marktgemeinde setzte eine Belohnung von 1000 Mark aus. Im Oktober ging das Gerücht um, dass ein „Legbrief" gefunden worden war. In dem mysteriösen Schriftstück wurde angekündigt, dass das sogenannte Paradiesviertel in Schutt und Asche gelegt werde. Wenig später versuchte ein Unbekannter tatsächlich, Feuer im Westen des Ortes zu legen. Ohne Erfolg. Die Gendarmerie richtete eine Nachtwache mit sechs bis acht Männern ein. Ob der Brandstifter gefasst wurde, ist nicht bekannt.

Auf einen Feuerteufel ging wohl auch ein Brand am 23. Juli 1910 auf Schloss Mattsies zurück. Schließlich loderten die Flammen gleichzeitig an verschiedenen Stellen. Ökonomiegebäude, Pferdestall, Wagenremise, Schuppen, Getreideböden und Schweinestall waren am nächsten Morgen nur noch Schutt und Asche.

Thäter zu ermitteln und die Bevölkerung dadurch von der Angst und der Besorgnis um Haus und Hof zu befreien."
Von einer „Nacht des Schreckens" war im September 1907 in Babenhausen die Rede. Im Oberen Markt standen damals zwei Anwesen in Flammen. Wenig später brannten auch noch zwei weitere Gebäude. Besonders bitter: Ein betroffener Landwirt musste bereits im Frühjahr einen Brandschaden verkraften. Im Oktober brannte es schon wieder. Ein Anwesen stand in Flammen. Das Nachbargebäude wurde vorsorglich geräumt, die tüchtigen Feuerwehrmänner konnten Schlimmeres verhindern. In der Zeitung wurde gemutmaßt: „Die Entstehung

dieses Brandes kann nur wieder auf böswillige Brandstiftung zurückgeführt werden. Nachdem sich der mutmaßliche Täter der letzten Brandfälle in Untersuchungshaft befindet, so entsteht die Frage: Wer wird wohl dieser Nichtswürdige sein?"

Großfeuer auf Schloss Mattsies: So wurde über den Brand berichtet. Damals wurde Brandstiftung vermutet.

Schloß Mattsies, 23. Juli. (Großfeuer.) In der Nacht vom Freitag zum Samstag früh halb 3 Uhr brach dahier in den Oekonomiegebäuden Feuer aus, welches in kurzer Zeit den Pferdestall, die Wagenremise, die Schuppen, die Getreideböden und den Schweinestall vollständig einäscherte. Das Vieh konnte gerettet werden, während die vielen Baumannsfahrnisse den Flammen zum Opfer fielen. Die gleichen Gebäulichkeiten sind schon vor achtzehn Jahren auch einmal niedergebrannt. Brandstiftung wird vermutet, nachdem das Feuer an mehreren Stellen zu gleicher Zeit entstanden ist. Der Schaden ist sehr groß, doch ist der Besitzer, Herr Baron von Rougemont, gut versichert.

Das Bild aus dem Jahr 1947 lässt erahnen, welch stattliches Gebäude das Rathaus Babenhausen schon früher war. Es brannte im Fasching ab, viele Feuerwehrmänner kamen maskiert zum Löschen.

Das Vieh konnte gerettet werden. Die selben Gebäude waren schon einmal vor 18 Jahren niedergebrannt. Der Schaden war sehr groß, doch angeblich war der damalige Besitzer Baron von Rougemont gut versichert.

Hatte ein Krimineller tatsächlich einen Brand gelegt, um in aller Seelenruhe in einem anderen Haus einbrechen zu können? Diese Vermutung lag im Novem-

Einbrecher hatten oft Universalschlüssel dabei.

ber 1911 nahe. In Oberkammlach stand Sonntagnacht gegen 23 Uhr das Anwesen des Landwirts Anton Bader mit Stadel und Viehstall in Flammen. Sämtliche Futtervorräte und Geräte waren innerhalb einer Stunde verbrannt. Nur das Vieh konnte noch gerettet werden. Den Feuerwehren aus Ober- und Unterkammlach, Stetten und Auerbach war damals zu verdanken, dass sich das Feuer nicht weiter ausbreitete. Pech am Rande: Ausgerechnet auf dem Weg zum Einsatz stürzte Zugführer Raimund Dreher aus Stetten so unglücklich von der Feuerspritze, dass er verletzt wurde und anderntags der Arzt gerufen werden musste. Nach dem Brand bei Anton Bader stellte sich heraus, dass beim Privatier Wachter eingebrochen worden war. Der Dieb war durch das Fenster in die Wohnung eingestiegen und hatte dort wertvolle Gegenstände gestohlen.

Tyrann und Brandstifter

Ein Mann aus Breitenbrunn zündet den Hof der Schwiegereltern an und muss dafür ins Zuchthaus.

Als das Lochbrunner-Anwesen in Schöneberg im September 1910 in Flammen stand, fiel der Verdacht schnell auf einen Mann aus Pfaffenhausen: Er hatte die Tochter des Hausherrn geheiratet. Er hieß Josef Nägele und galt als Nichtsnutz. Er war der Sohn des Adlerwirts in Pfaffenhausen und arbeitete zunächst als Metzger und als Hausbursche in Kaufbeuren, Kempten und Lindau. Dann musste er einrücken und kam zum zweiten Chevauleger-Regiment. Kurz nach seiner Rückkehr vom Militär heiratete er. Die Tochter des Bürgermeisters Lochbrunner war eine gute Partie: Denn durch die Frau kam er zu etwas Geld. So konnte Josef Nägele eine Wirtschaft in Breitenbrunn pachtweise übernehmen. Mit einem Teil der Mitgift wurde die Einrichtung beschafft. Zwei Jahre später hatte Nägele das Lokal heruntergewirtschaftet. Im Dorf hieß es, dass er der Arbeit aus dem Weg gehe und selbst sein bester Kunde sei. Der Schwiegervater gab die Hoffnung nicht auf und half mit weiteren 1200 Mark aus, um die Rechnung eines Bräuers bezahlen zu können. Doch vergebens: Josef Nägele brachte einfach nichts auf die Reihe. Noch dazu behandelte er seine Frau schlecht. Laut Bericht des Mindelheimer Anzeigeblatts beschimpfte, bedrohte und misshandelte er sie. Schließlich flüchtete sie zu ihren Eltern. Die Wirtschaft musste Nägele aufgeben und sich bei der Eisenbahn verdingen.

Das Verhältnis zur Familie seiner Frau wurde zusehends schlechter. Dazu trug bei, dass Josef Nägele reihum Anzeige erstattete. Seinen Schwager Benno Lochbrunner beschuldigte er einmal, Glasdachziegel gestohlen zu haben. Seiner Frau warf er vor, dass sie gegen das Nahrungsmittelgesetz verstoßen und sich der „Kindesabtreibung" schuldig gemacht habe. Die Klagen stellten sich als Schall und Rauch heraus. Doch Nägele ließ nicht locker. Im Dorf kündigte er an, dass er den Lochbrunners „noch etwas besorgen werde, das für zehn Jahre reiche". Es war also nicht verwunderlich, dass die Gendarmerie beim Ausbruch des Feuers im Lochbrunner-Anwesen schnell auf Nägele kam. Am Tatort war er zwar nicht gesehen worden. Doch in seiner Behausung hatte er verschmutzte Kleidung an.

Indizien reichen für eine Anklage

Für die Beamten war klar: Nägele könnte einen längeren Weg über die Felder zurückgelegt haben. Außerdem besaß er genügend Feuerzeuge. Und: Sein Kittel und insbesondere sein Hut waren mit Spinngeweben bedeckt. Stammten sie aus dem Teil des Lochbrunner-Anwesen, in dem das Feuer ausgebrochen war? Josef Nägele wurde angeklagt. Am Schwurgericht in Augsburg begann ein Indizienprozess. Nägele stritt alle

Gelöscht wurde früher auch mit Lederbeuteln.

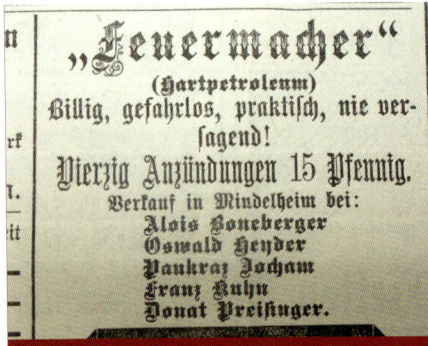

„Feuermacher"
(Hartpetroleum)
Billig, gefahrlos, praktisch, nie versagend!
Vierzig Anzündungen 15 Pfennig.
Verkauf in Mindelheim bei:
Alois Sonneberger
Oswald Heyder
Pankraz Jocham
Franz Kuhn
Donat Preißinger.

Gefährliches Spiel mit dem Feuer

Immer wieder zündeln Kinder und stürzen so ihre Eltern ins Unglück. Vielleicht ist es die jugendliche Neugier oder der Reiz am Spiel mit dem Feuer, der Minderjährige zu Brandstiftern werden lässt. Neuerdings gibt es auch Psychiater, die einen Ursprung in einer „schlechten Stimmung" sehen. Für die gebe es bestimmte Auslöse-Momente: Eltern kümmern sich beispielsweise nicht genug; das Kind fühlt sich traurig und allein, es wird wütend, bekommt Zerstörungsfantasien – und schon wird gezündelt. Was auch immer die Motivation ist – die Folgen sind verheerend.

Sicherer als Streichhölzer, die auf Kinder einen besonderen Reiz ausüben, waren „Feuermacher", die in Anzeigen angeboten wurden (oben).

Vorwürfe ab. Doch angesichts der Drohungen und der Vorstrafen (Körperverletzung, Unfug, Beleidigung und Tierquälerei) sah es das Gericht als erwiesen an, dass Nägele den Brand gelegt hatte. Er erhielt eine Zuchthausstrafe von vier Jahren. Die bürgerlichen Ehrenrechte wurden ihm für zehn Jahre abgesprochen. Die Frage des Vorsitzenden Richters, ob er sich dem Urteil unterwerfen wolle, beantwortete der Verurteilte mit einem zornigen „Nein".

Vor dem Schwurgericht in Augsburg landete vor 100 Jahren auch Matthias Assemann, ein lediger Taglöhner aus Kirchdorf. Der 61-Jährige, der bereits 21 Vorstrafen auf dem Kerbholz hatte, soll einen Strohhaufen des Söldners Max Koch aus Kirchheim im Wert von 120 Mark angezündet haben. Das hatte wohl familiäre Gründe. Assemann hatte ein Wohnrecht bei den Kochs, weil er mit der Hausherrin verwandt war. Mit seiner Lebenssituation war er allerdings nicht zufrieden und noch dazu sauer, weil ihm wegen eines Augenleidens eine Invalidenrente verweigert wurde. Das Mindelheimer Anzeigeblatt berichtete über die Gerichtsverhandlung: „Jetzt will er sich daran nicht mehr erinnern, weil es bei ihm manchmal im Oberstübchen rapple und er auch damals mit sich politisiert habe; doch kehrte ihm bei unbequemen Zeugenaussagen das Gedächtnis mehrmals mit merkwürdiger Schärfe zurück und er wehrt sich gegen die solche Aussagen ganz vernünftig und sachlich. Die Zeugen nehmen an, dass er nicht

Auf dem oberen Bild ist am rechten Rand die Adlerwirtschaft zu erkennen. Breitenbrunn konnte damals mit der Eisenbahn erreicht werden.

Sehr wahrscheinlich wurde der Schulhaus-
brand mit der Spritze gelöscht, die auf
dem Bild aus dem Jahr 1975 zu erkennen
ist. Damals feierte die Feuerwehr Salgen
ihr 100-jähriges Bestehen.

arbeitsunfähig, sondern nur -scheu sei.
Sein Augenleiden steht indessen fest.
Übrigens bestreitet der Angeklagte die
Brandstiftung selbst nicht, sondern will
bloß über die früher zugegebenen Mo-
tive nicht Rede stehen. Die ärztlichen
Gutachten über den Geisteszustand des
Angeklagten differieren insofern etwas,
als der Bezirksarzt von Mindelheim, Herr
Dr. Roder, dahin resümiert, dass Assemann wegen krankhafter Beeinflussung
seiner Willensfreiheit für die Tat selbst
nicht in vollem Umfange verantwortlich gemacht werden könne, während
Herr Dr. Ulrich, Direktor der Heilanstalt
in Kaufbeuren, diese Folgerung nicht
durch krankhafte Beeinflussung, sondern durch hochgradige Erbitterung und
Gereiztheit des von jeher moralisch min-
derwertigen Angeklagten begründet."
Assemann hatte angeblich mehrmals
gedroht, dass er das Haus der Kochs,
des Bürgermeisters und noch anderer
Bewohner von Kirchdorf anzünden werde. Einmal soll er außerdem behauptet
haben, dass er Brände legen würde, um
ins Gefängnis zu kommen, wo er dann anständig versorgt werde. Dorthin durfte
der Mann schließlich für ein Jahr. Ob die
Versorgung bei Wasser und Brot wirklich
besser war als bei der Familie Koch?

Hurra, die Schule brennt

Erst brannte es 1901 im Schulhaus in
Siebnach, dann in Salgen. Dort gelang
es dem Lehrer, ein größeres Unglück
zu verhindern. Er wachte nachts
durch das Knistern des Feuers auf.
Während die Frau des Lehrers Sturm
läutete, versuchte er die Türe zum
Schulsaal aufzubrechen. Das Feuer
hatte sich bereits einen Weg durch
den Fehlboden gesucht. Zum Glück
war die Feuerwehr schnell zu Stelle,
sonst hätten sich die Flammen weiter
ausgebreitet und die 20 Schulbänke,
Tafeln, Unterrichtskarten und dann
das gesamte Haus zerstört. Die Feuerwehr benutzte höchstwahrschein-
lich eine Pumpspritze, die sie auf einem Wagen zum Einsatz zog. Genau
dieses Gefährt zeigte die Feuerwehr
Salgen im Jahr 1975, als das 100-jäh-
rige Bestehen gefeiert wurde (Bild).
Die Spritze stammt aus dem Jahr
1891 und blieb nach vielen Einsätzen
als besonderes Schmuckstück erhalten.
Nach dem Feuer im Schulhaus wurde nach der Ursache gesucht. Waren
es Schüler, die vielleicht eine Kerze
heimlich hinter den Wandkarten im
Klassenzimmer aufgestellt und ent-
zündet hatten? Wollten sie ihrem Lehrer etwas heimzahlen? Das ist reine
Spekulation, denn die genaue Brand-
ursache ließ sich nicht ermitteln.

Blitz schlägt in Schirm ein

Gewitter fordern immer wieder Todesopfer. Bei Tiefenried hat eine sechsfache Mutter keine Chance.

Über das Land ziehende Unwetter haben die Menschen in der Region geprägt. Entweder machte Hagel die Ernte zunichte oder ein Blitz entfachte einen Wohnhausbrand und ließ die Ernte im Stadel in Flammen aufgehen. Noch schlimmer waren freilich Gewitter, bei denen Menschen direkt zu Schaden kamen. Immer wieder wurden landwirtschaftliche Helfer auf dem Feld vom Blitz getroffen und getötet.

Im Juli 1902 starb der 15-jährige Leo Bauer in einem Anwesen in Kettershausen. Sein Vater Jakob Pfluger wollte gerade in den ersten Stock, um die Fensterläden zu schließen, als sein Adoptivsohn im Türstock stand, vom Blitz getroffen wurde und niederfiel. Auf seiner Brust hatte er mehrere Brandwunden. Dann stand das Anwesen in Flammen. In der Zeitung wurde berichtet: „Das Feuer griff so rapide um sich, daß nur das Vieh und einige Kleidungsstücke gerettet werden konnten. 300 Mark in Banknoten sind mit verbrannt." Ein Blitz tötete auch Vincentia Keppeler. Sie war im Juni 1900 von Balzhausen nach Kirchheim unterwegs, als am Nachmittag auf der Gemeindeflur Tiefenried ein Gewitter aufzog. Der Blitzstrahl soll ihr durch den Regenschirm in die Hand gegangen sein. Zeu-

Ausgerechnet in einen Schirm schlug 1900 der Blitz ein: Vincentia Keppeler starb auf dem Weg von Balzhausen nach Kirchheim.

gen berichteten, dass sämtliche Kleider der 44-Jährigen zerfetzt waren. Die Frau eines Schuhmachers hatte nur noch Strümpfe und Schuhe an. Der Leichnam wurde ins Feuerhaus von Tiefenried gebracht und dann nach Balzhausen überführt. Die Frau hinterließ einen Gatten und sechs unmündige Kinder, von denen das jüngste ein Jahr alt war.

Welche Kraft sich bei einem Gewitter entladen kann, zeigte sich auch im Juni 1906: Nördlich von Pfaffenhausen brachte ein Schäfer gerade seine Herde in einen Heustadel, der auf freiem Feld stand. Als er das letzte Schaf untergebracht hatte und selbst Schutz suchen konnte, tötete ein Blitz 28 Tiere; einige waren nur betäubt und standen später wieder auf.

Zeitung warnt vor Schwefeldämpfen durch Blitze

Um sich vor Blitzen zu schützen, sollten die Leser des Krumbacher Boten folgende Ratschläge beherzigen: „Man begibt sich zu Hause in das geräumige Zimmer und setze sich in die Mitte desselben, entfernt von Ecken, Wänden, Fenstern und Oefen. Man setze oder stelle sich nicht zu nahe an solche Geräte, an denen Metall befindlich ist. Die Türe des Zimmers, indem sich die Familie während eines Gewitters aufhält, lasse man offen, damit die Zimmerluft abzieht und beim Einschlagen des Blitzes den Schwefeldämpfen ein Ausweg geboten ist. Gestatten es Sturm und Regen, so kann man unbedenklich auch ein Fenster öffnen. An Orten, wo es eingeschlagen hat, gehe man nicht zugleich, weil nicht selten der Blitz nach einigen Minuten in denselben Gegenstand schlägt. In der Nähe von Tieren darf man sich bei einem Gewitter nicht aufhalten. Befindet man sich im Freien, so stelle man sich nicht unter einen Baum, nicht an die Mauer hoher Gebäude, unter Dachrinnen, Torwege, vermeide ferner den unmittelbaren Aufenthalt an stehendem oder fließendem Wasser."

Wie sich Radfahrer bei Gewitter schützen

Auf die Blitzgefahr für Radfahrer ging 1896 ein Ingenieur namens Kramer in der Zeitung ein: Er empfahl, nur in bewaldeten Gegenden die Fahrt während eines Gewitters fortzusetzen, da dort keine Blitzgefahr zu befürchten sei. In der Ebene und am Wasser hingegen wurde eine Unterbrechung der Fahrt angeraten. Dort sollte dann das Rad auf die Erde gelegt werden und der Fahrer Deckung suchen. Die wissenschaftliche Erklärung: „Der Radfahrer bildet nämlich für atmosphärische Elektrizität einen Kondensator, da er mit der Erde und Pneumatikreifen, welche den elektrischen Strom nicht ableiten, in Berührung kommt. Andererseits bilden die Metalltheile des Rades gute Leiter für die Elektrizität."
Apropos Elektrizität: Eine Stromleitung wurde Ende Juli 1911 einer Schwalbe auf Schloss Mattsies zum Verhängnis. Sie

Mit der Idylle war's 1906 in Pfaffenhausen vorbei: Ein heftiges Gewitter erschütterte die Menschen, ein Blitz tötete 28 Schafe.

saß nämlich auf derselben, als ein Blitz in das Eisen und die Esche neben dem damals neu gebauten Ökonomiestadel einschlug. Von dem Vogel blieb nur noch ein verkohltes Häufchen übrig. Die Brauerei auf dem Gutshof war zu dieser Zeit übrigens schon abgebaut. Sämtliche Geräte und Fässer hatte nach einem Zeitungsbericht eine Mindelheimer Brauerei gekauft.

KAPITEL 10

Einfach verhext

Ein Reporter geht auf Hexenjagd

Michael Graeter, das Vorbild für Baby Schimmerlos in der TV-Kultserie Kir Royal, ging dem Aberglauben auf den Grund. Was es mit einem frischen Kuhfladen auf der Fensterbank auf sich hat.

Mühlen sind besondere Orte. Schon allein wegen ihrer Lage am Wasser. Früher haftete ihnen auch etwas Unheimliches an. Das mochte an den Geräuschen liegen, die das Mahlwerk und die Konstruktion aus Holz erzeugten. Auch die Arbeitsweise der Müller war für viele Menschen ungewohnt. Denn sie mussten sich nach dem Wasser richten. Deshalb brannte in Mühlen oft auch nachts das Licht, wenn alles schlief. Manchmal sahen die Menschen bei schummriger Beleuchtung eigentümliche Schatten, die dann in der Kombination mit

---

Reisigbesen, Teufelsküche und eine „verwünschte" Mühle in Oberegg

Zaubermittel gegen die Hexen: Kuhfladen auf der Fensterbank

Von unserem Redaktionsmitglied Michael Graeter

Oberegg (Eig. Ber.) — Plötzlich läuft der Scheibenwischer. Ich habe ihn nicht eingeschaltet. Es regnet nicht. Der Motor stottert und stirbt jäh ab. Ich bin mitten im tiefen Wald, zwei Kilometer vor dem kleinen Dorf Oberegg im Landkreis Mindelheim. Als ich die Türe öffne, um nach dem Motor zu sehen, heult mir eisiger Wind um die Ohren. Aus dem Dunkel schnarrt ein Rabe. Am Motor ist nichts zu finden. Ein paar Startversuche und der Spuk ist vorbei. Der Weg ist schmal, steinig und holprig. Gespensterhaft tauchen die Scheinwerfer durch das Dickicht. Ein Hase hoppelt über den Waldweg. Kurz darauf muß ich scharf bremsen: unmittelbar vor den Rädern eine große Ratte. Es ist die Nacht zum 13. Oktober — und ich stecke mitten in einem Gebiet, durch das nach Aussagen von dort wohnenden Leuten nachts die Hexen reiten…!

Langsam nähere ich mich auf steiler Straße Oberegg. Kein Wegschild weit und breit. Mitten in einem einsamen und weiten Landstrich Schwabens liegt das „verwunschene" Dorf. Nur wenn man die Leute an der Straße fragt, kann man die Ortschaft finden. Hier will es noch Hexen geben. Im Gasthaus „Zum Engel" nehme ich ein Zimmer. Ich bin ehrlich froh, nach der etwas ungewöhnlichen Fahrt wieder unter Leuten zu sein. Um den Kamin im Gastzimmer hocken junge und ältere Oberegger. Das Gesprächsthema ist ein Fußballspiel, das die Oberegger gewonnen haben. Nur im Spaß reden sie etwas über Teufel und Hexen. „Es gibt es die Teufelsküche und die Hölle", meint und macht dazu geheimnisvolle Augen. Er beschreibt eine Gegend, die nicht in der Nähe von Oberegg liegt. Einen Steinwurf weit entfernt ist die 323 Jahre alte, von Gerüchten umwobene Märchenmühle von Katzbrui. Dennoch glauben sie nicht an Hexen. Bei manchen Leuten im Dorf hat sich der Hexenspuk allerdings einge-

nistet. Es gibt in Oberegg ein paar Menschen, um die die anderen Einwohner einen weiten Bogen machen.

Mit gemischten Gefühlen gehe ich zu Bett. Werden Poltergeister oder kleine Teufel ausgerechnet in den Gasthof „Engel" kommen? Es ereichnet nichts. Die Nacht ist beklemmend ruhig. Nur am Morgen erschrecke ich heftig. Es pumpert dreimal laut an der Zimmertür. Laut ruft Frau Leichtle, die Wirtin: „Aufstehen, jetzt geht das mit uns in die Kirche!" Nach dem Gottesdienst treffe ich den Bürgermeister Ludwig Schleich. Er winkt ab und grinst: „Die Leute sterben nie aus, an die Hexen glauben", sagt er über sein Dorf. „Wenn ein Unglück passiert oder im Stall eine Kuh eingeht, gibt man den Hexen die Schuld. Da kann ich ja nur lachen."

Die Bäuerin Helene Preisinger glaubt dagegen, ganz genau Bescheid zu wissen. Sie drückt sich vorsichtig aus und meint, Hexen gebe es keine mehr. Aber Leute, die die „Schwarze Kunst" beherrschen. „Mein Sohn bekam jeden Abend im Bett einen Hustenanfall. Das Husten schüttelte ihn so, daß man das Nachthemd völlig naß war. In sagte mir, das geht nicht mit rechten Dingen zu. Doch ich wußte Rat. Ich schnitt meinem Sohn ein Büschel Haare ab und schickte sie mit ein paar Mark dem Bauern Johann F. in Kaufering. Wissen Sie, der merkt sich mit den bösen Geistern aus. Es bestimmt einen im Dorf angehext. Der Johann betete über den Haaren und mein Sohn wurde gesund. Sie glauben nicht, was wir schon alles mit den bösen Geistern ausgestanden haben. Wir hatten viel Unglück im Stall. Das geht auch nicht mit rechten Dingen zu. Da hat uns der Andreas Sch. in Türkheim geholfen. Er vertreibt auch Kreuze, die wir unters Bett legen. Dann verrät er noch eine Adresse gegen den bösen Feind. Im Kloster Scheyern hilft der Kreuzpater. Die Wallfahrten würden je-

doch nur zweimal im Jahr stattfinden: im September zur Kreuzerhöhung und im Mai zur Kreuzauffindung.

Helene Preisinger erzählt von einer Bekannten, die kleine Teufel ausgerechnet in den Fuß gestochen hätten. „Dreimal wurde sie aus dem Kreuter beim Notar mit dem Fuß gestoßen. Da war sie verzaubert und lag drei Tage im Bett. Nur ein Morgen erzählt mir nichts. Der Doktor hatte das verletzte Bein geschient. Eine Frau, ich weiß ihren Namen gerade nicht mehr, hat geholfen. Das Bein wurde wieder gut. Von der Verwundung keine Spur. Durch Gegensprüche bannte sie die Frau die üblen Geister." Beim Weggehen empfiehlt mir der Bader-Bauer ebenfalls den Andreas in Türkheim, der alle bösen Mächte bannen könne. „Er kann helfen, wenn Sie daran glauben."

Rezepte gibt es genug:

● Geweihtes Salz zwischen zwei Schnitten Brot einer Kuh zum Fressen geben, bringt den Segen.

● Pfeffer ins Schlüsselloch geblasen, verwehrt Hexen den Durchschlupf.

● Man lege einen frischen Kuhfladen auf die Fensterbank, rühre darin mit einem Stock herum, dann kann man im Fladen das Gesicht des Menschen erkennen, der für das Verenden des Viehs verantwortlich ist.

In Oberegg überzeugt man mir, daß es auch in Mindelheim Hexen gebe. Ich besuche in der Kleinbahnstraße ständig eine Spritze mit Weihwasser bei sich. Auch eine Nachbarin von ihr in der Kleinbahnstraße, verstehe sich auf das Wunderbehandeln. Sie könne „alle Arbeiten" und aus der Hand lesen. Über mangelnde Kundschaft brauche sie sich nicht zu beklagen. Die Leute kämen bis aus Berlin…

Hexen, Hexen, Hexen. Mein Auto schwirrt davon. Als ich von Oberegg abfahre, lasse ich den Kreisstadt führe ein Spenglermeister stündig eine wirklich nichts. Dann aber schildere es ist verhext. Aber kein fauler Zauber: Ich hatte nur den Schlüssel verwechselt.

Nachts ist es bei der Märchenmühle in Katzbrui unheimlich. Eine Bäuerin erzählt: „Um Mitternacht tanzen die Hexen mit Reisigbesen."

Tote Krähe mit gespreizten Flügeln

Unheimlich wurde es Klatsch-Reporter Michael Graeter (links), als er für die Abendzeitung auf Hexenjagd ging.

unheimlichen Geräuschen zu Geistern, Kobolden und anderen Wesen wurden. Ihnen auf die Spur ging 1963 Michael Graeter. Der frühere Redakteur der Mindelheimer Zeitung und spätere Klatschreporter berichtete in einer Reportage für die Münchner Abendzeitung über Zaubermittel gegen Hexen: Unter anderem würden Kuhfladen auf der Fensterbank helfen.

Graeter, dessen Karriere die Vorlage für die Fernsehfigur Baby Schimmerlos in „Kir Royal" war, übernachtete in Oberegg und erlebte dort angeblich Unglaubliches. Im Gasthaus zum Engel hätten einige Bewohner abends noch über das jüngste Fußballspiel schwadroniert. Doch dann kam das Thema angeblich auf Teufel und Hexen. Klatschreporter Graeter hatte die Geschichte freilich etwas ausgeschmückt, um sie für ein großes Publikum spannender zu machen. Er interviewte eine Bäuerin, die von anderen Dorfbewohnern erzählte, die die „Schwarze Kunst" beherrschen. Von Krankheiten, die „angehext" wurden, oder von heilendem Dreikönigswasser und Kreuzen unterm Bett. Graeter war in seinem Element: Er schrieb von einem Hexenbeschwörer aus Türkheim und Leiden, die sich auf böse Mächte zurückführen ließen. Von einer Frau ohne Namen war die Rede, die „durch Gegensprüche üble Geister bannt". In Mindelheim machte er sich außerdem auf die Spur eines Spenglermeisters, der ständig eine Spritze mit Weihwasser mit sich führt – um angeblich gegen die vielen Hexen gefeit zu sein. Eine Nachbarin des eigentümlichen Mannes könne außerdem aus der Hand lesen und abbeten. Sie habe Kundschaft bis aus Berlin. Graeter zählte auch drei „Rezepte" auf:

Ein geschwollenes Euter ließ einen Bauern aus Babenhausen an dunkle Mächte glauben.

Frauen, die der Hexerei beschuldigt wurden, drohte der Tod durch Feuer oder Schwert. Auch Anna Maria Schwägelin aus Lachen wurde als vermeitliche Hexe in Kempten enthauptet.

Die letzte deutsche Hexe kam aus dem Unterallgäu

Kaum zu glauben: Die letzte deutsche Hexe kam aus dem Unterallgäu. Sie hieß Anna Maria Schwägelin und stammte aus Lachen. Sie wurde 1775 nach einem Prozess in Kempten enthauptet und ihr Körper verbrannt. Sie befand sich in Pflege bei einer Frau, die sie offenbar misshandelt hatte. Wohl aus Wut sagte Anna Maria Schwägelin, dass sie lieber beim Teufel sein wolle. Damit war das Schicksal der Tochter eines armen Söldners und Taglöhners besiegelt. Sie hatte immer Pech gehabt im Leben: Schwägelin verlor früh ihre Eltern und musste sich als Dienstmädchen verdingen. Sie ließ sich mit einem Kutscher ein, der ihr die Ehe versprach. Dafür sollte sie aber den protestantischen Glauben annehmen. Schwägelin wurde sitzen gelassen und musste betteln, um zu überleben. Zuletzt wurde sie ins Straf- und Arbeitshaus Langenegg eingeliefert.

Aberglaube ist auch heute noch weit verbreitet: Schädel und Knochen einer Krähe an einer Vogelscheuche sollen Artgenossen vom Feld fernhalten.

Geweihtes Salz zwischen zwei Scheiben Brot einer Kuh zum Fressen gegeben breche den Hexenbann. Wer Pfeffer durch ein Schlüsselloch bläst, verwehre Hexen den Durchschlupf. Und: Man lege einen frischen Kuhfladen auf die Fensterbank und rühre darin mit einem Stock herum. Dann sei plötzlich das Gesicht des Menschen zu erkennen, der für das Verenden des Viehs verantwortlich ist. In Zeitungen des Jahrgangs 1910 finden sich noch mehr Rezepte. Aus Babenhausen wurde von einem Ökonomen berichtet, der vier Kühe hatte, die normalweise „reichlich Milch" produzierten. Eines Tages hatten sie „geschwollene Euter". Und schlimmer: Das Kind im Hause wollte „nicht gedeihen". Und noch schlimmer: Im Schlafzimmer der Eheleute zeigte sich eine schwarze Katze und im Haushof lag unvermittelt „ein gestumpfter Besen". Damit war klar: Alles Unheil hatte eine Hexe verursacht. Was tun? Ein Meister der „Bannungskunst" aus Neuburg an der Kammel wurde bestellt. Der begann sogleich, im Hause herumgehend, seine Beschwörungsformeln zu sprechen, um das Anwesen zu entzaubern. Das erfuhren die Zeitungsleser von der Prozedur: „Von den Hausgenossen mussten alle in ihrem Zimmer sein. Nur eine kluge Frau des Dorfes, die in gleichen Fällen schon die Hilfe des Meisters genossen hatte, durfte bei dem mystischen Vorgang zugegen sein. Hierauf ordnete der Hilfespender besondere Vorhaltungsmaßregeln an. Drei Tage lang mußten alle Fensterläden des ganzen Hauses geschloßen bleiben, an keinen Menschen durften die Bewohner des Hauses auch nur das Geringste abgeben und so weiter. Wenn Staats- und Kirchengesetze so befolgt würden, wie diese Gebote erfüllt worden sind, so hätte kein Richter und kein Beichtvater mehr etwas zu tun. Als der Bannungskünstler abzog, hatte er natürlich seine Börse und seine Taschen gefüllt." Ob der „Bannungskünstler" wieder gerufen wurde, als 1913 eine ominöse Gestalt die Menschen in Kirchhaslach in Angst und Schrecken versetzte? Der Geist wanderte angeblich jeden Abend mit einem Licht am Waldrand entlang. Endlich kamen einige mutige Männer aus dem Dorf zusammen und zogen mit Gabeln, Messern und Revolvern los. Als sie am Wald ankamen, war der Geist allerdings schon wieder verschwunden. Tage später gelang es, den Geist lebendig zu fassen: Es handelte sich um einen fleißigen Waldarbeiter und Holzhauer, der noch in der Dunkelheit Holzprügel stapelte und eine Laterne bei sich hatte. Der gute Mann hatte nicht im Entferntesten daran gedacht, irgendeinen Spuk zu treiben.

Weihwasser gegen böse Leut'

Originalbericht aus Babenhausen: „Auch in unserer Gegend zeitigte der Aberglauben goldene Früchte. Nimmt dann neulich ein junges Frauchen eines benachbarten Ortes ein Reisigbüschel, legte es nach Geheiß auf den Misthof, zündets an und besprengts mit Weihwasser – um gegen die bösen Leute in Babenhausen gefeit zu sein. Mit würdevoller Andacht vollzog die Gläubige diese Handlung. So geschehen im Jahre des Heils 1891."

70 Eier in zwei Stunden

Verhexte Wetten: Erst ging es in Wirtshäusern hitzig zu, dann wurde gemeinsam gelacht und gefeiert.

In Wirtschaften wurde früher nicht nur gezecht, Karten gespielt, schwadroniert, musiziert und getanzt. Es wurde auch gewettet. Die Folgen waren mitunter wie verhext, wie die folgenden Beispiele zeigen.

In Erisried wettete ein junger Bursche mit zwei anderen Männern, dass er innerhalb von zwei Stunden 70 Eier vertilgen kann. Zwei Stunden dauerte es, bis die in der Pfanne zubereitet waren. An Zuschauern fehlte es bei der Zubereitung nicht. Dann begann der Schmaus: Nach einigen Eiern flaute der anfängliche Riesenappetit ab. Schließlich versagten die

Kauwerkzeuge. Die Wette war verloren, denn nur knapp ein Viertel der Eier fand den Weg in die Magengrube. Aber egal, den Zuschauern gefiel das Spektakel, das am Ende alle satt machte. Der Verlierer des Abends empfahl sich und verschwand mit sauersüßer Miene in seinem Kämmerlein.

Um Würste ging es 1909 in Unterrammingen. Der Sohn eines Bauern prahlte damit, dass er in einer halben Stunde fünf Schützenwürste, fünf Schüblinge und vier Regensburger Würste in seinem dehnbaren Magen unterbringen kann. Der gute Mann hatte seine Leistungsfähigkeit im Würsteessen doch etwas zu

hoch eingeschätzt, denn er hatte nach Ablauf der vereinbarten Zeit nur acht Stück vertilgt und somit seine Wette glänzend verspielt – zum nicht geringen Gaudium der mit ihm Wettenden natürlich. Die Moral von der Geschicht': „Wett' auf 14 Würste nicht."

Eher sportlich war die Wette, die in die Mindelheimer Stadtgeschichte einging: Im September 1910 gewann der Metzger Joseph Kirmaier 100 Mark, nachdem er in sage und schreibe sechs Minuten einmal um die Stadt gerannt war. Nicht zu fassen: Während dieser Zeit kippte er angeblich noch einen halben Liter Bier hinunter.

Wenn sich Frauen mit dem Teufel einlassen

Vier Frauen landen in Mindelheim auf dem Scheiterhaufen. Sie wurden für kranke Tiere und verheerendes Hagelunwetter im Mindeltal verantwortlich gemacht.

Sie reiten auf Besen, treffen sich beim Tanz um das Feuer, schließen einen Pakt mit dem Teufel und können mit ihrer Zauberkraft allerlei Schäden anrichten: Der Glaube an Hexen ist uralt. Er gipfelte im ausgehenden Mittelalter in einer Jagd auf Frauen, nachdem sich die Lebensbedingungen der Bevölkerung dramatisch verschlechterten. Lange und harte Winter waren verantwortlich für drastische Ernteeinbußen. Epidemien breiteten sich aus und rafften große Teile der Bevölkerung hin. Schuld an allem Übel hatten allein die Hexen. Auch Mindelheim war einmal Schauplatz eines Hexenprozesses. Angeklagt war Anna Custerin aus Heimenegg. Sie wollte einem Landwirt helfen, der ein krankes Pferd hatte. Um es zu retten, suchte er Rat bei der Frau, die dann zur Hexe wurde.

Im Heimatfreund, einer Beilage der Mindelheimer Zeitung, wurden 1951 Auszüge aus dem Verhörprotokoll abgedruckt. Darin heißt es, dass Anna Custerin am 28. September 1582 ein Geständnis ablegte. Sie habe dem Amann von Heimenegg „ein Roß verderbt". Sie hatte dem Tier Spitzwegerich gegeben, wozu ihr der „Böß Gaist" wohl geraten hatte. Sie gab auch zu, dass sie sich nachts mit anderen Frauen getroffen hatte. Angeblich bereiteten sie einen Kräutertrunk vor, der dann für ein verheerendes Hagelunwetter im Mindeltal verantwortlich gewesen sein soll. Denn schließlich hatten sie ja „1000 Teufelsnamen" in die Suppe geworfen, damit alles verderben möge. Laut dem Bericht im Heimatfreund äußerte Anna Custerin im Verhör auch die Angst vor der drohenden Folter. Schließlich wurde folgendes Bekenntnis festgehalten:

„bey Altenstaig/bey der nacht vff ainer wiß offt zusammenkommen vff ainer geiß mit Iren gspieln/alda der teuffel bey Inen gewest vnd allerhand muetwillen getriben. Solches hab sie gelernt mit der Gunkelmacherin vnd ander gspielen (...), der Böß gasit hab mit Ir zu tun gehabt vf ainer wissen vnd hab Got vnd aller Hailigen müeßen verlaugnen/darmit sy kint Ire Werkh verbringen."

Nach der Aufzeichnung von Kreisheimatpfleger Striebel wurden schließlich Magdalena Merckhen, Anna Laymer, Felizitas Vischer und Lukretia Khnobelring der Ketzerei schuldig gesprochen. Im Jahr 1585 loderte der Scheiterhaufen. Der Aberglaube und die Vorstellung von bösen Mächten, die die Menschen verzaubern oder verhexen, hielt sich über die Jahrhunderte. Im Jahr 1913 suchte beispielsweise ein Landwirt aus Mickhausen eine „weiße Frau" in Peterswörth auf, die angeblich den Teufel austreiben konnte. So jedenfalls berichteten es die Neuesten Nachrichten. Die Frau habe dem Mann einen „Hexenspiegel" gezeigt – die Person, die darin zu sehen

Heute treiben Hexen wie in Mindelheim nur noch im Fasching ihr Unwesen.

In Kempten erinnert ein Wandbild an ein düstes Kapitel der Geschichte: Wer der Hexerei bezichtigt wurde, musste mit Folter und dem Tod rechnen.

war, sei für den Spuk verantwortlich. Auch ein anderer Mickhauser klagte der Frau sein Leid: Das Vieh fresse nicht mehr, es müsse demnach verhext sein. Die „weiße Frau" verkündete daraufhin, dass er zwei Tage lang nichts mehr an andere im Dorf verleihen dürfe. Der erste, dem er dann wieder etwas verleihe, sei der böse Geist oder die Hexe. Tatsächlich kreuzte wenig später ein befreundeter Landwirt aus dem Dorf auf, der ein Pferd benötigte – er musste also der „Hexeler" sein. Die Nachricht verbreitete sich schnell im Dorf. Und plötzlich hatten noch andere Mickhauser Probleme, was dazu führte, dass die „weiße Frau" von Peterswörth nach Mickhausen geholt wurde. Die Zeitung berichtete im Mai 1913: „Als diese nun dort angekommen, hatte sie aber wenig Gelegenheit, ihren Grimsgrams auszuüben, denn die schlechten, vom fetten Schweinefleisch verdorbenen Mägen hatten sich inzwischen selbst wieder eingerichtet und auch das Vieh hat ohne die Hexenbändigerin ganz von selbst wieder gefressen." Der Autor verteilte noch Schelte: „Man sollte wirklich nicht glauben, dass in unserer fortschrittlichen und aufgeklärten Zeit noch solche Dummheiten vorkommen. Die Dummen werden eben nicht alle."

In Rammingen herrschte lange Zeit die Angst vor sogenannten Druden: So wurden die Wesen genannt, die sich dem Volksglauben nach nachts auf den Brustkorb ihres Opfers setzten und ihm dann die Luft nahmen. Klagte jemand über Druck auf der Brust, dann war der Schmerz auf eine „Drudl" zurückzuführen. Entstanden sind die Wesen, wenn sich der Pfarrer bei der Taufe versprochen hatte.
Wie passend wurde im Physikatsbericht für Türkheim, der Landes- und Volkskunde im Königreich Bayern, um das Jahr 1860 formuliert: „Die religiöse Haltung des Volkes ist insofern eine gute zu nennen, als sie sich auf strenge Einhaltung aller vorgeschriebenen religiösen Verrichtungen, auf häufigen Kirchenbesuch und auf sehr viele Bitt- und Wallfahrtsgänge ausgedehnt, dabei aber einen großen Hang zum Aberglauben und bei einigen, namentlich dem weiblichen Geschlechte angehörigen zur religiösen Schwärmerei nicht ausschließt, welch gewißerseits genährt, und unterhalten oft zu traurigen Exzeßen führt, und öfters auch den Grund zu religiösen Wahnsinn legt, das leider dann im Irrenhause endet."

Maximilian Ulrich Czysz [gesprochen Tschech], Jahrgang 1975, Vater von zwei Kindern, ist Redakteur der Augsburger Allgemeinen Zeitung. Er gewann 2005 mit Kollegen den zweiten Preis beim „Bundes-Wahl-Award" der Bundeszentrale für politische Bildung. 2016 erhielt er den renommierten Konrad-Adenauer-Preis für eine Zeitungsserie über eine geheime Düsenjäger-Fabrik im Wald bei Zusmarshausen. Auf eine Initiative von Czysz entstand 2018 ein Gedenkweg, der an das Waldwerk Kuno und das Unrecht vor der eigenen Haustüre erinnert. Von Czysz stammt auch die Kriminalgeschichtensammlung „Mordsgeschichten – die kleinen und großen Sünden unserer Vorfahren", die 2018 erschien. Im Jahr darauf wurde eine weitere Zeitungsserie von Czysz beim Deutschen Lokalsport-Preis ausgezeichnet. Außerdem erschienen im Verlag Hans Högel die „Bildergeschichten", eine bunte Sammlung von Geschichten über Land und Leute.

Bilder GESCHICHTEN über Land und Leute
192 Seiten
19.50

ALTE BILDER
NEU ENTDECKT

In alten Bildern schlummern wahre Schätze: Landschaften, Gebäude, Menschen und viele Details geben einen Einblick in das Leben in einer anderen Zeit. Autor Maximilian Ulrich Czysz und Verleger Hans Högel haben historische Fotografien zusammengetragen und zeigen, welche Fülle an Informationen in den Aufnahmen stecken. Herausgekommen sind spannende, heitere, tiefgründige und manchmal auch zum Nachdenken anregende Geschichten mit zahlreichen bislang unbekannten Bildern – eben Bildergeschichten. Dieses Heimatbuch bewegt mit Bildern, Geschichten und Emotionen. Erhältlich in den Geschäftsstellen der Mindelheimer Zeitung oder im Buchhandel.